Elke Münch

Neue Führungsperspektiven in der Schulleitung

Kooperation zwischen Schulleiter und Stellvertreter

D1727525

Luchterhand

Die Deutsche Bibliothek – CIP-Einheitsaufnahme

Münch, Elke:
Neue Führungsperspektiven in der Schulleitung: Kooperation
zwischen Schulleiter und Stellvertreter / Elke Münch.
Neuwied; Kriftel: Luchterhand, 1999
Zugl.: Münster (Westfalen), Univ., Diss, 1997
ISBN 3-472-03396-7

Die vorliegende Arbeit wurde unter dem Titel »*Kooperation zwischen
Schulleiter und Stellvertreter als ein Führungskonzept einer gewandelten
Schule*« im Sommersemester 1997 als Dissertationsschrift an der erzie-
hungswissenschaftlichen Fakultät der Westfälischen Wilhelms-Universität
Münster eingereicht. Sie wurde für die Publikation inhaltlich überarbeitet
und gekürzt. Die vollständige Fassung ist über die Universitätsbibliothek
Münster ausleihbar.

Umschlag: Ute Weber GrafikDesign, München
Satz: LHF Satzstudio GmbH, Düsseldorf
Papier: Permaplan von Arjo Wiggins Spezialpapiere, Ettlingen
Druck: MVR Druck GmbH, Brühl
Printed in Germany, März 1999

♾ Gedruckt auf säurefreiem, alterungsbeständigem und chlorfreiem Papier

Inhaltsverzeichnis

5

KAPITEL 2 »Schulleitung« in rechtlicher Perspektive und aus der Sicht von Pädagogen

KAPITEL 3 Neue Akzente der Schulleitung –
Schulleitung in managementtheoretischer Sicht

KAPITEL 4 Kooperation der Schulleitung als ein Führungskonzept
für eine gewandelte Schule

Geleitwort

HEINFRIED HABECK
Kooperation statt Vertretung

FRIEDHELM ZÖLLNER
Kooperation zwischen Schulleiter
und Stellvertreter als ein
Führungskonzept einer gewandelten
Schule

Kooperation statt Vertretung

Kommentar der ASD

HEINFRIED HABECK

Die ASD (Arbeitsgemeinschaft der Schulleiterverbände Deutschlands) – in der über 10 000 Schulleitungsmitglieder aller Schulformen vertreten sind – gab sich 1992 keineswegs aus formalen Gründen den Zusatz »Verband deutscher Schulleitungen«. Die neue Erweiterung war und ist gleichzeitig auch Programm. Nicht nur die weibliche Form war gewollt, ebenso sollte deutlich werden, daß nicht nur die Leiterinnen und Leiter der Schulen, sondern auch ihre Vertreterinnen und Vertreter sowie die weiteren Schulleitungsmitglieder der großen Schulsysteme im Mittelpunkt der ASD-Arbeit stehen sollten.

Die ASD war zunächst in den siebziger Jahren als Standesvertretung der Schulleiter ins Leben gerufen worden, die sich unter anderem mit Fragen beschäftigte wie: Ist der Schulleiter primus inter pares oder Vorgesetzter? Diese erst mehr lose Verbindung entwickelte sich dann aber zügig weiter zu einer schlagkräftigen Organisation, die sich insgesamt die Weiterentwicklung der Schule zu eigen machte. Schwerpunkte der Verbandsarbeit waren und sind:

- Verbesserung der Aus- und Weiterbildung von Schulleitungsmitgliedern
- Schaffung eines eigenständigen Berufsbildes
- ständige Gespräche mit der Kultusministerkonferenz, den Ministerien, der Legislative und den politischen Parteien, den kommunalen Spitzenverbänden, den Eltern- und Schülervertretungen, den Universitäten, der Fachpresse
- Herausgabe von Verbandszeitschriften und Informationen an Mitglieder.

Die ASD trat zudem mit einer Reihe von programmatischen Erklärungen und Schriften an die Öffentlichkeit wie:

- Berliner Erklärung zum Berufsbild Schulleiter von 1989
- Schulleitung in Deutschland – Profil eines Berufes – von 1994

11

– Personalentwicklung und Berufsausbildung für Schulleiterinnen und Schulleiter von 1997

Die Mitgliedsverbände der ASD sehen in allen Bundesländern eine ähnlich ablaufende Entwicklung. Die Weiterentwicklung von Schule ist heute immer weniger durch personelle und finanzielle Ressourcen des Landes geprägt als vielmehr durch die Entwicklung der Einzelschule. Die zur Zeit mit Teilautonomie der Schule bezeichnete Veränderung verlangt nach lokalen Entscheidungen und lokalen Entscheidungsträgern. Die entscheidende Verantwortung bei den Entwicklungsprozessen der Schule fällt dabei der Schulleitung zu. Sie ist es, die als »gate-keeper« die Kooperationskultur des Organismus Schule entwickelt und erhält. Die Schulleiterin/der Schulleiter kann dabei kooperatives Handeln im Kollegium um so glaubhafter darstellen um so deutlicher sie/er mit ihrer(m)/seiner(m) Stellvertreter(in) zusammenarbeitet.

Die Rechts- und Verwaltungsvorschriften der sechzehn Bundesländer handeln die stellvertretende Schulleiterin/den stellvertretenden Schulleiter nur en passant ab – teilweise bleibt sie/er unerwähnt. In nahezu allen Fällen aber wird eine Fiktion aufgerichtet, die davon ausgeht, daß es sich um eine reine Vertretungsstellung handelt. Auch wenn die ASD von den Länderparlamenten und -regierungen keine Handlungsanweisungen für die Fiktion der stellvertretenden Schulleitung erwünscht, so fordert sie doch zumindest für jede Schule – auch für die mit unter 180 Schülerinnen und Schülern – eine Konrektorin oder einen Konrektor, die/der integrierte Teil der Schulleitung ist. Die Ausfüllung dieser Stelle, so stellt auch Elke Münch zu Recht dar, ist die Angelegenheit der Führungskräfte der jeweiligen Einzelschule. Diese Schulleitung sollte einen Geschäftsverteilungsplan aufstellen, der im Sinne von Kooperation und Transparenz den Lehrkräften zur Kenntnis gebracht wird. Dazu gehört dann auch sinngemäß ein Kanon von Aufgaben, die in Eigenverantwortung von der Konrektorin/dem Konrektor abschließend bearbeitet werden können.

Die Mitglieder in der Schulleitung müssen den sich in Veränderung befindlichen gesellschaftlichen Anforderungen stellen. Sie benötigen dazu vor allem Kompetenzen in folgenden Bereichen:

– Leitung in einem Führungs-Team
– Innovation, Organisation und Moderation von Schulentwicklung
– Mitgestaltung von Schulprogrammen
– Initiierung interner Evaluation
– Krisen- und Konfliktmanagement
– Dienststellenleitung mit Personalverantwortung
– Kooperation mit anderen Schulen
– Haushaltsplanung
– Organisation moderner Kommunikationstechniken in der Schule.

Die Ausbildung zur Konrektorin/zum Konrektor, aber auch Bausteine zur Schulleiter/in-Stellvertreter/in-Kooperation gehören für die ASD zu einem Curriculum von Schulleitungsausbildung, das für jedes Bundesland ein hohes Maß an Verbindlichkeit haben sollte. Der Schulleitung ist durch Gesetz die Gesamtverantwortung für die von ihr geleitete Schule übertragen. Mit dem gesetzlichen Auftrag sind Anforderungen in den Aufgabenfeldern Sicherung des Bildungsauftrags, Umgang mit Schülerinnen/Schülern, Lehrkräften, Erziehungsberechtigten, außerunterrichtlichem Schulpersonal, Mitwirkungsgremien, Schulaufsicht und Öffentlichkeit (schulintern und schulextern) verbunden. Diese Anforderungen an die Mitglieder der Schulleitung haben eine andere Qualität als die, die in der Rolle der Lehrerin/des Lehrers zu erfüllen sind. Das Berufsbild Schulleitung macht eine Qualifizierung notwendig, die weit über das Lehrerstudium hinausgeht. Unverbindlichkeit und Zufälligkeit beim Gelingen von Leitungskooperation und Leitungsarbeit muß durch zielgerichtete Vorbereitung ersetzt werden. Dazu wird in den Ministerien und Parlamenten noch viel Überzeugungsarbeit geleistet werden müssen. Das Buch von Elke Münch kann hier eine Lücke schließen helfen, denn es gilt zur Arbeit von Schulleitung in der Bundesrepublik eher Fragmentarisches zu lesen. Bislang gibt es nur vier Bereiche, in denen vorliegende Studien (Teil-)Aussagen liefern:

– Tatsächliche Tätigkeiten und deren zeitliche Gewichtung
– Formale Anforderungen und schulrechtlicher Rahmen
– Einstellung, professionelle Interessen von Schulleiterinnen und Schulleitern
– Rollen der Schulleitung.

Auch die ASD-Studie von 1994, die von einer länderübergreifenden Gruppe von Schulleitern und Schulleiterinnen erstellt wurde, ist mittlerweile überholt und bedarf der Fortschreibung. Eine neu eingesetzte Arbeitsgruppe der ASD hat bereits ihre Tätigkeit aufgenommen. Damals wie heute geht es um das Berufsbild »Schulleitung« als eigenständiger Beruf. Die 1994 genannten Managementebenen (auch dieser Oberbegriff ist nunmehr strittig) und ihre Verantwortungsbereiche Gestaltung, Hierarchie und Verwaltung werden neu definiert und beschrieben werden. Auch hier wird dem Aspekt der Kooperation in der Schulleitung große Aufmerksamkeit gewidmet werden.

Die weitere innere Entwicklung der Schule hängt vorrangig davon ab, ob die Schulleitung in die Lage versetzt wird, integrativ und initiativ den sozialen Organismus Schule zugunsten des einzelnen Kindes wie auch der einzelnen Lehrkraft zu gestalten. Dies wird auch über den Erfolg der überfälligen Reform der Schule zur teilautonomen Schule hin entscheiden.

Dr. phil. Heinfried Habeck war sieben Jahre Konrektor und ist seit 14 Jahren Rektor der Gesamtschule in Niedersachsen. Er ist stellvertretender Bundesvorsitzender der ASD und Leiter der Arbeitsgruppe »Berufsbild Schulleitung«.

Kooperation zwischen Schulleiter und Stellvertreter als ein Führungskonzept einer gewandelten Schule

FRIEDHELM ZÖLLNER

Die vorliegende Arbeit befaßt sich mit einem der hintergründigsten und wichtigsten Themenbereiche innerhalb des pädagogischen Kernthemas Nr. 1, nämlich der inneren Schulentwicklung und der Qualitätssicherung von Schule.

Führungshandeln und Führungsstrategien werden immer wichtiger, bilden sozusagen die Kernausstattung in der bedeutenden Frage der inneren Schulentwicklung.

Hier hat die Autorin einen häufig vernachlässigten Bereich entdeckt und sorgsam aufgearbeitet. Er ist um so wichtiger, weil die Reflexion über Kooperation von Schulleitung im Schulbereich längst nicht die Rolle spielt wie adäquate Konstellationen im Bereich der Wirtschaft.

Es ist nicht zufällig, daß die Autorin im ersten Satz des Vorwortes Bezug nimmt zur Personalkonstellation in der Wirtschaft. In der Arbeit merkt man in vielerlei Bezügen, daß sie organisationstheoretisch auf dem neuesten Stand ist – nicht nur im Bereich der Schule.

Die Arbeit zeichnet sich neben der Beachtung des angesprochenen Bereiches Wirtschaft u. a. dadurch aus, daß sie nachweist, daß sie in vielen Schulen unterschiedlichster Art Einblick nahm in Arbeitsstrukturen und Arbeitsbeziehungen. Der permanente Praxisbezug auch im kleinsten Detail, die Reflexion an vielerlei schulalltäglichen Bedingtheiten stellt diese Arbeit in die erste Reihe der organisationspädagogischen Beschreibungen. Sie arbeitet einen auch in der Fachliteratur stark vernachlässigten Bereich akribisch, doch ohne Schnörkel und lästiges Beiwerk auf.

Sie bringt das, was juristisch relevant ist an der Thematik ohne Ausuferungen zur Sprache, verliert dabei nicht den Blick dafür, daß Schulleitung ein der Pädagogik dienendes Organisationsinstrumentarium ist. Das Schulleben, die Schule als Schulgemeinde und als Organismus, der aus einem komplexen Geflecht von Personen und Gremien besteht, ist der Fixpunkt der Reflexion. Dabei wird deutlich, daß es sich bei Schulleitungstätigkeit um das handelt, was man innerhalb eines pädagogischen Prozesses mit dem so alten wie neuen Prinzip von »Führen und Wachsenlassen« versteht.

Entgegen anderen Arbeiten zum Thema, die sich darin ergießen, Möglichkeiten einer Schulleitung in einer besseren und anderen Welt darzustellen, versteht es die Autorin, aus ihrer fundierten Kenntnis von Schule in vielen unterschiedlichen Funktionen, Schulleitung im Rahmen der bestehenden Gesetzes- und Strukturlage darzustellen. Realistische Möglichkeiten werden in ihren Theoriebezügen und Ansprüchen ebenso dargestellt wie in ihren zum Teil quälenden Alltagsproblemen, die in besonders redlicher Weise in Beziehung gesetzt werden zum individuellen Anspruch der Schulleitung und zu ihrer ganz konkreten Arbeitsbelastung. Das Beziehungsgeflecht, in dem Schulleitung in ihrer Vorgesetztenfunktion – zum weitestgehenden Teil ohne die Kompetenz des Dienstvorgesetzten – agieren muß, wird dezidiert dargestellt.

Gleichwohl wird erarbeitet, was und in welcher Weise Schulleitung zur individualisierenden Profilbildung der Einzelschule und des Systems von Schule in einer Region beitragen kann und soll. Die Schulleitung wird natürlich auch in ihrer Aufgabe zur Bildung von »Corporate Identity« dargestellt mit all dem, was das an Führungshandeln mit sich bringt.

An der Arbeit besticht insbesondere die begriffliche Klarheit, die für den Leser durch zunehmende Präzisierung eine sich steigernde Klarheit bringt.

Die Arbeit reflektiert nicht nur in vollständiger Weise den Forschungsstand zur Kooperation zwischen Schulleiter und Stellvertreter, in dem sie insbesondere einen absolut vollständigen Überblick über die relevanten Aufsätze der einschlägigen Fachzeitschriften gibt, sie schafft es auch, diese kritisch zu hinterfragen und auf offene Fragestellungen hinzuweisen. Diese werden in Beziehung gesetzt zu den Defiziten, die es in den rechtlichen Konstellationen und der Schulpraxis gibt. Somit gibt die Autorin praktische Hilfen für real existierende Schulleitungsteams, wie sie mit Freiräumen und rechtlich Ungeklärtem umgehen können, ohne in Probleme zu geraten.

Besonders erfreulich ist es, daß die Autorin der Schulleitung die Notwendigkeit zeitgemäßer Teambildung und Teamarbeit als fundamentales Instrument und grundlegende Arbeitskonstellation in Schule deutlich macht. Das macht die Arbeit in besonderer Weise lesenswert für jede Lehrerin und jeden Lehrer. Es wird klar, wie richtungsweisend die Art und Weise ist, in der man in Schulleitung miteinander und mit den Einzelpersonen und Gremien in der Schule umgeht. Schulleitung wird in all ihren Komponenten beschrieben und hinterfragt. Dabei wird immer deutlich, daß es sich bei dem Organ Schulleitung nicht um ein abgehobenes und spezifisches, sondern um eines

geht, das für die Zusammenarbeit in Schule maßstabsetzend und richtungsweisend ist – gewollt oder nicht. Es wird klar, das es sich bei der interpsychischen und intrapsychischen Ebene um eine solche handelt, die nicht nur
eine institutionelle, sondern eine solche ist, die das pädagogische Selbstverständnis von Schule definiert. Kooperationsverständnis und Kooperationsformen und -methoden sind konstitutiv für den Organismus Schule.

Hilfreich für den Leser – erst recht für das betroffene Schulleitungsmitglied
– ist die Tatsache, daß die Autorin sich nicht in theoretisierende Reminis-
zenzen abdriften läßt, daß sie vielmehr emotionale Führungskomponenten
im Detail abwägt und ein besonderes Augenmerk auf die Möglichkeiten zur
Kultivierung auch der interpersonalen Beziehungen legt. Deshalb ist das
Buch für den Betroffenen so nützlich, weil es konkrete Bausteine zur Aufar-
beitung des Themenspektrums anbietet und auch hier mit äußerster Flexibilität auf die konkreten Bedürfnisse vor Ort einzugehen möglich macht.
Nützlich sind dabei offene Fragereihungen mit der Möglichkeit zur Inbezie-
hungsetzung von unterschiedlichen Faktoren. Die aufgezeichneten Handlungsstrategien ermöglichen nicht nur eine Handhabung als Leitfaden, sie
zwingen auch zur Berücksichtigung multikausaler Ursachenforschung. Es
werden keine billigen oder überschwenglichen Lösungen geboten, die Autorin kann auf der Grundlage ihrer reichen schulpraktischen Erfahrung vielmehr ein sehr detailliertes Gerüst an Hilfen und Angeboten machen. Das ermöglicht wirklich für jede Schulleitung in der Republik abgestimmte
Bestandsaufnahmen und Lösungsstrategien und macht sie leicht handhab-
bar.

Die ausgesprochen leserfreundliche Systematisierung der Arbeit erlaubt es,
die Arbeit sowohl zur systematischen Aufbereitung des Themas, als auch
zur nachschlagemäßigen »Lebensberatung« zu nutzen. Im Gegensatz zu vielen anderen einschlägigen Arbeiten ist jedes Kapitel für sich selbst verständ-
lich und lesenswert. Dies steigert die Verwendungsfähigkeit und Attrakti-
vität der Arbeit ganz enorm und läßt sie sicherlich zu einem Standardwerk
zum Thema werden, erlaubt sie doch, sowohl ein systematisches Aufarbei-
ten des Themas wie eine lexikalische oder lebenspraktische Nutzung im
Sinne einer fallbezogenen Absicherung von Alltagshandeln.

Die Differenziertheit der Darstellung ist bei dieser Arbeit besonders bemer-
kenswert. Sie geht einher mit einer fachwissenschaftlichen ordentlichen Ta-
xonomie und einer allgemeinverständlichen Sprache, die in ihrer Schlicht-
heit und Präzision ebenso besticht wie in ihrer Flüssigkeit.

Die Anregungen und Hinterfragungen sind für Schulalltag, Aus- und Fortbildung von Schulleitungen ebenso geeignet wie für den innerschulischen
Disput über den Zusammenhang von Organisationspädagogik und System-
reflexion.

Es ist eines der besonderen Zeichen von Ehrlichkeit und Wagemut der Autorin, daß sie sich nicht scheut, auch die Aspekte von Macht und Einfluß in

der Schulleitungsposition zu verdeutlichen und in ihrer Auswirkung auf das Selbstverständnis und die Erscheinungsform zu hinterfragen und kritisch zu würdigen.

Die fünf Kapitel der Arbeit erlauben einen gezielten Umgang mit ihr und eine zeitökonomische und inhaltlich präzise Nutzung. Die gewählte Struktur ist organisch und in der Sache nützlich. Es entspricht dem schulpraxiszentrierten Ansatz der Autorin, daß das fünfte Kapitel sich dem Aus- und Fortbildungskonzept für Schulleitungsteams zuwendet, denn gerade hier gibt es in den meisten Bundesländern durch nichts zu rechtfertigende, doch aber einfach erklärbare Defizite. Die vorliegende Arbeit kann sehr hilfreich sein, hier landesweite, regionale und schulinterne Konzepte zu stricken. Die Notwendigkeit, etwas zu tun, wird unwiderlegbar beschrieben, Inhalte und Methoden werden im Detail beschrieben. Dabei wird auf positive Beispiele, die in der Praxis einiger Länder schon Erfolg zeigen, hingewiesen. Ein besonderes Augenmerk legt die Autorin auf die inhaltliche und optische Gliederung der Arbeit. Die Systematisierung und Strukturierung erhöhen die Lesbarkeit gegenüber vergleichbaren Arbeiten ganz erheblich.

Die Autorin schafft es in ihrer zwanglosen und doch stringenten Art, vielerlei Hinterfragungen schulischer Arbeit zu ermöglichen und sogar dazu zu ermutigen, ohne besserwisserisch oder ehrabschneiderisch in das Selbstverständnis von Kolleginnen und Kollegen einzugreifen.

In aller unbefangenen Offenheit gelingt es ihr, zum kritischen Hinterfragen von pädagogischen Grundverständnissen aufzufordern und zur kritischen Bestandsaufnahme von Innovationsstrategien und -prozessen anzuregen.

Insofern ist die Arbeit für Nicht-Schulleitungsmitglieder ebenso geeignet wie für Schulleitungsmitglieder, gibt sie doch immerwährend die Gelegenheit, innerhalb ihres breiten Ansatzes der Suche nach Selbstverständnissen in der Konstellation Schule, über jede Person, jeden Funktionsträger, jede Interessenvertretung und über jede Institution nachzudenken.

Zusammengefaßt und an der Notwendigkeit zur umfassenden und zukunftsorientierten Innovation von Schule orientiert stelle ich fest: Ich möchte die Autorin möglichst schnell in meiner Dienstbesprechung oder Fortbildungstagung mit den Schulleitungen, mit denen ich als Schulaufsichtsbeamter in Kooperation stehe, als Referentin sehen und bin überzeugt, daß dann eine Fülle von Terminen (Studientage, Konferenzen, Arbeitsgruppen ...) auf sie zukommt.

Friedhelm Zöllner, Regierungsschulrat, Landesvorsitzender der Konferenz der Schulräte Deutschlands, Rheinland-Pfalz

Einleitung

1. Problemstellung

Mein persönlicher Berufsweg ließ mich erfahren, welch hohe Anforderungen an die Leitung einer Schule gestellt werden. Ich habe auch selbst erlebt, wie schwierig es war, mich mehr oder weniger autodidaktisch auf ein Schulleitungsamt vorzubereiten bzw. mich als Funktionsstelleninhaberin für meine Aufgabe fortzubilden.

SchulleiterInnen* haben eine **Vielzahl von Aufgaben** zu erfüllen, die mit einer **besonderen Erwartungshaltung** seitens der verschiedenen Personen und Personengruppen der Praxis – LehrerInnen, SchülerInnen, Eltern, Schulleitungsmitglieder, außerschulische Personen, Schulträger, obere und oberste Behörde – sowie der Wissenschaft gekoppelt ist und einen **enormen Leistungsdruck** mit sich bringt.

Diese hohen Erwartungen finden sich im Schulrecht als **rechtlich-normative Vorgaben,** in der wissenschaftlichen Forschung und Literatur als **normativ-wissenschaftliche Ansprüche** mit stark **präskriptivem Charakter** und in den Ansichten sonstiger an Schule interessierter Personen unter **normativ-sozialem Aspekt.**

Die Bandbreite reicht vom »*Verwalter*« und »Staatsdiener« (DAHLKE 1994, S. 21 und 23; Hervorhbg. MD) über den »Entwicklungshelfer« (ROLFF 1993, S. 10) und »Konfliktregler« (RAUSCHER 1995 b, S. 18) bis hin zum »Unternehmer« (MANTLER 1994, S. 199; VOGEL 1990, S. 20) und »Visionär« (DAHLKE 1994, S. 23). Die Führungsfunktionen »planen, organisieren, informieren, delegieren, kontrollieren, innovieren« werden durch Personalführungsaufgaben (vgl. WAND 1978, S. 35) erweitert, die auf der persönlichen Ebene die »Schaffung von Vertrauensbasis« (AHLERS 1978, S. 23 f.) verlangt, und bei der der Schulleiter als »weiser und sachlicher Konfliktregler« (RAUSCHER 1995 b, S. 18) auftritt.

Ein Mehr an Autonomie für die Einzelschule stellt mit den damit verbundenen unternehmerischen Tätigkeiten, die als »Finanzmanagement« (WAND

---

* Wie in jedem anderen Berufsfeld handeln auch im schulischen Bereich immer weibliche und männliche Personen.
Die konsequente Anwendung der jeweils weiblichen und männlichen Formen hätte indes die Lesbarkeit der Arbeit nicht unbedingt erleichtert. Da, wo es sich anbot, habe ich selbstverständlich immer beide Geschlechtsbezeichnungen verwendet.
In allen anderen Fällen, in denen der Text nur schwerfälliger geworden wäre, habe ich den männlichen – da kürzeren – Begriff benutzt.
Dessen ungeachtet beziehen sich die Aussagen auf die in der jeweiligen Verantwortung stehenden Menschen – und dies sind immer Männer und Frauen.

1978, S. 35) zu klassifizieren sind, eine neue Herausforderung für den Schulleiter dar. **Kooperation** gilt als **Schlüsselfunktion** von LehrerInnen und SchulleiterInnen (vgl. DÖRING 1983, S. 8). Dem **vorbildlichen Handeln** des **Schulleiters** kommt höchste **Bedeutung** zu (vgl. BAUMERT/LE-SCHINKSY 1986 a, S. 263).

Mit DASCHNER (1989) läßt sich der ideale Schulleiter somit beschreiben als:

> »Vor- und Nachdenker seiner Schule [ist], der die Leistungsstandards und Verhaltensmuster der Schule repräsentiert – also auch dafür sorgt, daß es sie gibt –, der den pädagogischen Diskurs im Kollegium und mit Schülern und Eltern in Gang setzt und hält, der dazu beiträgt, schulische Konflikte in der Schule zu lösen – und nicht gleich durch die Schulbehörde, der Leistungsbereitschaft evoziert und keinen Kollegen aufgibt oder abschreibt, der immer im Auge hat, auch die Selbständigkeit der Schüler zu fördern. Ein Schulleiter sollte sich aber bei allem Tun darüber im klaren sein, daß ein starker Motor allein noch kein Gefährt in Bewegung versetzt. Ich will damit sagen: Ein Schulleiter ist so stark und wirkungsvoll, wie er in der Lage ist, das Kollegium zu stärken und dessen Wirksamkeit zu entfalten« (DASCHNER 1989, S. 9).

Wie die aufgelisteten Anforderungen an Schulleiter zeigen, findet sich in der Literatur ein Anspruch an die Handlungskompetenzen von SchulleiterInnen, der »SchulleiterInnen im Kern die Rolle von pädagogisch tätigen ›Superfrauen‹ oder ›Supermännern‹« (WISSINGER 1996, S. 10 f.) anträgt.

Schulleiter und Schulleiterinnen sind jedoch Individuen, die sich in konkreten Situationen an ihren Schulen vorfinden und unter den gegebenen situativen und damit vielfach variierenden Bedingungen ihre Leitungsfunktion wahrnehmen müssen. Hierfür benötigten sie eine schlüssige, die wesentlichen Aspekte schulischer Führung umfassende Theorie, auf die sie ihr Leitungshandeln gründen könnten. Eine **integrative Leitungstheorie** für die Schule **steht** bislang allerdings **noch aus.**

Die schwierige Situation der Schulleitungspersonen wird zusätzlich durch das **Fehlen** einer **intensiven Vorbereitung** auf das Schulleitungsamt verstärkt. Die Fortbildung von schulischen Leitungskräften parallel zur Schulleitungstätigkeit vollzieht sich notgedrungenermaßen in kurzen Phasen, erstreckt sich über einen längeren Zeitraum und kann von daher nicht alle erforderlichen Bereiche im gewünschten Umfang frühzeitig abdecken.

2. Stand der Forschung

Die **Schulleiterforschung** nimmt innerhalb der deutschsprachigen Schulqualitätsforschung noch immer eine vergleichsweise geringe Bedeutung ein und gilt in ihrer Kontinuität und Systematik noch als unterentwickelt (vgl. STORATH 1995, S. 18; WISSINGER 1996, S. 24).

Deutliche Schubkraft erhielt sie durch die angloamerikanische »School-Effectiveness-Forschung«, die zunächst untersuchte, woran sich schulischer Erfolg in bezug auf die Lernleistungen von Schülern bemißt (vgl. RUTTER et. al. 1980), und die sich später generell der Frage zuwandte, was Schulen eigentlich erfolgreich macht. Eine gute Zusammenstellung der Studien und Untersuchungen findet sich bei LENZ (1991) und bei STEFFENS/BARGEL (1993).

Eine der wesentlichen Erkenntnisse war die Entdeckung der Bedeutung des Schulleiters für die Entwicklung der Schule. Die Kriterien, die einen »effektiven« Schulleiter ausmachen, verweisen auf eine starke Persönlichkeit, die als »instructional leader«, im deutschen Sprachraum als »pädagogische Führungskraft«, festen Eingang in die pädagogische Diskussion um »gute Schulen« gefunden hat.

Verdienstvollerweise haben Veröffentlichungen, wie beispielsweise die bereits erwähnten von LENZ (1991) und STEFFENS/BARGEL (1993), die Ergebnisse der angloamerikanischen Forschung dem deutschsprachigen Raum zugänglich gemacht, wenngleich die Übertragung auf hiesige Verhältnisse (vgl. bei LENZ 1991) kritisch zu sehen ist, da sich amerikanische und deutsche Schulleiter insbesondere in ihrer Stellung stark unterscheiden (vgl. LAUFS 1994; WISSINGER 1996, S. 33).

Die deutschsprachige **Schulqualitätsforschung** erbrachte Ergebnisse, die einerseits normativ geprägt sind, andererseits aber einen **Paradigmenwechsel** als Umorientierung von der Makro- zur Mikropolitik (vgl. ROLFF 1991 a, b) herbeiführten, und somit den **Fokus** wissenschaftlichen Interesses von der Schule als Gesamtsystem **auf** die **Einzelschule** verlagerte. Die Erkenntnis, daß Schulen als »pädagogische Handlungseinheiten« (FEND 1986 a, b) eine eigene Schulkultur benötigen, die gemeinsam mit dem Kollegium zu entwickeln ist, führte auch hierzulande zu einer (neuen) Wahrnehmung der Schulleitung. Der **Schulleiter** wurde als »**Schlüsselgröße**« für die schulische Weiterentwicklung erkannt (vgl. u.v.a. AURIN 1991 a, b; AURIN u.a. 1993; BOHNSACK 1987; FISCHER/NENTWIG 1987; HAENISCH 1993; LENZ 1991; LOHMANN 1992; NEULINGER 1990; ROLFF 1983; STEFFENS/BARGEL 1993).

Zu den **wichtigsten Befunden** der Schulqualitätsforschung gehören:

● Der Anspruch, **gute Schule** zu sein, stellt **höchste Anforderungen** im Bereich der **Sozialkompetenz** (vgl. BAUMERT 1989 a, b; WOLFMEYER 1981);

● gute Schulen haben einen großen **Bedarf an Lehrerkooperation,** die es im Sinne einer Kooperationskultur weiterzuentwickeln gilt (vgl. AURIN u.a. 1993; DAHLKE 1994; FISCHER/SCHRATZ 1993).

Die dem Schulleiter zuerkannte Bedeutung für die Weiterentwicklung der Schule verstärkte das Interesse an der Tätigkeit des Schulleiters und leitete eine intensivere Schulleiterforschung ein. Diese führte sowohl zu theoretischen Erörterungen der Schulleitungsthematik als auch zu empirischen Untersuchungen im Bezugsfeld Schulleitung.

Theoretische Abhandlungen über Schulleitung finden sich aus verwaltungswissenschaftlicher und rechtlicher Sicht (vgl. u. a. BESSOTH 1978; HOLT-APPELS ²1991; NEVERMANN 1982; VOGELSANG 1989), aus praxisbezogener Erfahrung (vgl. z. B. WIRRIES 1986 und 1993) und auf der Basis verschiedenartiger Bezugssysteme der erziehungswissenschaftlichen Theorie. Letztere argumentieren innovationstheoretisch (vgl. beispielsweise AUERNIG 1986; ROSENBUSCH/WISSINGER Hg. 1989) und entwickeln nach eingehender Analyse der Schulleitertätigkeit neue Konzeptionen für die Schulleiteraus- und -fortbildung (so bei FISCHER 1987). Sie zeigen an Fallbeispielen konkrete Organisationsentwicklungsmaßnahmen für die Schule auf (vgl. u. a. PHILIPP/ROLFF 1990) bzw. diskutieren Schulleitung im Hinblick auf die Weiterentwicklung der Einzelschule (vgl. BUCHEN/HORSTER/ROLFF 1995). HALLER/WOLF (²1995 b) entwickeln ein innovatives Konzept für schulische Weiterentwicklung, bei dem sie die Führungsthematik akzentuieren. Sie analysieren Führung unter dem Aspekt des Geschlechterverhältnisses und leiten das Konzept einer dialogischen Führung her, das sie als individuellen und kollektiven Lernprozeß verstehen, der auch die Schulleitung miteinschließt (vgl. S. 23). Ein systemtheoretischer Ansatz liegt einer der wenigen Abhandlungen über den Stellvertreter bei SPIES/HEITZER (1986) zugrunde. DUBS (vgl. 1992 und 1994) expliziert ein stärker verhaltenswissenschaftlich ausgerichtetes Leitungsverständnis und definiert Führung als »leadership«, die er für die Praxis anhand der Entwicklung eines Führungshandbuches für die Schule konkretisiert.

Die vorgenannten theoretischen Diskussionsbeiträge spezifizieren relevante Führungsaspekte von Schulleitung. Eine **theoretisch fundierte Grundlegung** der Leitungsfunktion, die den **Stellvertreter** als engsten Mitarbeiter des Schulleiters **in eine Führungstheorie integriert, wird** jedoch **vermißt**.

Insbesondere im Rahmen der Diskussion um die Entwicklung der Einzelschule hat die Aufgabe des Schulleiters, die Lehrerkooperation zu fördern und zu unterstützen, an Bedeutung gewonnen. Kooperation gilt als »Schlüsselfunktion« für die Schulleitung:

> »Wenn es einen Begriff gibt, der die Aufgabenvielfalt des Schulleiters am ehesten einzufangen in der Lage erscheint, dann ist dies ›Kooperation‹. Die Zusammenarbeit aller an Schule Beteiligten anzuregen, wirksam zu erhalten und zu vertiefen, ist zweifellos die zentrale Führungsaufgabe des Schulleiters, der Schulleitung – so weisen es auch die ›Dienstordnungen‹ aus und so bestätigt es sich in den Anforderungen und Erwartungen, die schulalltäglich an die mit Schule-Leiten befaßten pädagogischen Führungskräfte herangetragen werden« (DÖRING 1983, S. 8).

Die einzelnen Aufsätze des von DÖRING (1983) herausgegebenen Schulleiter-Handbuches thematisieren kooperatives Arbeiten in der kollegialen Schulleitung, wie sie für Niedersachsen rechtlich gegeben ist (vgl. ADAM-

SKI 1983). Sie konkretisieren das Kooperationsverhalten in Form der Aufgabendelegation, die sie am Beispiel eines Geschäftsverteilungsplans im Rahmen eines Modellversuchs exemplarisch darlegen (vgl. S. 49–64). Die Aufgabenverteilung innerhalb der Schulleitung ist auch Gegenstand der Erörterungen bei THIES (1994) und DRÖGE (1994).

Kooperation wird ferner unter motivationalem Aspekt diskutiert. Dem Schulleiter wird für die Entwicklung einer Kooperationskultur Vorbildfunktion zugewiesen (vgl. WISSINGER/ROSENBUSCH Hg. 1991).

Die vergleichsweise wenigen **empirischen Studien** zur Schulleitung des deutschsprachigen Raumes sind meist Bestandteil eines größeren Forschungsdesigns, das die Einzelschule auf ihre Entwicklung (vgl. BOHN-SACK 1987; HAENISCH 1993) oder beispielsweise auf ihre Bereitschaft und Fähigkeit zur Konsensbildung untersucht (vgl. AURIN u. a. 1993).

Das **Forschungsinteresse** innerhalb der Schulleitungsforschung konzentriert sich in den meisten Fällen auf den **Schulleiter**. Es richtet sich in der Regel auf Teilaspekte des Schulleiterhandelns. Beispielhaft seien hier angeführt: die schulartübergreifende Tätigkeitsanalyse von WOLFMEYER (1980), die Erforschung der Karrierewege von Schulleitern (vgl. BAUMERT 1984), die Untersuchungen zum beruflichen Selbstverständnis von Schulleitern (vgl. BAUMERT/LESCHINSKY 1986 a; WISSINGER 1996) und die Analyse der Rollenfindungsprozesse bei neuernannten Schulleitern (vgl. STORATH 1995). Von forschungsleitendem Interesse sind bislang ferner die soziale Herkunft von Schulleitern und ihre Berufswahlmotive (vgl. NEULINGER 1990), die Einschätzung der eigenen Situation bei Schulleitern der verschiedenen Schularten (vgl. HOLTAPPELS [2]1991), die Funktionen des Schulleiters bei Innovationen (vgl. AUERNIG 1986; TEETZ/REDLICH 1994) und die Entwicklung und praktische Erprobung eines neuen Schulleitungsaus- und -weiterbildungskonzepts für Schulleiter (vgl. FISCHER 1987).

Insgesamt konzentrieren sich die **theoretischen Konzepte** wie die empirischen Studien fast ausschließlich auf den **Schulleiter** und sein **Führungshandeln in bezug auf** das **Lehrerkollegium**. Die Interdependenzen, die sich nach einem neuzeitlichen Führungsverständnis zwischen Führenden und Geführten ergeben, werden für die schulische Situation noch selten beachtet.

Die weitgehend normativ-präskriptiven Vorgaben der wissenschaftlichen Theorie, die sich am Idealbild eines Schulleiters orientieren, kollidieren mit den deskriptiven Befunden der empirischen Studien. Der Schulleiter der Praxis wird an diesem Idealbild gemessen, ohne daß ihm bislang eine integrative Führungstheorie, die die verschiedenen Ebenen der Schulleitung, des Kollegiums und der schulischen Situation berücksichtigte und einem neuzeitlichen Führungsverständnis als multifaktoriellem Konstrukt entspräche, zur Verfügung steht.

Den **Konzepten fehlt** insbesondere die **Integration** des **Stellvertreters in** das **Führungsgeschehen** der Schule.

Der Stellvertreter nimmt innerhalb der Forschung und schulischen Führungsdiskussion noch einen bescheidenen Platz ein. Darauf verweist auch THIES (1994):

>»Die Diskussion zum Begriff ›Pädagogische Führung‹ konzentrierte sich in der Vergangenheit weitgehend auf die Führungsaufgaben der Schulleiterin bzw. des Schulleiters. Dabei wird zwar in fast allen Beiträgen auf den Teamcharakter eines Lehrerkollegiums hingewiesen, jedoch die zentrale Stellung eindeutig der Leitungspersönlichkeit Schulleiter/in zugebilligt (vgl. z. B. *Ingeborg Wirries* 1986). Über die Rolle stellvertretender Schulleiter/innen, über ihre Aufgaben und Mitwirkungsmöglichkeiten, über ihr pädagogisches Führungshandeln wird in den weitaus meisten Beiträgen wenig ausgesagt« (THIES 1994, S. 36 f.; Hervorhbg. HT).

Die **wenigen theoretischen Abhandlungen über** den **Stellvertreter** thematisieren meist sein Arbeitsfeld unter besonderer Berücksichtigung der Aufgabenverteilung (vgl. THIES 1994), erörtern die instrumentellen Voraussetzungen für seine Tätigkeit (vgl. DRÖGE 1994) oder seine Aus- und Fortbildung (vgl. PFEFFER 1994). SPIES/HEITZER (1986) widmen einen Band der Reihe Schulleiter-Handbuch dem Stellvertreter. Sie gehen insbesondere auf seine verschiedenen Funktionen als Organisator, Vermittler, Berater und Mitarbeiter ein.

Die Frage nach der **Zusammenarbeit** und der **Beziehungsgestaltung** zwischen **Schulleiter** und **Stellvertreter** nehmen – sofern sie überhaupt Gegenstand der Diskussion sind – einen **geringen Stellenwert** ein.

Sie werden hauptsächlich in Fachzeitungen und oftmals aus der Perspektive des Praktikers beleuchtet (vgl. BRAUN 1991; HOOS 1991; RITTERBACH 1991).

Empirische Erkenntnisse über die Tätigkeitsmerkmale und das Selbstbild des stellvertretenden Schulleiters und über seine Berufszufriedenheit finden sich bei WOLFMEYER (1981 a, b und 1982).

3. Ziele und Fragestellungen

Die fast ausschließlich normativen Vorgaben für schulisches Leitungshandeln und die daraus abzuleitenden hohen Qualifikationen und Kompetenzen, die Leitungspersonen der Schule aufweisen müßten, implizieren eine veränderte Schulleitung. Auf die Diskrepanz zwischen dem Anspruch an das Leitungshandeln und den realiter ausgeführten Tätigkeiten von Schulleitern verweisen auch empirische Untersuchungen (z. B. AHLERS 1978; BAUMERT 1989 a, b; KIENBAUM UNTERNEHMENSBERATUNG GmbH 1994 a–c; KRÜGER 1989; WISSINGER 1994 und 1996).

Die wissenschaftliche Diskussion betont, wie bereits beim Stand der Forschung erwähnt, die Führungsaufgabe des Schulleiters, die Lehrerkooperation zu fördern und zu unterstützen. Hierbei konzentriert sie sich in aller Regel auf die Schulleiter-Kollegium-Beziehungen und fokussiert die Handlungen und Verhaltensweisen von Schulleitern als Führende.

Eine kooperative Schule verlangt nach einer **kooperativen Schulleitung**, die das Schule-Leiten nicht mehr als originäre Aufgabe eines einzelnen – des Schulleiters – ansieht, sondern welche die **Führung** auf mehrere Schultern **verteilt**.

Da Schulen unabhängig von der Schulart einen Schulleiter und in der Regel zumindest einen stellvertretenden Schulleiter haben, ist der **Stellvertreter** in die Führungsaufgabe einzubinden und **in** einer für die heutige und künftige Schule adäquaten **Führungstheorie mitzudenken**.

Das **Anliegen dieser Arbeit** ist deshalb, zu untersuchen, **wie Schulleitung gestaltet** werden muß, damit sie sowohl den pädagogischen Zielen und Aufgaben einer gewandelten Schule, den Bedürfnissen der die Bildungs- und Erziehungsprozesse steuernden und fördernden Personen und der Schulentwicklung entspricht – ohne den Stellvertreter außen vor zu lassen. Hierbei sind die **Ebenen des Individuums** – Schulleiter, Stellvertreter und Lehrer –, **der Gruppe** – Schulleitung und Kollegium – und **der Organisation** – Schule – zu bedenken.

In einer auf Kooperation basierenden Schul-Leitungstheorie sehe ich eine geeignete Antwort auf diese Ausgangsfrage.

Kooperation wird als **fundamentaler Führungsaspekt in** der **gewandelten Schule** herausgearbeitet, der von einer zielorientierten Zusammenarbeit zwischen gleichberechtigten Partnern ausgeht.

Eine intensive Kooperation unter den Lehrkräften einer Schule ist unabdingbar, wenngleich sie in Deutschland keine lange Tradition hat (vgl. SCHOLZ 1989, S. 3). Die Spezifität schulischer Arbeitsprozesse, die das Einzelkämpfertum von Lehrern noch immer stärkt, steht einem echten kooperativen Verhalten eher im Wege.

Wegen der in der wissenschaftlichen Literatur anerkannten Vorbildfunktion des Schulleiters, die ich um die Vorbildwirkung des Stellvertreters ergänze, bedarf es in der **Schule** einer **kleineren Einheit**, die ein **Modell** für eine **gelingende Kooperation** abgibt und dadurch zur Entwicklung einer innerschulischen Kooperationskultur beiträgt.

Hierfür erscheint mir die **Schulleiter-Stellvertreter-Dyade ideal** zu sein.

Es ist somit in der Arbeit zu **klären, was generell** unter **Kooperation** in der Schule zu verstehen **ist** und **wie sich kooperative Führung** speziell **zwischen** den **Führungsverantwortlichen darstellt**. Ferner ist zu untersuchen, worin und wie Schulleiter und Stellvertreter zusammenarbeiten müssen, damit sie die Führungsaufgaben und insbesondere den Auftrag, die Lehrerkooperation zu fördern, erfüllen können.

Hierbei sind die **Funktionen** einer gelingenden Schulleiter-Stellvertreter-Kooperation, die **Inhalte,** welche sich für eine solche Kooperation eignen, ebenso wie die **Methoden,** mit denen diese Kooperation in Gang gesetzt und gehalten werden kann, **von leitendem Interesse.** Es ist weiterhin zu erforschen, wo eine Schulleiter-Stellvertreter-Kooperation möglicherweise ihre **Grenzen** findet.

Das in der Arbeit **zu entwickelnde Führungskonzept** für die Schule integriert den Stellvertreter in eine Leitungstheorie, die weitgehend **unabhängig von** den jeweiligen **Persönlichkeitsstrukturen** von Schulleiter, Stellvertreter und Kollegium ebenso **wie von** den **rein situativen Bedingungen** der Einzelschule Gültigkeit haben soll.

Damit will diese Arbeit einen Beitrag leisten, Führung auch im Kontext von Schule als neuzeitliches multifaktorielles Führungsgeschehen (vgl. NEUBERGER ⁴1994) zu fundieren.

Der entwickelte Teilaspekt einer Schulleitungstheorie wirft ferner die Frage nach den **Qualifikationen** auf, die schulische Führungskräfte insbesondere im Hinblick auf »kooperative Führung« innerhalb der Schulleitung benötigen. Die gewandelte Schule stellt Leitungskräfte vor komplexe und teilweise völlig **andersartige Aufgaben,** zu deren Bewältigung nicht nur ein **anderes Selbstverständnis der Berufsrolle** von Schulleitern (vgl. WISSINGER 1996) und m. E. auch von anderen Leitungsmitgliedern erforderlich ist, sondern auch besonderer Qualifikationen und Kompetenzen bedarf. Diese werden insbesondere als **personale Kompetenzen** innerhalb der Bedingungsdimension des Leitungskonzepts der Schulleiter-Stellvertreter-Kooperation erörtert.

Eine den Führungsfunktionen adäquate Aus- und Fortbildung für Schulleitungspersonen ist in ersten Ansätzen gegeben. Die Konsequenzen aus den theoretischen Überlegungen des neuen Leitungsansatzes für eine Schulleitungsaus- und -fortbildung werden andiskutiert.

4. Aufbau

Die vorliegende Arbeit will die **verschiedenen Begründungsebenen für Schulleitung** darlegen und in ihrer Bedeutung für die Entwicklung eines **neuen Leitungsverständnisses** diskutieren.

Erster Bezugspunkt für die theoretischen Überlegungen bildet der **Wandel,** dem die **heutige Schule** unterliegt. Es soll in **Kapitel 1** zunächst erörtert werden, welcher Art die Veränderungen von Gesellschaft und Jugend sind und worin die sich daraus ergebenden Belastungen für Kollegium und Schulleitung bestehen. Der Wandel bedingt eine veränderte Schule, der begründet dargelegt wird.

Die neueren Tendenzen, die Schule zu reformieren, lassen sich mit dem Begriff der »inneren Reform« von Schule umschreiben. Damit soll die Erneuerung von der Einzelschule selbst geleistet und nicht von der Schuladministration verordnet werden. Schule wird in diesem Kontext als »professionelle« und »teilautonome« Organisation verstanden und erörtert. Der aufgezeigte Wandel hat Auswirkungen auf die Lehrerinnen und Lehrer und auf die Schulleitung. Die Diskussion über eine neue Schule lenkt nunmehr auch den Blick auf die Handlungsweisen von Schulleitung. Es wird herausgearbeitet, daß die veränderte Schule auch einer gewandelten Schulleitung bedarf.

In **Kapitel 2** werden als erstes Vorüberlegungen angestellt, in denen die **Termini** »**Schulleitung**« und »**Schulleiter**« geklärt und Schulleitung unter institutionellen ebenso wie unter funktionellen Gesichtspunkten expliziert werden. Weiterhin werden die **schulrechtlich determinierten Funktionen** von Schulleitung und die sich aus dem Recht ergebenden **Aufgaben** exemplarisch anhand der Rechtsbestimmungen des Landes Nordrhein-Westfalen erörtert. Die rechtlich verankerten Aufgaben, die wegen der monokratischen Auffassung von Schulleitung insbesondere spezifische Anforderungen an den Schulleiter stellen, werden ausgeführt.

Die monokratische Rechtsauffassung vom Schulleiter als Gesamtverantwortlichem wird im Zusammenhang mit den unterschiedlichen Rechtspositionen der einzelnen Leitungsfunktionen erörtert. **Auf** der **Basis** der **Rechtsstellung** der Leitungspersonen wird die **Beschränkung** des der Arbeit zugrundeliegenden **Führungskonzepts auf** den **Schulleiter und** den **Stellvertreter** vorgenommen.

Es soll des weiteren aufgezeigt werden, daß die Vorstellungen über Schulleitung nicht nur auf der Basis normativ-rechtlicher Aufgabenbestimmung beruhen, sondern daß auch **normativ-pädagogische Sichtweisen** das Arbeitsfeld von Schulleitung bestimmen.

Als fundamentale Aufgabe von Schulleitung gilt die Orientierung am pädagogischen Auftrag, die zur kontinuierlichen Verbesserung der Bildungs- und Erziehungsprozesse an der Schule beitragen soll. Von daher ist der Schulleiter primär »**pädagogische** Führungskraft«. Der Begriff »pädagogische Führung« wird zu klären versucht und in seiner zentralen Funktion innerhalb der Schulleitungsaktivitäten herausgearbeitet. »Pädagogische Führung« wird dimensioniert und kritisch für die Weiterentwicklung des Leitungsverständnisses hinterfragt. Die bereits erwähnte, durch empirische Studien nachgewiesene Diskrepanz zwischen den Bedingungen und Anforderungen an eine pädagogische Schulleitung und dem tatsächlichen Schulleitungshandeln (vgl. u. a. BAUMERT 1989 a, b; KRÜGER 1989; vgl. Einleitung, 2., S. 21) wird dargelegt. Sie verweist zwingend auf **Defizite** im Schulleitungshandeln. Hieraus wird eine **notwendige Veränderung im Leitungsverhalten** abgeleitet, die von der individuell-persönlichen Ebene des einzelnen Schulleitungsmitgliedes auf eine allgemein-sachliche Ebene mittels der **Theoriefundierung**, wie sie der Arbeit zugrunde liegt, erfolgen soll.

Da »Leitung«/»Führung« kein auf die Schule zu begrenzender Terminus ist, sondern als fundamentaler Bestandteil einer allgemeinen Führungslehre gilt, wird der **Leitungsgedanke in Kapitel 3** nunmehr auch **aus führungstheoretischer Perspektive** diskutiert.

Führung wird hierbei im Kontext eines neuzeitlichen Führungsverständnisses betrachtet. Die Multidimensionalität neuzeitlicher Führungskonzepte berücksichtigt insbesondere auch die MitarbeiterInnen und impliziert einen partizipativen Führungsstil. Einer »kooperativen Führung« wird im Rahmen neuzeitlicher Führungsansätze generell ein hoher Stellenwert beigemessen.

Da Kooperation als zentrale Aufgabe einer gewandelten Schule dargestellt wird, soll das Konzept einer »kooperativen Führung« wegen seiner Bedeutung für die Entwicklung einer schulspezifischen kooperativen Leitungsvorstellung eingehend erörtert werden.

Des weiteren wird geprüft, ob und inwiefern für schulische Führung Anleihen an Managementtheorien aus dem betriebswirtschaftlichen Bereich gemacht werden können. Mögliche Parallelen, insbesondere jedoch die Unterschiede zwischen den profitorientierten Systemen und dem Nonprofit-System der Schule, werden herausgearbeitet.

Auf den Erkenntnissen der Kapitel 1–3 aufbauend, wird in **Kapitel 4 Kooperation als ein Teilaspekt schulischer Führung** unter besonderer **Akzentsetzung** einer **Schulleiter-Stellvertreter-Kooperation** theoretisch entwickelt. Die neue Leitungstheorie erhebt hierbei keinen Anspruch darauf, eine umfassende Schulleitungstheorie zu sein, die alle denkbaren Aspekte schulischer Führung erfaßt.

Das neue Leitungskonzept versucht vielmehr die Aspekte, die sich aus dem Wandel von Gesellschaft und Schule (vgl. Kapitel 1, S. 34), den normativen Vorgaben seitens des Rechts und der pädagogischen Leitungstheorien (vgl. Kapitel 2, S. 66) sowie aus den Perspektiven des betrieblichen Managements (vgl. Kapitel 3, S. 118) ergeben, zu integrieren.

Kernpunkt des neuen theoretischen Leitungskonzepts bildet die **Kooperation zwischen Schulleiter und Stellvertreter.**

In Kapitel 4 wird zunächst der Begriff »Kooperation« definiert und pädagogisch begründet. Darauf aufbauend, wird Kooperation als Ansatz für eine gewandelte Schule expliziert. Der Überblick über den Forschungsstand zu kooperativen Beziehungen innerhalb der Schulleitung verweist auf das Erfordernis, den kooperativen Führungsansatz konsequenterweise auch auf das Schulleitungsverständnis zu übertragen.

Grundannahme dieses Kapitels ist, daß eine gelingende Schulleiter-Stellvertreter-Kooperation als Modell für die Lehrerkooperation dienen kann und daß sie maßgeblich die Entwicklung einer innerschulischen Kooperationskultur beeinflußt.

Die Notwendigkeit einer Schulleiter-Stellvertreter-Kooperation wird begründet hergeleitet.

Die neue Führungstheorie wird in ihren Grundlegungen und Bedingungen entwickelt. Zentrale Aspekte der Schulleiter-Stellvertreter-Kooperation, wie die Funktionen dieser Kooperation sowie deren Inhalte und die Methoden, mit denen die Kooperationsinhalte bearbeitet werden können, bilden die Schwerpunkte des Leitungsansatzes.

Im 5. Kapitel wird ein kurzer Ausblick auf vorhandene Konzeptionen zur Schulleitungsaus- und -fortbildung gegeben und im Hinblick auf das in Kapitel 4 entwickelte Leitungskonzept in bezug auf seine praktischen Folgerungen für die Beförderung des kooperativen Führungsprinzips reflektiert.

KAPITEL 1

Schule im Wandel

1. Einführung

Die **Schule** stellt eine **besondere soziale Organisation** dar und wirkt als solche sowohl nach **innen** wie nach **außen**. Sie selbst wird wesentlich durch die Außenwelt geprägt.

Mit diesen **äußeren Einflußfaktoren** setzt sich das erste Kapitel auseinander. Ausgangspunkt der Überlegungen bildet der beobachtete **Wandel von Gesellschaft** und **Jugend** und seine Auswirkungen auf die derzeitige Schule. Der resultierende **Veränderungsdruck** bringt starke Belastungen für Kollegium und Schulleitung mit sich und fordert **Wandlungs- und Entwicklungsfähigkeit** der Schulen.

Es ist somit zu fragen, worin der **Wandel von Gesellschaft und Jugend** besteht und welche Belastungen damit für die LehrerInnen verbunden sind. Des weiteren ist zu überlegen, wie den Lehrkräften geholfen werden kann bzw. welche Eigeninitiativen ihrerseits ergriffen werden können, so daß die Schule sich als wandlungsfähig erweist und sich zu einer »professionellen« Organisation entwickelt.

Mit diesen Fragestellungen eng verknüpft ist die Überlegung, ob Schulen für diese Neuorientierung nicht auch der **Unterstützung** seitens der **Schulbehörden** und der **Schulleitung** bedürfen.

Die Bedeutung des Schulleiters für Schulentwicklungsprozesse, die erst im Rahmen der angloamerikanischen »School-Effectiveness-Forschung« und der Schulqualitätsforschung des deutschsprachigen Raums erkannt wurde, hat den Blick der Forscher explizit auf Schulleitung und auf das jeweils praktizierte **Leitungshandeln** gerichtet.

Dieses kann nicht losgelöst von den Veränderungsprozessen gesehen werden. In einer professionellen Organisation arbeiten Führung und Mitarbeiter zusammen. Für die Schule bedeutet dies, **Schulleitung** und **Kollegium gestalten** gemeinsam den für Schule notwendigen **Wandel**.

Im Zusammenhang mit der Fragestellung der Arbeit interessiert deshalb, ob eine **gewandelte Schule** nicht auch ein **gewandeltes Leitungshandeln** erforderlich macht.

2. Schule als besondere soziale Organisation

Schule und Schulsystem stellen eine »Organisation« dar und weisen die für sie typischen Merkmale auf:

- Sie sind zielgerichtet,
- sie haben Mitglieder,
- sie entwickeln eine formale Struktur mit einem Regelsystem (vgl. BESSOTH 1988, S. 100).[1]

Die Schule hat, wie jede Organisation, ein Innen- und ein Außenverhältnis und wird ebenso durch die soziale Umwelt, in der sie existiert, beeinflußt (vgl. BESSOTH 1988, S. 100; MÜLLER-SCHÖLL/PRIEPKE [3]1992, S. 76 f.). STEFFENS/BARGEL (1993) betonen die

> »Besonderheit der Organisation Schule, die (nach LUHMANN) darin besteht, daß der Organisationserfolg vom Kooperationswillen der Klienten bestimmt wird« (S. 23).

Der **Bildungsauftrag** der Schule prägt sowohl die Ablauforganisation und den Alltag von Schule und damit auch die Schulkultur. Die Bildungs- und Erziehungsziele als **Organisationszwecke** von Schule sind äußerst umfangreich, widersprüchlich, unbegrenzbar und reflexiv.

Schulen sollen Orte sein, in denen sich junge Menschen als Lernende in Ruhe auf eine Sache konzentrieren und sich so Welt aneignen können im Sinne einer geistigen Orientierung.

Schule hat den Auftrag Zukunftswissen zu vermitteln, wobei das »was allerdings unter Zukunftswissen zu verstehen ist, (...) noch genauer untersucht werden [muß]« (ROLFF 1993, S. 54). Der Wissensvermittlung kommt noch größere Bedeutung zu, da die Qualifikationsanforderungen an Schulabgänger stetig steigen und sich das geforderte, auf Zukunft orientierte Bildungswissen immer mehr auf abstrakte Inhalte bezieht, die nicht mehr aus dem direkten Erleben der Schüler stammen (vgl. ROLFF 1993, S. 61). »Die Veränderungen sind permanent, es ist immer alles in Bewegung« (LÜCKERT 1993, S. 341). Das einzige was offenbar Bestand hat, ist der Wandel.

Der externe Faktor des Wandels von Gesellschaft, Familie und Jugend wirkt direkt auf die Bildungs- und Erziehungsprozesse in der Schule ein. Worin der Wandel besteht wird in den folgenden Abschnitten aufgezeigt.

3. Schule im Wandel gesellschaftlicher Veränderungen

Unsere Gesellschaft befindet sich im Wandel. Dynamik ist zu ihrem konstitutiven Element geworden. Unsere Lebenserfahrungen werden geprägt von einer ständigen und unterschiedlich intensiven Veränderung. Damit wird die Fähigkeit, sich (mit) zu verändern, zu einem wichtigen Bildungsziel (vgl. BROCKMEYER 1996 c, S. 21 f.).

3.1. Wandel von Gesellschaft, Familie und Jugend

Unsere durch Individualismus geprägte Gesellschaft läßt sich charakterisieren durch:

● starke Vereinzelung in der Wertorientierung,
● Individualisierung bzw. Subjektivierung des Lebensstils, der Moral und der Weltanschauung,
● Skepsis gegenüber verpflichtenden gemeinsamen Ritualen,
● Relativismus in Fragen der Weltanschauung und der Religion
   (vgl. BREZINKA 1991, S. 562).

In bezug auf ihre Selbstwahrnehmung ist die derzeitige Gesellschaft eine **offene Gesellschaft** (vgl. BILDUNGSKOMMISSION NRW 1995, S. 23).

Die globale Situation hat sich in den letzten drei Jahrzehnten dramatisch verändert. Dabei haben sich die subjektiven Bedingungen der jugendlichen Lerner zugleich mit den objektiven Bedingungen gewandelt.

Die Veränderungen, so haben empirische Studien von BOHNSACK, KLAGES, ALLER-BECK/HOAG, FISCHER und HURRELMANN erbracht, sind durch folgende Aspekte gekennzeichnet:

● ein seit etwa 1950 sich vollziehender Wertewandel von Pflicht- und Akzeptanzwerten hin zu Selbstentfaltungswerten,
● ein liberalisierter Erziehungsstil in den Familien,
● ein zunehmender Sozialisationseinfluß der »Peergroup« (Gruppe der Gleichaltrigen) mit einschneidenden Veränderungen,[2]
● Freizeit gewinnt einen höheren Stellenwert als Arbeit und natürlich auch als Schule. Damit geht der für den Jugendlichen erlebte Sinn von Schule zurück, die Identifikation mit ihr hat deutlich abgenommen. Die innere Distanzierung von schulischen Lerninhalten verringert die Lernmotivation, Bildung als existentielle Auseinandersetzung nimmt ab
   (vgl. BOHNSACK 1990, S. 18.)

Arbeit ist längst **nicht mehr** die das private und gesellschaftliche Handeln **leitende Perspektive**, so »entschwindet auch Zukunft als das Leben leitende Zeitperspektive« (GIESECKE 1985, S. 29).

Die strukturelle Differenz zwischen dem, was in der Schule, und dem, was eigentlich in der außerschulischen Lebenspraxis gelernt wird, wird allen Betroffenen immer bewußter, und das Verhältnis zur Schule, zur sozialen und kulturellen Umwelt ist gebrochener als jemals zuvor (vgl. HORNSTEIN 1990, S. 165). Die Diskrepanz zwischen den in der Schule gelehrten Regeln und Normen und den geltenden Regeln der Gesellschaft, die insbesondere über die Medien wahrgenommen werden, nimmt offenbar stetig zu (vgl. ROSENBUSCH 1993, S. 10).

Zu den bereits genannten Veränderungen in der Gesellschaft finden Kinder und Jugendliche heute auch veränderte Bedingungen für ihr Aufwachsen vor. Diese betreffen vor allem den **Wandel in den Familienkonstellationen.** Die Familie stellt sich als Zwei-Generationen-ein-Kind-Familie dar. Die ältere Generation – Großeltern – werden nur noch selten und nicht im täglichen Umgang erlebt, die Orientierung an und das Lernen von Geschwistern fällt weithin flach, da der Trend zur Ein-Kind-Familie ungebrochen ist (vgl. BÖNSCH 1995, S. 16; GIESECKE 1985).

Als besonders belastend empfinden Kinder den schmerzlichen Verlust von Mutter bzw. Vater im Scheidungsfalle, der gleichzeitig ihre Identifikationsmöglichkeiten begrenzt, aber auch sehr jung erfahren läßt, was Verlust bedeutet und wie unsicher zwischenmenschliche Beziehungen sein können, auf die man gegründet hatte. Die Angst, enge Bindungen einzugehen, weil Verlust ja offenbar jederzeit möglich scheint, verändert die Wertigkeiten von Bindungen.

Phänomene einer **veränderten Kindheit und Jugend** sind Verinselung, Verplantheit des kindlichen und jugendlichen Alltags, eingeengte Erfahrungen, da Erwachsenen- und Jugendwelt voneinander abgeschlossen sind, und immer seltener werdende Naturerfahrungen. Direkte Erfahrungen werden ersetzt durch **Erfahrungen aus zweiter Hand** – durch die Medien Fernsehen, Video und die neuen Kommunikationstechnologien. Konsumorientierung ist die Folge. Eine weitere Auswirkung der **Sinn- und Perspektivlosigkeit** ist leider auch die Kompensation durch Aggressionen und Gewalttätigkeiten (vgl. BÖNSCH 1995, S. 16 f.).

Für die Institution Schule stellt sich die Aufgabe, den Jugendlichen der heutigen Zeit wieder Sinn, Orientierung und Erfahrungs- wie Handlungsmöglichkeiten zu bieten. Die Ergänzungsfunktion, die Schule bislang zum außerschulischen Leben der SchülerInnen wahrzunehmen hatte, scheint sich immer mehr zu einer Ersatzfunktion, d. h. zur Vernetzung der Schule mit dem außerschulischen Leben (vgl. BÖNSCH 1995, S. 17), auszuweiten.

Wie Schule den Kindern und Jugendlichen und ihren Bedürfnissen besser gerecht werden kann, ist noch nicht endgültig entschieden. Die Diskussion um Bildung und Erziehung ist – und das ist sehr positiv zu werten – seit einiger Zeit wieder einmal in vollem Gange. Derzeit scheinen die Bedürfnisse und Ansprüche der Jugend

»auf emotionales Aufgehobensein, auf erfülltes, gegenwärtiges Leben aufs schärfste (...) mit den Leistungsanforderungen von Institutionen, die als büro- kratisch und fremd empfunden werden« (HORNSTEIN 1982, S. 123),

zu kontrastieren. Schule muß deshalb für

»die Lebens- und Aufwachsensbedingungen von Kindern und Jugendlichen [müssen] mehr als früher Bezugs- und Orientierungspunkt für die organi- satorische und inhaltliche Gestaltung der Schule sein« (BILDUNGSKOM- MISSION NRW 1995, S. 34).

Die derzeitige Krise der Schule ist nicht nur Ausdruck einer auf die Institu- tion Schule zu beschränkende, sondern sie ist gleichzeitig

»Ausdruck einer gesellschaftlich-kulturellen Krise (...), die sich im Bereich der Schule – auf dem Weg über die Jugend – besonders drastisch und dramatisch auswirkt« (HORNSTEIN 1990, S. 12; Hervorhbg. EM).

Dennoch befindet sich Schule in einer Anpassungskrise, die auch wegen der strukturellen Starrheit des Schulsystems nicht adäquat auf die Herausforde- rungen durch den gesellschaftlichen Wandel reagieren kann (vgl. WISSIN- GER 1996, S. 47).

Der skizzierte Wandel bleibt nicht ohne Auswirkungen auf die Schule. Die Schulen selbst müssen sich als wandlungsfähig erweisen. Zu den bereits aus- geführten veränderten Gegebenheiten kommen weitere hinzu, die für die Schule Veränderung implizieren.

3.2. Zum Veränderungsbedarf der Schule

Das erzieherische Umfeld der Schule verliert an Kraft,

»in dem Maße, in dem sich ein Verlust an Eigentätigkeit vollzieht, sich eine Me- diatisierung der Erfahrung ereignet, eine Expertisierung des Alltags passiert, ein Wertewandel stattfindet und sich die Kernfamilie auflöst« (ROLFF 1993, S. 61).

Veränderungsnotwendigkeiten für die Schule ergeben sich somit ferner aus folgenden Faktoren:

1. Veränderungen der Welt durch neue Technologien
2. Veränderte Erwartungen der Arbeitswelt an Schulabgänger
3. Die ökologische Frage
4. Bevölkerungsentwicklung, Migration, Internationalisierung der Lebens- verhältnisse
5. Binnenstrukturelle Veränderungen der Schule
6. Defizite der Schule[3]

1. Veränderungen der Welt durch neue Technologien
Technik gewinnt eine große Bedeutung für Unterricht und Erziehung und ist

auch von kultur- und gesellschaftsprägendem Charakter. Die Wirkungen, die gerade die neuen Kommunikationstechnologien, die sich immer rasanter entwickeln, auf die sozialen und kulturellen Zusammenhänge haben, ist noch nicht annähernd abschätzbar (vgl. BILDUNGSKOMMISSION NRW 1995, S. 25–27; BROCKMEYER 1996 c, S. 22 f.).

2. Veränderte Erwartungen der Arbeitswelt an Schulabgänger

Die tiefgreifenden Veränderungen in Berufs- und Arbeitswelt, die sich letztlich auch als Auflösung des Arbeitsplatzes in seiner derzeitigen Form zeigt, führt auch für die Schule zu einem Umdenken. Berufsvorbereitung als Kerngebiet von allgemeinbildender Schulbildung bekommt eine andere Ausrichtung im Hinblick auf Berufs- und Arbeitsorientierung. Damit verknüpft sich der seit längerem vertraute Begriff des »life-long learning«, der mittlerweile in seiner deutschen Version als »lebenslanges Lernen« enorm an Bedeutung gewinnt.

> »Lernen in einem erweiterten Lernverständnis ist so etwas wie ein konstitutives Element der Fähigkeit, sich selbst zu erneuern und damit lebensfähig zu halten, nicht nur berufsfähig« (BROCKMEYER 1996 c, S. 23).

Bildung ist zukünftig nicht mehr nur im Kontext von Schule zu sehen, sondern als Erstausbildung und Weiterbildung zu definieren und zu organisieren (vgl. BROCKMEYER 1996 c, S. 23).

Der Ausbildung von **Schlüsselqualifikationen**[4] wird in der freien Wirtschaft mittlerweile eine große Bedeutung zugemessen, und es wird erwartet, daß Schulabgänger bereits über eine gewisse Grundausstattung solcher Schlüsselqualifikationen verfügen. Schlüsselqualifikationen sind Fähigkeiten, die nicht nur Fachkompetenz, sondern auch Methoden- und Sozialkompetenz – also berufsübergreifende Kompetenzen – beinhalten.

Kooperation (Kontakt- und Teamfähigkeit) wird zu einem zentralen Faktor für die Bewältigung einer immer komplexeren Arbeitswelt. Kooperation bedarf der Empathiefähigkeit, der Fähigkeit zum Perspektivenwechsel und, damit verbunden, der Konfliktfähigkeit ebenso wie der Integrationsfähigkeit. Weiterhin sind Toleranz, Akzeptanz und Verantwortungsfähigkeit (Persönlichkeits-)Merkmale, die den sozial kompetenten Mitarbeiter auszeichnen (vgl. LÜCK/MILLER 1990, S. 215; MÜLLER/ADELT 1990, S. 253).

Soziale Kompetenz und damit kooperatives Verhalten muß erworben, eingeübt und internalisiert werden. Dies ist ein langwieriger Prozeß, der nicht erst im frühen Erwachsenenalter als Erwerbstätiger beginnen sollte, sondern bereits in Kindheit und Jugend in der schulischen Gemeinschaft im Sinne von »Elemente der Allgemeinbildung« grundzulegen ist. Die Schule muß sich auf diese Bedürfnislage einstellen und Wege zu veränderten Lehr- und Lernstrukturen einschlagen (vgl. BÖNSCH 1995, S. 17).

3. Die ökologische Frage

Diese ist zu verstehen als »zentrale Problematik gesellschaftlicher Entwicklung und damit unterrichtlicher und erzieherischer Aufgabe nach vorne« (BROCKMEYER 1996 c, S. 22). Es geht hierbei im wesentlichen darum, bereits im Schulalter das Bewußtsein für einen verantwortungsvollen Umgang mit der Natur zu entwickeln und das entsprechende Verhalten zu erlernen und einzuüben (vgl. BILDUNGSKOMMISSION NRW 1995, S. 27 f.; BROCKMEYER 1996 c, S. 22).

4. **Bevölkerungsentwicklung, Migration, Internationalisierung der Lebensverhältnisse**
Diese Aspekte bestimmen zunehmend die internationale Politik, die ökonomische Entwicklung, das kulturelle Selbstverständnis von Gesellschaft und die sozialen Beziehungen (vgl. BROCKMEYER 1996 c, S. 22). Die Schule ist der Ort, an dem Menschen der vielfältigsten Nationalitäten und der unterschiedlichsten Kulturen zusammen sind, aufeinander Rücksicht zu nehmen haben, ohne selbst – aufgrund ihrer noch nicht abgeschlossenen Entwicklung – in ihrer eigenen persönlichen wie kulturellen Identität gefestigt zu sein. Auf der Schule und damit auf den LehrerInnen lastet eine enorm schwierige Aufgabe, die sich immer mehr in allen Schularten stellt (vgl. BILDUNGSKOMMISSION NRW 1995, S. 28 f.).

5. **Binnenstrukturelle Veränderungen der Schule**
Diese betreffen die Wirksamkeit von Schule und beziehen sich im einzelnen auf:

a) Die Segmentierung von Lernerfahrungen durch Portionierung der Lernzusammenhänge, die durch das Fachlehrersystem bedingt ist, und durch die zeitliche Zerstückelung des Unterrichts;
b) die Relativierung des schulischen Wissens, da die außerschulischen Unterhaltungs- und Bildungsangebote, nicht zuletzt auch der Medien, weitaus attraktiver sind als die der Schule und somit mit dem schulischen Bildungsangebot konkurrieren;
c) die Parzellierung der erzieherischen Zuständigkeit, weil die Verantwortlichkeiten in der Schule durch Spezialisierung an andere Fachleute delegiert werden und die ganzheitliche Sicht verlorengeht;
d) die Fragmentierung der Autoritäten, die entsteht, weil viele Personen (gruppen) mit ganz unterschiedlichen Werthaltungen erzieherischen Einfluß ausüben;
e) die Versachlichung und Anonymisierung schulischer Interaktion, die darin besteht, daß es immer seltener länger dauernde Kontakte zwischen Lehrern und Schülern gibt, obwohl die Schulzeit im historischen Vergleich länger geworden ist. Die Kontakte werden weniger und sind nicht mehr so tief. Dies führt zu einer Anonymisierung und Versachlichung der schulischen Beziehungen
(vgl. ROSENBUSCH 1993, S. 10–15).

6. **Defizite der Schule**
Veränderungsnotwendigkeiten ergeben sich nicht nur aus den bereits dargelegten Faktoren eines umfassenden Wandels, sondern auch wegen der »be-

triebsinternen Defizite« (BÖNSCH 1995, S. 17) in Form einer **administrativen Verstörung der Schule**, bei der administrative Verhaltensweisen im Vordergrund stehen, Schulleitungen überwiegend mit Verwaltungshandeln beschäftigt sind, bei der Konkurrenzdruck den Schulalltag prägt, Kommunikation formalisiert ist, schwächere Schüler sich nicht geschätzt fühlen und die LehrerInnen häufig ausgebrannt sind (vgl. S. 17 f.).

Schule tendiert zur Institutionalisierung, d. h. sie neigt dazu,

»das Lernen zu fragmentarisieren, isolieren, schematisieren, zu ökonomisieren, bürokratisieren und zu verrechtlichen« (BOHNSACK 1990, S. 39).

Dabei, so BOHNSACK, hat bereits FÜRSTENAU 1969 konstatiert, daß für die Schule, als Einrichtung einer Human-Klientel die hierarchische vertikale Verteilung weniger geeignet ist und besser »durch horizontale kollegiale Selbstverantwortung vor Ort ersetzt werden müsste« (BOHNSACK 1990, S. 39). Doch Kollegialität ist in den Lehrerzimmern nicht automatisch gegeben. So stellt von HENTIG 1976 einen fehlenden kollegialen Konsens, Zerfallenheit und Resignation in den Kollegien fest (vgl. BOHNSACK 1990, S. 39). Der Abbau staatlicher Hierarchien muß parallel zur Entwicklung von **kollegialer Kooperation** verlaufen (vgl. BOHNSACK 1990, S. 39). Denn die Schaffung des jeweiligen pädagogischen Profils erfordert Innovativität. Diese kann erschwert oder gefördert werden und wird stark beeinflußt von dem Gefühl mangelnder Autonomie und mangelnder Kollegialität.

Die BILDUNGSKOMMISSION NRW (1995) präzisiert die Defizite des Gesamtsystems Schule. Sie sieht diese gegeben durch:

a) die eingegrenzte Eigenverantwortung von Schulen,
b) die Überregulierung in Detail- wie in Verfahrensbereichen,
c) mangelnden Konkurrenzdruck und damit auch die weitgehend fehlende Evaluation schulischer Arbeit,
d) Reibungsverluste wegen langer Entscheidungswege aufgrund der zentralen Regulierungen,
e) das Auseinanderfallen von Handlungsmöglichkeiten und Verantwortlichkeiten im derzeitigen Steuerungssystem
(vgl. S. 151–154).

Betroffen von dem Gesamt an aufgezeigten Veränderungen sind nicht nur SchülerInnen und Eltern, sondern insbesondere diejenigen, die die schwieriger gewordene Bildungs- und Erziehungssituation täglich gestalten müssen – die **Lehrerinnen und Lehrer** – und die Gesamtverantwortlichen – die **Schulleiterinnen** und **Schulleiter**.

Der Wandel von Gesellschaft und Jugend sowie die weiteren vielfältigen externen und internen Faktoren, die, wie aufgezeigt wurde, eine gewandelte Schule verlangt, führen zu Belastungen der Kollegien und Schulleitungen.

Diese Belastungsmomente und ihre Auswirkungen auf die Lehrkräfte und Schulleitungen sollen in ihren wesentlichen Zügen nunmehr dargelegt werden.

3.3. Belastungen der LehrerInnen und SchulleiterInnen

Auch LehrerInnen sind ein Teil unserer Gesellschaft und sind von deren Veränderungen ebenso betroffen wie andere ArbeitnehmerInnen. Für Lehrerinnen und Lehrer gilt ebenfalls, daß der Stellenwert von Freizeit gegenüber der Arbeit zugenommen hat, daß sie – wie andere Arbeitnehmer auch – motiviert und anerkannt werden wollen, und daß sie ihre pädagogische Verantwortung – im Zeitalter erhöhter Bereitschaft, Streitigkeiten auch mit Rechtsmitteln auszutragen – vielfach auf den juristisch beschreibbaren Rahmen (vgl. GIESECKE 1985, S. 39) reduzieren. Das bedeutet konkret, daß sich ein Lehrer, der dem Schüler weder die nötige Aufmerksamkeit noch Zuwendung gibt, durchaus juristisch korrekt, aber eben nicht pädagogisch verhält. Die zunehmende Verrechtlichung des schulischen Lebens

»verhindert pädagogisch angemessenes Verhalten nicht im Einzelfall, aber sie setzt – schon durch die Flut der Erlasse – Maßstäbe, angesichts derer die pädagogische Zuwendung allenfalls als Zutat zu erscheinen vermag« (GIESECKE 1985, S. 39).

Die Belastung, der sich ein Lehrer ausgesetzt fühlt, bestimmt sich entscheidend durch seine Einstellung zum Schüler (vgl. STRUCK 1992, S. 127). Die Einstellung zum Schüler ist jedoch kein Wert an sich, sondern sie wird auch determiniert durch das Verhalten des Schülers. Die Veränderungen von Gesellschaft und Jugend haben nicht nur den Kontext, in dem Schule steht verändert, sondern wirken als schulisches Umfeld, das heute viel stärker als jemals zuvor zu beachten ist, auf die LehrerInnen und deren Unterrichts- und Erziehungshandeln ein.

Viele Lehrkräfte sehen sich zunehmend belastet, wobei die Belastungserfahrung vom Schultyp und vom Geschlecht der Lehrkraft abzuhängen scheint. Die mittlere Altersgruppe fühlt sich wohl stärker belastet als junge und ältere LehrerInnen. Lehrerinnen nehmen diese Belastungen intensiver wahr, und zwar weitgehend unabhängig vom Lebensalter (vgl. SEELIG/WENDT 1993, S. 31).

Dieses Belastetsein wird sehr häufig mit dem Begriff des »**Burn-Out**« als »Ausgebranntsein« oder »Ausgelaugtsein« umschrieben. »Burn-Out« als resignatives Gefühl, das in den letzten Jahren teilweise auch undifferenziert für das Belastetsein von LehrerInnen in aller Munde ist, ist von Streß zu unterscheiden.[5]

CZERWENKA (1993) segmentiert die Belastungssituation der LehrerInnen in:

● Erschöpfungszustände bedingt durch das tägliche Einerlei,
● Hoffnungslosigkeit wegen ihrer vergeblichen Bemühungen,

- stark gesunkenes Selbstwertgefühl,
- geringe Chancen auf pädagogische Erfolgsaussichten,
- geringes eigene Interesse an einer guten Arbeitsleistung (vgl. S. 243).

Zu den Belastungsmomenten von LehrerInnen gehören heute in Anlehnung an CZERWENKA (1993):

- der Individualisierungsdruck,
  bei dem die erfolgreiche Selbstverwirklichung im Zentrum steht;
- die Rolle als Stellvertreter einer »verbrauchenden Generation« (CZERWENKA 1993, S. 245),
  welche die Ressourcen verbraucht und damit die Zukunftschancen der Jugend schmälert und deshalb auch die Vorwürfe und Ablehnung der Heranwachsenden besonders zu spüren bekommt;
- die Aufgaben der multikulturellen Erziehung,
  die zwar vorgeschrieben sind, deren Realisierung in der Alltagspraxis von Schule jedoch mit größeren Schwierigkeiten verbunden ist und kaum für die vielfältigen denkbaren Situationen der jeweiligen Einzelschule generell festlegbar scheint;
- die zunehmende Aufstiegsorientierung der Eltern,
  die oftmals eine Überforderung der SchülerInnen bedeutet und zu Lernunlust und Aggressivität führen kann;
- der psychische Dauerstreß,
  dem LehrerInnen, die im Zielpunkt der Kritik von SchülerInnen und Eltern stehen, ausgesetzt sind;
- die veränderte Altersstruktur in Kollegien,
  die vermuten läßt, daß ältere LehrerInnen eventuell anfälliger für Belastungen sind;
- die geringen Aufstiegschancen von LehrerInnen,
  die zu einem Absinken der Berufsmotivation führen;
- der Wegfall von Gratifikationen,
  die in Form von Respekt und Amtsautorität früher einmal die Lehrerposition bestimmten;
- die Handlungsunsicherheit,
  die sich durch die Forderung nach ständiger Reaktionsbereitschaft ergibt, sowie das wenig professionalisierte Lehrerhandeln machen Lehrer auch juristisch leichter angreifbar;
- die Feminisierung des Lehrerberufes, verbunden mit der Doppelbelastung durch Familie und Beruf;
- die vermeintliche Freiheit der LehrerInnen bezüglich ihrer Zeitplanung,
  die jedoch durch die Vielzahl an Terminen schnell auch strukturlos wird

(vgl. CZERWENKA 1993, S. 243–246).

RAUSCHER (1995 b) verweist in Anlehnung an die Untersuchungsergebnisse zum Burn-Out-Phänomen in Deutschland darauf, daß

»subjektive persönliche Fakten den größten Einfluß [haben], gleich darauf folgt indes der bedeutende Wirkfaktor ›Beziehung zum Schulleiter‹« (vgl. BARTH 1992, S. 118, zit. nach RAUSCHER 1995 b, S. 77; Hervorhbg. EM).

Nach RAUSCHER (1995 b) belegen alle neueren Untersuchungen, daß bei LehrerInnen, die von Burn-Out bedroht sind, deren **Beziehungsgestaltung zum Schulleiter** offenbar eine **Schlüsselrolle** spielt. Demnach entwickeln psychisch belastete LehrerInnen Ängste, die vor allem mit der Dienststellung des Schulleiters zusammenhängen. Solche Lehrkräfte verknüpfen häufig unsachgemäß faktische wie hypothetische Erwartungshaltungen des Schulleiters und entwickeln deshalb auch unnötige Verkrampfungen. Dem **Verhalten** des Schulleiters – und damit seinem Führungsstil – kommt eine besondere, ja **präventive Funktion** zu. Offene, häufige und unkomplizierte Gelegenheiten für Gespräche zwischen LehrerInnen und Schulleiter ermöglichen eine gelöste und vertrauensvolle Kommunikation zwischen Kollegium und Schulleitung (vgl. RAUSCHER 1995, S. 74 f.).

Selbstverständlich gelten die angeführten **Belastungen** auch für **Schulleitungen**, obwohl die Literatur primär die Lehrkräfte in ihrer Belastungssituation in den Blick nimmt. Da Schulleiter und insbesondere stellvertretende Schulleiter vergleichsweise hohe Unterrichtsverpflichtungen wahrzunehmen haben, unterliegen sie ebenfalls diesen für LehrerInnen dargelegten Streßfaktoren. Diese können allenfalls durch einen »Amtsbonus«, den sie bei den SchülerInnen haben, gemildert werden.

Schulleitungen leben aber auch im Spannungsverhältnis der beiden Rollen, einerseits Lehrer und Kollege und andererseits weisungsberechtigter Vorgesetzter zu sein. Hieraus ergeben sich zusätzliche Belastungsmomente, die Schulleitungsmitglieder aushalten müssen und angesichts derer sie dennoch vorbildhaft, flexibel, kreativ und innovativ sein sollen.

Wenn die Schule den sich wandelnden Bedingungen und Ansprüchen einer gewandelten Gesellschaft und Arbeitswelt adäquat begegnen will, muß sie sich selbst ändern. Da eine rasche Veränderung des Gesamtsystems Schule nicht zu erwarten ist, können LehrerInnen nur selbst initiativ werden, indem sie sich auf ihre eigenen Kräfte besinnen.

*Bestrebungen, die sich durch Eigenverantwortlichkeit und Gestaltungsfähigkeit der Lehrkräfte vor Ort auszeichnen, sind in den letzten Jahren immer deutlicher geworden. Sie werden als »**innere Reform**« bezeichnet.*

Die zentralen Aspekte dieser »inneren Reform«, die sich als Lösungsansatz für die Probleme der heutigen Schule versteht, werden in den nächsten Abschnitten herausgearbeitet.

4. Wandel der Schule als »innere Schulreform«

LehrerInnen und SchulleiterInnen setzen ein hoffnungsvolles Zeichen letztlich sich selbst zu helfen, indem sie nicht auf Veränderungen »von oben« warten, sondern selbst Antworten auf ihre belastende Situation und auf die Herausforderungen, vor die sich die Schule gestellt sieht, suchen (vgl. POSCH 1993, S. 34 f.).

4.1. Zur Dynamik auf Schulebene

Der Perspektivenwechsel von der Schulstruktur zur **Schulkultur** (WISSINGER 1996, S. 50), der sich auch aufgrund der Ergebnisse der angloamerikanischen »School-Effectiveness-Forschung« und der Schulqualitätsforschung des deutschsprachigen Raums, vollzogen hat, zeigt sich mittlerweile in einer besonderen Dynamik, die auf Schulebene entstanden ist (vgl. POSCH 1993, S. 35).

Diese Dynamik auf Schulebene zeichnet sich aus durch:

1. Die eigenständige Auseinandersetzung der LehrerInnen mit dem schulspezifischen Umfeld und seinen Veränderungstendenzen sowie den Bemühungen um gemeinsame Entscheidungsfindung über Entwicklungsprioritäten der schulischen Arbeit.
2. Die Bereitschaft, die primäre Verantwortung für Innovationen im Lehr-/ Lernbereich zu übernehmen und die Entwicklung ihrer Schule in Eigenregie zu steuern.
3. Den kontinuierlichen Prozeß professioneller Selbstkontrolle in Form von systematischer Reflexion der Lehrerkollegien bezüglich ihrer Stärken und Schwächen. Im Rahmen dieses Prozesses kommt der **Schulleitung** eine besondere **Bedeutung** zu, indem sie großteils solche **Prozesse initiiert** bzw. Initiativen Einzelner in diese Richtung **unterstützt** und sich um Kontinuität der reflexiven Prozesse bemüht.
(Vgl. auch POSCH 1993, S. 35).

Der in Kapitel 1, 3., S. 34 skizzierte Wandel hat zu einer **neuen Bildungsdebatte** geführt, die sich an einer ganzheitlichen Bildungsidee orientiert mit neuen Inhalten und dem Anspruch auf grundlegende Reformen mit entsprechenden Auswirkungen auf die konkrete Arbeit in der einzelnen Schule.

Diese neue Debatte ist im wesentlichen angeregt worden durch die Denkschrift der nordrhein-westfälischen BILDUNGSKOMMISSION (1995), die schon kurze Zeit nach ihrem Erscheinen eine bundesweite Diskussion über Bildung und Schulentwicklung eingeleitet hat (vgl. BROCKMEYER 1996 a, S. 4; GROTEMEYER 1996, S. 26).

Schule wird in dieser Denkschrift als »**Haus des Lernens**« (vgl. TRIER

1996, S. 26) bezeichnet, dessen Ziel es ist, u. a. Lernkompetenz aufzubauen. Lernen wird im Sinne eines ganzheitlichen und umfassenden Geschehens verstanden, das im Kern sowohl einen individuellen (jeder kann nur selbst lernen) und einen interaktiven sozialen Prozeß darstellt. Lehren bedeutet demnach, dem Lernenden bei der Entwicklung seiner Lernkompetenz beizustehen (vgl. TRIER 1996, S. 26–33).[6]

Die eingesetzte Diskussion über die Möglichkeiten, den vorgenannten Defiziten wirkungsvoll zu begegnen, wird im folgenden kurz skizziert.

4.2. Lösungsansätze für eine defizitäre Schule

Die Schule, die bislang eher als »geschlossene« Institution verstanden wurde, muß auf die unterschiedlichen und teils widersprüchlichen Anforderungen angemessen reagieren. Damit sie ihre Aufgaben erfüllen kann, bedarf Schule einerseits einer gewissen Ruhe und Kontinuität, andererseits darf sie die Veränderungen, die sich in kulturellen, sozialen, politischen und ökonomischen Bereichen zeigen, nicht einfach ignorieren (vgl. FISCHER/SCHRATZ 1993, S. 143). Schule muß sich selbst wandlungsfähig, und das bedeutet entwicklungsfähig, erweisen. Sie muß sich nach außen öffnen und die lokalen Gegebenheiten berücksichtigen (vgl. FISCHER/SCHRATZ 1993, S. 152).

Die Defizite der heutigen Schule sind abzubauen durch[7]:

● Selbstgestaltung und Verantwortung der Einzelschule (Autonomie);
● Entwicklung eines beruflichen Leitbildes für LehrerInnen (vgl. BILDUNGSKOMMISSION NRW 1995, S. 316), das die Vereinzelung überwindet und sich durch **Kooperations**- und **Teamfähigkeit** bestimmt (vgl. auch RAUSCHER 1995 b, S. 9);
● **Stärkung** der Stellung des **Schulleiters** (vgl. BILDUNGSKOMMISSION NRW 1995, S. 159 f. und S. 164 f.), die letzlich durch eine größere Verselbständigung der Einzelschule erforderlich ist (vgl. FISCHER/ SCHRATZ 1993, S. 157; HÜBNER 1995, S. 22);
● eine veränderte Lehrerbildung, die für Bewerber auf Schulleiterstellen verpflichtend sein soll (vgl. BILDUNGSKOMMISSION NRW 1995, S. 317);
● Personalentwicklung und Personalführung;
● (Rück-)Besinnung auf den Erziehungsauftrag in Auseinandersetzung mit seinen Chancen und Grenzen, zu erziehen und demokratische Werte und Leitvorstellungen zu realisieren. Schule nicht nur als Lernraum, sondern auch als Lebensraum »Haus des Lernens«
(vgl. auch BROCKMEYER 1996 b, S. 19 und c, S. 23).

Die oben angeführten Lösungsansätze für die defizitäre Schule lassen sich mit dem bisherigen Verständnis einer verwalteten Schule nicht mehr in Ein-

klang bringen. Vielmehr ist ein neues Verständnis von Schule erforderlich, das in seinen verschiedenen Implikationen nunmehr diskutiert wird.

4.3. Das neue Verständnis von Schule

Die veränderten Bedingungen für Schule fordern einen Wandel der Schulen, der unter dem Begriff »**Schulentwicklung**« in Anlehnung an den Begriff für »Schul-Organisations-Entwicklung« diskutiert wird.

Das Innovationskonzept der Organisationsentwicklung (OE) ist allerdings nicht unreflektiert auf Schule übertragbar, denn es impliziert größere Veränderungen der gängigen Auffassungen. Diese basieren auf einem:

● **neuen Schulverständnis,**
  vom »Einzelkämpfer-Modell« zum Modell der »**kooperativen Schule**«;
● **neuen Organisationsverständnis,**
  von der Verwaltungsbürokratie zur professionellen Organisation;
● **neuen Innovationsverständnis,**
  vom Modell der »verordneten Reformen« zum Modell der permanenten Selbststeuerung
(vgl. LANDWEHR 1993, S. 3 f.).

Die Schule zu reformieren, gestaltet sich als überaus schwieriger Prozeß. Erfolgreich ist sie wohl nur von innen heraus zu verändern; denn Schulreform zeigt sich in

> »der täglichen Schularbeit, sie ist ständig um Klärungen, Konsens und Kooperation bemüht, ist permanentes ›Bohren harter Bretter‹ und deshalb wenig spektakulär« (ROLFF 1994, S. 40).

4.3.1. Die kooperative Schule

Untersuchungen zur Schulgüte (vgl. u. a. FEND 1987; HAENISCH 1987; PRIEBE u. a. 1987; RUTTER et. al. 1980; STEFFENS 1991 a, b) haben zu der Erkenntnis geführt, daß Schule ein Ganzes darstellt mit konkretem **Gestaltungsbedarf** vor allem im Bereich der **Lehrerkooperation**, dem pädagogischen Konzept einer Schule und der Entwicklung einer Schulkultur (vgl. LANDWEHR 1993, S. 5; OSSWALD 1992). Schulen sind demnach »›Individualitäten‹ mit eigenem Profil und unterschiedlicher Qualität«, die »als gestaltbares Ganzes« (BÖNSCH 1992, S. 25) verstanden werden.

Diese neue Sichtweise von der Schule als »pädagogische Handlungseinheit« (FEND 1986 a, b) dokumentiert einen Paradigmenwechsel (vgl. ROLFF 1991 a, b) im Sinne einer Umorientierung von der Makro- zur Mikropolitik. Die Einzelschule rückt immer mehr ins Blickfeld erziehungswissenschaftlicher Diskussion und Forschung.[8]

Eine der wichtigsten Aussagen der Schulqualitätsforschung, deren zentrales

Anliegen die Erneuerung der Schule »in Form einer zielgerichteten, ›institutionalisierten‹ und professionell geplanten Gestaltung der Schule durch die Kollegien« (STEFFENS/BARGEL 1993, S. 69) ist, besagt, daß die Qualität von Schulen weniger abhängig von der Schulart als vielmehr von den Pädagoginnen und Pädagogen ist, die in ihnen arbeiten.

Der Einzelschulforschung kommt seitdem eine große Bedeutung zu. **Schulen** werden wieder als Organisationen mit starkem **Individualcharakter** angesehen mit individuellen Spielräumen der Einzelschule und damit des einzelnen Lehrers. Dabei belegen Forschungsergebnisse[9], daß dieser Spielraum »innovativ nicht ausgeschöpft wird« (BOHNSACK 1987, S. 95; ähnlich auch bei HORNSTEIN 1990, S. 191).

Entscheidend für die Entwicklung der Einzelschule im Sinne einer Ausbildung von Schulethos oder Schulkultur ist die Fähigkeit der Beteiligten, eigene Problemlöseprozesse zu initiieren. Als Prinzip solcher gelingender Prozesse gilt »die Erwartung von Solidarität in Konfliktsituationen bei gleichzeitiger Kritikfähigkeit der Kollegen untereinander« (FEND zit. nach STEFFENS/BARGEL 1993, S. 66). Die an Schulen gestellte Forderung, ein jeweils eigenes Profil zu entwickeln, spiegelt das neue Schulverständnis der (teil-) autonomen, sich selbst erneuernden Schule wieder. Eine so verstandene Schulentwicklung basiert zwangsläufig auf einer guten Lehrerkooperation (vgl. AURIN u. a. 1993, 31). **Lehrerkooperation** setzt allerdings die Bereitschaft zur Kooperation, die Teamfähigkeit und den ernsthaften Willen aller zur Konsensfindung voraus.

4.3.2. Die professionelle Schule

Dem neuen Verständnis von Schule steht das klassische Organisationsmodell nach Max WEBER (1922) entgegen.

Max WEBER entwickelte das Modell der Verwaltungsbürokratie, an dem sich die Schule bislang orientierte. Danach weisen effiziente Organisationen bestimmte Charakteristika auf.[10]

Dieses Modell der Verwaltungsbürokratie erweist sich dann als effektiv, wenn die **Prämissen** der **Uniformität** und der **Konstanz** erfüllt sind. Die **Uniformitätsprämisse** besagt, daß die operative Basis uniforme, immer wiederkehrende Arbeiten verrichtet. Die **Konstanzprämisse** umschreibt die Tatsache, daß die Arbeitsbedingungen einigermaßen konstant sein müssen.

Die Uniformitäts- und Konstanzprämisse gelten dann nicht, »wenn die Ausführung der Arbeiten eine dauernde Anpassung an neue (unvorhersehbare) Situationen erforderlich macht« und,

> »wenn die Arbeitsziele im kommunikativen Bereich liegen, so dass für die Berufsausbildung in erster Linie soziale Fähigkeiten erforderlich sind« (LANDWEHR 1993, S. 7).

Von daher ist es erstaunlich, daß sich die Schulorganisation bis heute noch weitgehend am Paradigma des WEBERschen Bürokratiemodells orientiert.

Dieses klassische Bürokratiemodell kann den Anforderungen des gesellschaftlichen und technologischen Wandels nicht mehr gerecht werden (vgl. LANDWEHR 1993, S. 8 f.).

Die sich häufig **verändernden Bedingungen** einer **Schule** sprechen sowohl **gegen** die **Uniformitätsprämisse** als auch gegen die **Konstanzprämisse**. Zu diesen variablen Bedingungen gehören u. a. die heterogene Schülerschaft, die Veränderungen durch demographische Entwicklungen und eine sich wandelnde Population im Schuleinzugsgebiet, wie beispielsweise ein vermehrter Zuzug von ausländischen Bürgern mit schulpflichtigen Kindern.

Der unvermeidliche Anpassungsdruck für Schule ist vergleichbar mit dem Druck auf dem Arbeitsmarkt innerhalb der Wirtschaft, so daß sich auch für die Organisation Schule

> »ein neues Organisationsparadigma ausgebildet [hat], das die fortwährende Anpassung an eine sich permanent wandelnde Wirklichkeit zur zentralen Prämisse erhebt« (LANDWEHR 1993, S. 8).

Noch nicht sehr lange gilt das Interesse dem, »was innerhalb des Bereichs organisatorischer Vorstrukturierungen ›passiert‹« (STEFFENS/BARGEL 1993, S. 85). LORTIE (1975) spricht von der »›zellulären‹ Grundstruktur von Schule« (zit. nach STEFFENS/BARGEL 1993, S. 86) und betrachtet die »Schulen als ›organisiertes Chaos‹« (STEFFENS/BARGEL 1993, S. 86). Das Bild, das WEICK von Schule zeichnet »hebt die empirisch beobachtbaren innerschulischen Prozesse, einschießlich ihrer ›heimlichen‹ berufssozialisierenden Strukturen und Wirkungen hervor« (STEFFENS/BARGEL 1993, S. 86). WEICK sieht die Schule dabei »in verschiedene Teilelemente zerfallen, die nur lose miteinander verbunden sind (›loosely coupled‹)« (STEFFENS/BARGEL 1993, S. 86).[11]

Der Arbeitskreis »Qualität von Schule«[12] hat die Hindernisse, die der Entwicklung der Einzelschule entgegenstehen, herausgearbeitet:

- Die primäre Ausrichtung von Schule und Lehrerarbeit auf Unterricht lassen schulgestalterische Belange zu kurz kommen;
- weiche Unterrichtstechnologie und die Besonderheit erzieherischer Verhältnisse erschweren die professionelle Zusammenarbeit der Lehrer;
- die Lehrer arbeiten isoliert hinter verschlossenen Klassenzimmertüren;
- Lehrer erwarten, klare schulaufsichtliche Regelungen selbst für Detailfragen zu bekommen;
- LehrerInnen wie SchulleiterInnen sind nur unzureichend professionalisiert;
- die bürokratisch-hierarchische Struktur von Schule läßt kein Bewußtsein aufkommen für die Entwicklung eines schuleigenen Profils und erstickt Eigeninitiativen und schulische Selbständigkeit;

- es fehlen Sanktions- und Anreizsysteme für innerschulische Gestaltung und Organisation;
- die makroorganisatorischen Vorstrukturierungen sehen eine professionelle Organisation von Schule nicht vor (vgl. STEFFENS/BARGEL 1993, 88).

ROLFF schreibt der Schule »eine starke Affinität zur professionellen Organisation« zu, wobei dies allerdings »nicht für alle Merkmale, vor allem nicht für **Kooperation** (bzw. Arbeitsteilung) und Kontrolle« (ROLFF 1992 b, S. 316; Hervorhbg. EM) gilt. Er begründet dies mit der

> »für die Schule typischen Spannung (...), die zwischen einer tendenziell büro-
> kratischen Aufbauorganisation einerseits und professionellen Anforderungen an
> die Ablauforganisation bzw. an das pädagogische Handeln andererseits entsteht.
> Dies führt zudem zu großen Diskrepanzen zwischen pädagogischen Idealvor-
> stellungen und realen Alltagserfordernissen« (ROLFF 1992 b, S. 316).

In den letzten Jahren läßt sich »eine deutliche Tendenz der Professionalisierung pädagogischen Handelns fest[zu]stellen« (ROLFF 1992 b, S. 316). Für eine professionelle Organisation »gilt das Prinzip der Selbstregulation bzw. Selbstorganisation« (ROLFF 1992 b, S. 316). Dazu gehört auch, »daß die Organisationsmitglieder selber Diagnosen stellen, Bedarf ermitteln, Ziele und Prioritäten setzen und dann handeln« (ROLFF 1992 b, S. 316 f.).

In einem weiteren Aspekt unterscheiden sich Schulen von einem reinen Organisationsmodell: Sie sind nach außen hin sehr offen. »Lehrerarbeit« ist im Unterschied zur Vertraulichkeit, die das Berufsethos von z. B. Ärzten ausmacht, »immer auch öffentlich« (ROLFF 1992 b, S. 317).

Die professionelle Schule verweist ferner auf die Fähigkeit der gesamten Organisation zu lernen.

4.3.2.1. Schule als lernende Organisation

Die neuere Organisationsforschung kommt zu dem Schluß, daß sich Organisationen »über subjektiv differenzierte ›kognitive Landkarten‹« (ROLFF 1991b, S. 869) konstituieren. Es bildet sich »ein kompliziertes System von Regeln der Interaktion« heraus, die »auf der oberflächlichen Fiktion eines Konsenses beruhen« (ROLFF 1991 b, S. 869).

Ein wesentlicher Aspekt ist die Instabilität von Organisationen. Sie erreichen ihre Stabilität mehr durch Bewegung denn durch Statik und verändern sich auch gerade dadurch, »daß ständig Lernprozesse der Mitglieder stattfinden« (ROLFF 1991 b, S. 869).

TÜRK hat die eigentliche Problematik von Organisationen herausgestellt. Er bezeichnet sie als »konflikthafte politische Ökonomien« (TÜRK zit. nach ROLFF 1991 b, S. 869), in denen »um die Kontrolle über Ressourcen zum Aufbau materieller, kultureller und sozialer Kapitalien gerungen wird« (ROLFF 1991 b, S. 869 f.). Dies belegt die Schwierigkeit, Innovationen in

Organisationen zu bringen und macht deutlich, daß es primär um die jeweiligen individuell stark geprägten Befürfnisse der Menschen in der betreffenden Organisation geht.

Auf die Schule übertragen bedeutet dies, daß Lehrerinnen und Lehrer um die sicherlich immer auch berechtigten Anliegen ihres Faches, ihrer Klasse/Gruppe ringen und sich generell sehr stark für die Belange des von ihnen persönlich favorisierten »Projektes« (im weiten Sinne) einsetzen. Die innerschulischen Machtverhältnisse tragen stark zu Gewichtung, Verschiebung und Favorisierung bzw. Prioritätensetzung an der jeweiligen Schule bei. Der sogenannte pädagogische Konsens, um den in vielen Kollegien mittlerweile ernsthaft gerungen wird, ist letztlich ein solcher Prozeß im Rahmen der Organisation Schule – und er wird stark von den Machtverhältnissen, den Führungsstrukturen und hier insbesondere von den »heimlichen Führern« geprägt.

Die neuere Organisationsforschung ersetzt nun die bisherigen eher linearen und mechanistischen Vorstellungen. Dabei untersucht sie verstärkt »Phänomene[n] der Macht und Kontrolle in und durch Organisationen« (ROLFF 1991 b, S. 870).

Hieraus ergibt sich konsequenterweise, daß Schulen sich selbst als lernende Organisation verstehen müssen, wenn sie dem Anforderungsdruck gewachsen sein wollen und »nicht nur widerstrebend oder bedarfsorientiert« (BILDUNGSKOMMISSION NRW 1995, S. 78) reagieren wollen.

Die Einzelschule muß auch in der Lage sein, sich selbst zu steuern.

4.3.2.2. Schule als sich-selbst-steuernde Organisation

Die Organisationstheorie der Schule hat seit den siebziger Jahren sowohl auf der nationalen wie auf der internationalen Ebene keine wesentlich neuen Erkenntnisse gebracht. Mit der Betrachtung der Schule als »loosely coupled system« scheint die Organisationstheorie der Schule zum Stillstand gekommen zu sein. Im Gegensatz hierzu »entwickelte sich die allgemeine Organisationstheorie geradezu fieberhaft« (ROLFF 1992 a, S. 290).

Schulreformen wurden nach dem klassischen Verständnis als »schulische Veränderungen auf der Ebene des Gesamtsystems geplant, erprobt und anschließend generalisiert« (LANDWEHR 1993, S. 10).

Dieses Verständnis von Schule und die daran geknüpfte Vorgehensweise haben allerdings nicht den gewünschten Erfolg im Sinne schulischer Veränderung erbracht.

Als **Alternative** zum klassischen Schulreformmodell hat sich mittlerweile ein »prozeßorientiertes Innovations-Modell etabliert, das den Prozeß der Selbsterneuerung ins Zentrum rückt« (LANDWEHR 1993, S. 13).

Dieses Innovations-Konzept weist folgende Merkmale auf:

- Planung, Ausführung und Evaluation von Reformen werden als zusammengehörige Bestandteile eines Reformprozesses gemeinsam mit den Personen vorgenommen, die diese Veränderungen realisieren müssen;
- das jeweilige Lehrerkollegium übernimmt verantwortlich den Entwicklungsprozeß; so kann auch die vorhandene Schulkultur in den Reformprozeß miteinfließen;
- Schulentwicklungsprojekte basieren auf einer von Lehrern, Eltern und Schülern erarbeiteten Problemdiagnose mittels Kooperations- und Aushandlungsprozessen;
- ein wichtiges Projektziel ist die Teamentwicklung, denn der für Veränderungsprozesse erforderliche Arbeitsaufwand und die psychischen Anstrengungen bedürfen der Unterstützung durch die Gruppe;
- Ziel der Schulentwicklung ist es, einen »kontinuierlichen Reflexions- und Selbsterneuerungsprozeß« (LANDWEHR 1993, S. 13) in Gang zu setzen; die jeweils konkrete Schule muß sich selbst für diesen permanenten Reformprozeß verantwortlich fühlen

(vgl. LANDWEHR 1993, S. 13 f.).

BURKARD/PFEIFFER (1992) fassen die oben angeführten Aussagen einfach und treffend zusammen: »Qualitätssicherung und Weiterentwicklung von Schule (...) kann nur durch die Akteure in den Schulen selbst geleistet werden« (S. 291). Die Schulentwicklungsprogramme haben »die Erhöhung der Problemlösekapazität der Schule«, also »Organisations-Lernen« (ROLFF 1992 b, S. 321) zum Ziel. Diese Kapazität, Probleme innerhalb einer Schule selbst zu lösen, soll die Schulkultur verbessern und als Rahmen für eine bessere »Qualität der Lehrerschaft« dienen. **Kooperations-**, Kommunikations- und **Teamfähigkeit** sind Merkmale für Innovations-Konzepte.

Die »Wende zur Einzelschule« (ROLFF 1991 b, S. 866) rückt Theorien in den Vordergrund, die schulische Entwicklung nicht mehr primär »als Folge externer, mehr oder weniger ›aufgezwungener‹ Faktoren« (BURKARD/ PFEIFFER 1992, S. 292) begreift. Es sind Konzepte gefragt, »die Zustandsänderungen von Schule, gleichsam aus sich selbst heraus, als Folge interner Dynamik erklären können« (BURKARD/PFEIFFER 1992, S. 292).

Neuere Ansätze der Systemtheorie scheinen solche Konzepte geben zu können. Die Ansätze dieser neueren Systemtheorie sind zu komplex und umfangreich, um im Rahmen dieses Themas explizit dargelegt zu werden. Sie beziehen im Sinne eines interdisziplinären Diskurses Untersuchungen der Selbstorganisationsprozesse und die Theorien der Chaosforschung, der dissipativen Strukturen und der Synergetik mit ein (vgl. BURKARD/PFEIFFER 1992, S. 292).[13]

Zu den Handlungsvoraussetzungen einer sich-selbst-organisierenden Schule gehören Kompetenzen der LehrerInnen, insbesondere **Kooperationsbereitschaft** und Diagnosefähigkeit, ebenso wie bestimmte Fähigkeiten der SchülerInnen (vgl. BURKARD/PFEIFFER 1992, S. 302).

Eine **sich-selbst-organisierende Schule** kann die an sie gestellten Anforderungen besser erfüllen, als wenn sie fremdbestimmte Ansprüche durchsetzen soll.

Schulen,

> »die von allen Beteiligten als selbstorganisierende Systeme betrachtet und behandelt werden, werden vermutlich mit geringeren Verlusten an zeitlichen, materiellen und psychischen Ressourcen und unter größerer Zufriedenheit der in ihr Tätigen arbeiten und sich entwickeln können« (BURKARD/PFEIFFER 1992, S. 304).

Dies käme einer Verbesserung von Schule im Sinne von Schulentwicklung, Schulqualität entgegen.

Unter den gegebenen Bedingungen können sich Schulen nur schrittweise zu guten Schulen entwickeln. Die Einzelschule braucht erheblich mehr Gestaltungsfreiheit als bisher und zwar zur Regelung ihrer inneren, d. h. pädagogischen Angelegenheiten wie der äußeren Belange, die auch Gebäude- und Etatverwaltung beinhalten.

Diese Erkenntnis hat zu einer seit Jahren anhaltenden intensiven und teilweise kontroversen Diskussion über Autonomie[14] für die Schule geführt.

Der folgende Abschnitt will Autonomie für die Einzelschule mit ihren zentralen Aspekten und ihren Konsequenzen für eine Weiterentwicklung der Schulaufsicht sowie deren Chancen und Grenzen erörtern.

4.4. Zur Autonomie der Schule

Der Frage der Autonomie der einzelnen Schule im Gegensatz zur Kontrolle und konkreten Einmischung in diese schulischen Belange durch Schulaufsicht und Schulträger kommt zentrale Bedeutung zu (vgl. BURKARD/ PFEIFFER 1992, S. 291 f.).

Die Gründe für den gestiegenen Autonomiebedarf der Einzelschule liegen in den disparitären sozialen Entwicklungstendenzen und den damit einhergehenden schulischen Disparitäten (vgl. PFISTER/WEISHAUPT 1988, S. 125 ff.) ebenso wie in den Bemühungen der Lehrerschaft, auf diese Entwicklungstendenzen entsprechend ihrer jeweiligen Bedingungen zu reagieren und eine eigene Schulkultur im Sinne einer guten Schule zu entwickeln.

Aber auch pädagogische Gründe sprechen für mehr gestalterischen Freiraum der Einzelschule. Schulen können ihr »Haus des Lernens« (vgl. Kapitel 1, 4.1., S. 40) nur dann auf die konkreten Gegebenheiten vor Ort bauen, wenn sie über einen tatsächlich erweiterten Freiraum hinaus einen »auch rechtlich gesicherten Freiraum zur Eigengestaltung« (BILDUNGSKOMMISSION NRW 1995, S. 61) haben; denn

»Mündigkeit als Zielvorstellung pädagogischen Handelns – verstanden als Verbindung von Selbstbestimmung und Verantwortungsübernahme – verlangt ebenso wie die Natur des pädagogischen Handelns selbst nach Gestaltungsfreiheit, verlangt nach einer mündigen Schule« (BILDUNGSKOMMISSION NRW 1995, S. 62).

Die Auswirkungen, welche die demographischen und sozialen Entwicklungen auf die einzelnen Schulen haben, führten immer mehr dazu, daß Schulen der gleichen Schulart sich immer stärker voneinander unterscheiden.

Zentrale Planung ebenso wie Schulaufsicht müssen der Einzelschule gestatten, auf die neuen Entwicklungen aktiv zu reagieren. Das bedeutet, daß der Einzelschule »ein größeres Maß an struktureller, sachzielbezogener, personeller und finanzieller Autonomie zugestanden werden« (PFISTER/WEISHAUPT 1988, S. 128) muß, damit sie für ihre spezifischen Bedürfnisse adäquate Lösungen entwickeln kann. Hierbei ist es wichtig, daß die Lehrer die Entscheidungen über Veränderungen mit ihrem jeweils individuellen Eigenbild in Übereinstimmung bringen können, mit anderen Worten, daß eine »Identitätsbalance« gegeben ist (vgl. LÜCKERT 1993, S. 342).

Juristisch war den Lehrern bislang mehr vorgeschrieben, d. h., wenig Freiraum eingeräumt worden. Dennoch hatten die Lehrer, und meines Erachtens damit gerade auch die Schulleiter, immer schon de facto mehr Möglichkeiten zur didaktischen und pädagogischen Selbstbestimmung, als dies explizit vorgeschrieben war. Dies wohl auch eher deshalb, weil »selbst emsigste Administration die komplexe Vielfalt der Lehr- und Lernprozesse nicht total regulieren konnte[n]« (SPIES 1993, S. 16).

Autonomie kann – wenn sie bislang nicht zum schulischen Handlungsrepertoire gehörte – auch zu gewissen Ängsten und Unsicherheiten führen. Deshalb sind Verstärkungs- und Unterstützungssysteme und -strategien notwendig, um die Lehrerschaft und sicher auch die Schulleitungen zur Wahrnehmung und Ausübung von Autonomie zu qualifizieren (vgl. LÜCKERT 1993, S. 343). Autonomes pädagogisches Handeln an der Einzelschule stärkt nicht nur die gesamte Schule, sondern insbesondere das Selbstbewußtsein von Lehrern und Schulleitern, und leistet somit einen wichtigen Beitrag zur Entwicklung und Professionalisierung der Kollegien.

Als wichtige Voraussetzung sieht SCHWEITZER die Kopplung von mehr Autonomie mit mehr Demokratie, da dies andernfalls »nur zu mehr Macht und Autonomie von Schulleitungen führen wird« (SCHWEITZER 1993, S. 340).

Dieser Befürchtung möchte ich widersprechen. Sowohl aufgrund der weichen Schulstruktur im Sinne eines »loosely coupled system« als auch aufgrund der unterschiedlichen Stellungen der Schulleiter der einzelnen Schularten ist die Ausstattung mit **Macht** und die de jure gegebene **Autonomie des Schulleiters** eher **begrenzt** und auch verschieden.

Den Forderungen SCHWEITZERS nach der Schaffung von Transparenz, Konsensbildung und einem Prozeß der kontinuierlichen Evaluation ist voll zuzustimmen. Nur so kann im Laufe des Autonomieprozesses eine stärkere Identifikation mit der eigenen Schule und »mehr Selbstverwirklichung im pädagogischen Handeln« (SCHWEITZER 1993, S. 340) entstehen.

Evaluation rückt ins Blickfeld, denn die Delegation von Verantwortung auf die Einzelschule schließt über die Entscheidungskompetenz hinaus auch die Rechenschaftsablegung gegenüber Dritten mit ein (vgl. BILDUNGSKOMMISSION NRW 1995, S. 66 f.). Ferner soll sich die innerschulische Evaluation auch auf das Schulklima, auf die Gleichberechtigung von Mann und Frau bei der Aufgaben- bzw. Funktionenübertragung als auch auf die schulinterne **Kooperation** erstrecken (vgl. BILDUNGSKOMMISSION NRW 1995, S. 197).

4.4.1. Zentrale Aspekte schulischer Autonomie

Schulische Autonomie enthält weitere zentrale Aspekte:

1. **Autonomie im Zielbereich**
2. **Strukturelle Autonomie**
3. **Finanzielle Autonomie**
4. **Personelle Autonomie**

1. Autonomie im Zielbereich

Einzelschulen sollten größeren Einfluß haben auf ihre Ziele. Diese müssen dann von der Einzelschule präzisiert werden; die Kriterien für schulischen Erfolg sind stärker als bisher zu definieren und an der schulspezifischen Klientel zu orientieren (vgl. PFISTER/WEISHAUPT 1988, S. 130). Allerdings ist bei der Wahrnehmung von Autonomie im Zielbereich die zentrale »Frage der Vergleichbarkeit und (...) der Selektionsfunktion des Schulsystems bzw. des Berechtigungswesens« (PFISTER/WEISHAUPT 1988, S. 131) zu bedenken.[15] Auch die Einzelschule als Handlungseinheit »ist gemeinsamen Standards verpflichtet« (BILDUNGSKOMMISSION NRW 1995, S. 65).

2. Strukturelle Autonomie

Diese ist erforderlich, damit Schulen die Handlungs- und Entscheidungsstruktur zur kontinuierlichen Weiterentwicklung ihres pädagogischen Konzeptes und ihres eigenen Selbstverständnisses eigenständig ausbilden können (vgl. PFISTER/WEISHAUPT 1988, S. 132). Eine solche Handlungsstruktur kann sich z. B. durch die Einrichtung von Arbeitsgruppen/Planungsgruppen entwickeln lassen.

Die schulintern gebildete Entscheidungsstruktur müßte gewährleisten,

> »daß das Kollegium über entsprechende Partizipationsmechanismen mit diesen Innovationen konfrontiert wird, sich damit auseinandersetzen und durch entsprechende Beschlüsse aus diesem Anregungsfundus schöpfen kann« (PFISTER/WEISHAUPT 1988, S. 132).

In diesem Sinne wäre die schulische Entscheidungsstruktur eine offene und konsultative (vgl. PFISTER/WEISHAUPT 1988, S. 132).

3. Finanzielle Autonomie

Wenn die Schule ihre Organisation selbst gestalten soll, dann müßte ihr auch ein Gesamthaushalt zur Verfügung stehen, der sie ermächtigte, Ausgabeprioritäten nach Maßgabe des jeweiligen Schulprofils zu setzen. Damit entfiele die enge Bindung an »administrativ verfügte Einzeltitelvorgaben« (PFISTER/WEISHAUPT 1988, S. 132), die unter Umständen eher als Gängelung durch denn als konstruktive Zusammenarbeit mit dem Schulträger wirken kann. Gerade in größeren Städten, die eine fachlich wie hierarchisch ausdifferenzierte Verwaltung des Schulträgers aufweisen, verschleißt sich innovative Kraft eines Kollegiums über die Schaltstelle Schulleitung-Schulträger oftmals aufgrund einer überzogenen Bürokratie, deren Prozedere sich über Monate, manchal gar Jahre in Form von unzähligen Gesprächen, Telefonaten und Schreiben hinzieht.

Autonomie auf der finanziellen Ebene könnte große Handlungsräume schaffen, die von guten Schulen sicher gerne und intensiv genutzt würden, und unterstützte Schulen, die ihr Profil weiterentwickeln möchten, in ihrem Anliegen und Selbstverständnis.

Es darf nicht unbeachtet bleiben, daß finanzielle Autonomie auch Unsicherheiten, Ängste, ja Abwehr erwecken kann bei all denen, die die Verantwortung für den nunmehr vergleichsweise großen Schuletat zu tragen hätten – den Schulleitern. Eine entsprechende Vorbildung in Sachen Haushalts- und Verwaltungsrecht wäre dann sicher auch ein Qualifizierungsschwerpunkt im Rahmen der Schulleiteraus- und -fortbildung.

Des weiteren würde sich der Bedarf an Personal- und Sachausstattung erhöhen, da zumindest Schulleiter an Grund-, Haupt- und Realschulen sicher nicht mit den vorhandenen Gegebenheiten zu Rande kämen. Bedenkt man die Situation der Schulleiter in England und USA, die den Schulhaushalt selbst verwalten, so muß auch die so entscheidende Rahmenbedingung der Höhe der jeweiligen Unterrichtsverpflichtung gesehen werden. In diesen Ländern ist der Schulleiter eher Schulverwalter, Manager und Koordinator pädagogischer Prozesse und von daher weitestgehend von einer regulären Unterrichtsverpflichtung befreit (vgl. auch BESSOTH 1978, LE 15.01, S. 10).

4. Personelle Autonomie

Eine autonom geführte Schule, die sich ihre Ziele, ihr Schulprogramm auf ihre Schülerschaft bezogen selbst definiert und präzisiert, die im Sinne struktureller Autonomie Handlungs- und Entscheidungsstrukturen ausgebildet hat und über finanzielle Autonomie verfügt, braucht auch personelle Autonomie.

Mit der Zielsetzung ergibt sich ein

»Qualifikations- und Anforderungsprofil für die anfallenden Aufgaben (...), das (...) eine aktive Rekrutierung [des] Personals ermöglicht« (PFISTER/WEISHAUPT 1988, S. 131).

Dies hat zur Konsequenz, daß »dem Kollegium das Entscheidungsrecht bei der Einstellung neuer Kollegen eingeräumt werden« (PFISTER/WEISHAUPT 1988, S. 131 f.) muß.

Die Autoren plädieren konsequenterweise dafür, den Schulleiter durch das Kollegium zu wählen bzw. abzuwählen (vgl. PFISTER/WEISHAUPT 1988, S. 132). Diese Forderung wurde zwischenzeitlich eher kontrovers diskutiert, da für eine Wahl bzw. Abwahl eines so wichtigen Funktionsträgers leider auch zahlreiche mehr emotionale Argumente ausschlaggebend sein könnten. Fragen des Beliebtheitsgrades eines Schulleiters bzw. des Führungsstils nach dem Prinzip »Allen wohl und niemand weh« sollten keine entscheidende Rolle bei der Schulleiterauswahl spielen. Da Schulleiter einerseits eine auf Konsens beruhende Schulentwicklung fördern sollen, aber andererseits mit zu wenig Macht ausgestattet sind, würde das Bestreben, den beliebten und damit den alle schonenden Weg zu gehen, nur begünstigen.

Neueste Tendenzen gehen allerdings in Richtung einer Schulleiterwahl mit Amtsübertragung auf Zeit (vgl. BILDUNGSKOMMISSION NRW 1995, S. XXVIII f. und S. 323).

4.4.2. Autonome Schulaufsicht

Um die Bildung ungesteuerter Systeme im Sinne von »Sozialdarwinismus« (vgl. ROLFF 1992 b, S. 321) zu verhindern, aber auch um die Qualifikations- und Selektionsfunktion der Schule zu sichern ebenso wie zur Wahrung der

»Grundrechtswerte wie Vergleichbarkeit der Lebensverhältnisse (...) ist staatliche Schulaufsicht vonnöten, sind zumindest funktionale Äquivalente zur staatlichen Schulaufsicht unabdingbar« (ROLFF 1992 b, S. 321).

Kontrolle als Garantie für **Vergleichbarkeit** von Schulen und Qualitätssicherung durch Schulaufsicht bleibt bestehen, wenngleich »in einem veränderten Rahmen und in einer anderen Qualität« (LÜCKERT 1993, S. 344). Die Einzelschule ist zwar einerseits »Motor der Entwicklung«, aber andererseits ist sie »mit einem übergreifenden Steuersystem untrennbar verbunden« (ROLFF 1992 b, S. 321). ROLFF schließt daraus, daß »die Schulaufsicht integrierter Bestandteil der Schule ist« (ROLFF 1992 b, S. 321).

Sich-selbst-organisierende und -erneuernde Schulen brauchen jedoch eine andere Art Schulaufsicht als bislang üblich. Die Funktion einer diesem Systemverständnis entsprechenden Schulaufsicht müßte sich selbst von der »eher kontrollierend-steuernden Instanz zu einem mehr beratend-steuernden **Unterstützungssystem**« (ROLFF 1992 b, S. 321; Hervorhbg. EM) wandeln. In diesem Sinne würde auch Schulaufsicht einen Prozeß im Sinne von

Organisations-Lernen durchlaufen, wobei »Selbstorganisation« zwar »Ziel« ist »aber auch Weg« (ROLFF 1992 b, S. 323).

Die Schulaufsicht hätte im Rahmen ihrer Unterstützungsfunktion (vgl. auch LÜCKERT 1993, S. 344) verschiedene Hauptaufgaben wahrzunehmen.[16]

4.4.3. Chancen und Grenzen von Autonomie

Autonomie für die Einzelschule bedeutet eine weitaus größere Chance zur Entwicklung eines eigenen pädagogischen Profils, als dies bei der bislang üblichen kontrollierten Schule der Fall sein kann. Dies setzt jedoch ein Kollegium voraus, in dem »ideenreiche Personen wirken« und das »insgesamt hoch engagiert ist für seine Arbeit« (SPIES 1993, S. 18).

Befremdend wirkt hier allerdings, daß der **Schulleiter**, obwohl diesem mittlerweile unbestritten eine herausragende Funktion innerhalb der Entwicklung seiner Schule zukommt, in diesem Zusammenhang nicht eigens **erwähnt** wird. Anscheinend ist der Schulleiter als »Lehrer mit besonderen Aufgaben« noch nicht aus dem Bewußtsein verschwunden, ungeachtet der Tatsache, daß ein Schulleiter, der selbst ein solches Selbstverständnis verinnerlicht hat, wohl wenig zur Entwicklung seiner Schule beitragen wird.

Ein **hohes Maß** an **Autonomie** birgt aber auch **Gefahren** in sich. Die autonome Einzelschule kann ihre Fehlleistungen nicht mehr so einfach auf die staatlichen also »von oben« kommenden Anordnungen schieben, sondern muß sich selbst gegenüber streng sein (vgl. SPIES 1993, S. 18).

Der dargelegte Wandel der Gesellschaft, dem die Schule unterliegt, und der Veränderungsbedarf, der sich aus externen wie internen Faktoren für eine defizitäre Schule ergibt, hat zu einem neuen Schulverständnis geführt, bei dem die Einzelschule auf kooperativem Wege weitgehend autonom nach Lösungen im Sinne von »Schulentwicklung« sucht.

An diese Vorstellungen knüpfen Ziele und Schwerpunkte einer auf Zukunft ausgerichteten Schulentwicklung an, die im nächsten Abschnitt diskutiert werden.

4.5. Ziele und Schwerpunkte künftiger Schulentwicklung

Schulentwicklung braucht mehr denn je eine zentrale Planung, die jedoch aufgrund der aufgezeigten Tendenzen neuartige Aufgaben bewältigen und ein neues Selbstverständnis haben muß (vgl. PFISTER/WEISHAUPT 1988, S. 128).

Zielvorgaben einer Schulentwicklung, die das Paradigma der Organisationsentwicklung zur Orientierung nimmt, beruhen auf dem Verständnis von:

● einer guten Schule als Gestaltungseinheit, deren Mitglieder sich stark **kooperativ** verhalten,
● dem Bemühen um ein offen-dynamisches Konzept ihrer Organisation,
● dem Streben nach permanenter Selbsterneuerung
(vgl. LANDWEHR 1993, S. 14).

Als Prämissen zur Erreichung dieser Ziele nennt LANDWEHR:

1. **Befähigung der Schulen zur Selbsterneuerung**
2. **Entwickeln einer Kooperationskultur an Schulen**
3. **Verfügung der Schulen über angemessene Gestaltungsspielräume**
(vgl. LANDWEHR 1993, S. 14–16).

1. Befähigung der Schulen zur Selbsterneuerung

Da ein soziales System, dem auch die Schule zuzurechnen ist, eine beachtliche Veränderungsresistenz zeigt, also eher eine rigide Organisation darstellt, haben Reformvorhaben nur dann Erfolgsaussichten, »wenn sie von den Betroffenen als brauchbare Mittel zur Lösung von vorhandenen Problemen wahrgenommen werden« (LANDWEHR 1993, S. 14). Somit müssen Schulen »eine differenzierte Problemwahrnehmung entwickeln« (LANDWEHR 1993, S. 14) und sich zu Problemlöseschulen entwickeln, die für eine andere Schulkultur stehen. Die Normen einer solchen Schulkultur sind »Initiative, Kreativität und **teamartige Kooperation**« (ROLFF 1991 b, S. 882; Hervorhbg. EM; vgl. auch STEFFENS/BARGEL 1993, S. 69 f.).

2. Entwickeln einer Kooperationskultur an Schulen

Zum Prozeß der Selbsterneuerung gehört, daß sich die Lehrerinnen und Lehrer von ihrer Einzelkämpferhaltung lösen und eine **Kooperationskultur** entwickeln, die über das bisherige defizitäre Maß hinausgeht.[17] Dabei wäre der Schulleiter nicht nur als Administrator, sondern als pädagogische Führungskraft zu sehen. Die pädagogische Schulleitung ist eine weitere wichtige Voraussetzung, um »die Problemlösungsfähigkeiten der einzelnen Personen und der verschiedenen schulischen Subsysteme in einem Gesamtsystem zu integrieren« (STEFFENS/BARGEL 1993, S. 126).

Dies läßt sich wiederum nur dann erreichen, wenn die einzelnen Lehrer eines Kollegiums zur Lehrerkooperation bereit und in der Lage sind, eine **Kooperationskultur** zu entwickeln. Auch dazu »bedarf es der Anregungen und des Trainings« (STEFFENS/BARGEL 1993, S. 127). Die Lehrerkooperation wird als »entscheidender Planungsparameter für die innere Schulentwicklung und Verbesserung der Schule« (STEFFENS/BARGEL 1993, S. 126) gesehen.

Es ist unabdingbar geworden, sich gemeinsam in einem Lehrerkollegium mit den neuen und schwierigen Herausforderungen, die dem Lehrerberuf gestellt sind, auseinanderzusetzen, in steter Kommunikation und Kooperation der Isoliertheit pädagogischen Handelns des einzelnen und der oftmals damit einhergehenden Gefahr des »Burn-Out« zu begegnen. Dies setzt natürlich – wie bereits mehrfach betont – Bereitschaft zur Kooperation, Teamfähigkeit und den ernsthaften Willen zur Konsensfindung voraus. In diesem Sinne müssen die Werthaltungen und Einstellungen der Lehrerindividualitäten diskutiert und zu einem Grundkonsens zusammengetragen werden.

3. Verfügung der Schulen über angemessene Gestaltungsspielräume

Selbsterneuerung in der Schule setzt voraus, daß der vorgegebene organisatorische wie institutionelle Rahmen für den Unterricht

> »so offen sein muß, daß in wichtigen Punkten eine kooperative Ausgestaltung durch das betreffende Lehrerteam möglich ist« (LANDWEHR 1993, S. 15).

Eine Erweiterung der Handlungsspielräume der Einzelschule bedingt ferner die Neufestsetzung von Entscheidungskompetenzen. Das Schulrektorat muß dabei »von einem rein administrativen Amt zu einer echten Schulleitung« (LANDWEHR 1993, S. 16) umgewandelt werden, denn Schulleitungen müssen die erforderliche Unterstützung der Lehrerteamarbeit gewähren (vgl. WISSINGER 1993 a, S. 41). Die schulaufsichtliche Behörde hat dann die Aufgabe, die Schulen in ihrem Entwicklungsprozeß zu unterstützen und zu begleiten (vgl. LANDWEHR 1993, S. 16).

Schulen auf dem Weg zu guten Schulen im Sinne von Selbsterneuerungsprozessen weisen, wie dies STEFFENS/BARGEL (1993) zusammenfassend darstellen, in der Regel folgende Charakteristika auf:

- Sie haben eine engagierte, aufgeschlossene und unterstützende Schulleitung;
- die Lehrer zeichnen sich durch besonderes Engagement, gemeinsame pädagogische Überzeugungen, Lehrerteambildung, eine pädagogische Orientierung in der Unterrichtstätigkeit und ein anderes Bild von der Schülerrolle aus

(vgl. STEFFENS/BARGEL 1993, S. 128).

Die im Rahmen dieses Kapitels dargelegten Veränderungen und Belastungen für LehrerInnen und SchulleiterInnen sowie die neuen Sichtweisen von Schule wirken unmittelbar auf die Lehrkräfte und die Schulleitung einer Schule zurück.

Hieraus ergeben sich Konsequenzen für das Leitungsverständnis von Schulleitung.

5. Konsequenzen für die Leitung einer gewandelten Schule

Der in diesem Kapitel aufgezeigte Wandel sowie die resultierende Weiterentwicklung von Schule in Richtung einer »Schulkultur« und »professionellen Organisation« bedingen wegen der «Schlüsselfunktion« von Schulleitung ein andersartiges Aufgabenprofil.

Die Forschungsergebnisse aus dem angloamerikanischen Raum, welche die Charakteristika einer produktiven Schulkultur benennen, können sicher ohne große Einschränkungen auch auf deutsche Schulverhältnisse übertragen werden.

PURKEY/SMITH (1991) fanden folgende eine produktive Schulkultur förderliche Merkmale heraus:

- gemeinsames Planen und kollegiale Beziehungen untereinander,
- Zusammengehörigkeitsgefühl und Unterstützung, die die KollegiumsmitgliederInnen untereinander erfahren,
- klare Ziele und die hohen Erwartungen, die von allen geteilt werden,
- Ordnung und Disziplin

(vgl. PURKEY/SMITH 1991, S. 38–40).

Diese Prozeßvariablen beziehen sich zunächst auf die Lehrkräfte. Sie verweisen auf die durch den Wandel bedingten neuen Aufgaben für Lehrkräfte und auf das neue Schulverständnis, das die Überwindung des Einzelkämpfertums bei LehrerInnen dringend erfordert.

Die o. a. Prozeßvariablen implizieren eine »organische Vorstellung von Schule und etwas Vertrauen in die Fähigkeit der Menschen« (PURKEY/SMITH 1991, S. 40) und legen einen **partizipatorischen Ansatz** nahe.

Schule ist auf Kooperation angelegt. **Kooperation** gilt als **Schlüsselqualifikation** für Lehrerinnen und Lehrer ebenso wie für Schulleiterinnen und Schulleiter und entspricht dem Modell der Selbstorganisation der professionellen Schule am besten (vgl. auch DUBS 1994, S. 34 f.).

Die notwendige **Institutionalisierung von Kooperation zwischen Lehrkräften ist in Deutschland rein historisch nur wenig** entwickelt (vgl. SCHOLZ 1989, S. 3),[18] und das Verständnis von Kooperation ist häufig sehr stark vom Alltagswissen[19] bestimmt. Kooperation unter den Lehrern scheint noch wenig professionell, obwohl sie als **Gelenkstück von Schulerneuerung** gilt.

Der **Kompetenz des Schulleiters** kommt zentrale Bedeutung zu (vgl. AURIN u. a. 1993; HAENISCH 1993, STEFFENS/BARGEL 1993). Schulleitung wird in der Literatur umschrieben mit Impulsgeber, Förderer der Lehrerkooperation, Innovator, die Reflexivität des Kollegiums Fördernder (vgl. EUGSTER 1990; LANDWEHR 1993, S. 6). Dies legt ein **Leitungsverständnis** zugrunde, das primär auf die in Kapitel 1, 4., S. 43 dargelegten Ent-

wicklungsprozesse innerhalb der Kollegien gerichtet ist, diese initiiert bzw. lenkt und **unterstützt.**

Aufgabe des Schulleiters aus organisationstheoretischer Sicht ist es demnach, die Mitglieder zu motivieren, allgemein akzeptable Leitbilder zu präzisieren, Ressourcen zu beschaffen, um sodann unter Nutzung eines Ermessensspielraumes einen Konsens in pädagogischen Grundsatzfragen zu erzielen.

Hieraus ergibt sich konsequenterweise, daß **Pädagogik** und **Leitung** anstatt Administration im Leitungshandeln in den **Vordergrund** treten. Dies vollzieht sich auf dem Hintergrund einer Sichtweise von Schule, die jede einzelne als »eine in sich geschlossene individuelle Organisationseinheit, die durch eine *Vielfalt von internen und externen Faktoren* geprägt ist« (LÜCKERT 1993, S. 341; Hervorhbg. GL), für die die Schulleitung große Verantwortung trägt, betrachtet.

6. Zusammenfassung

Ausgangspunkt der Diskussion bildete der **Wandel der Gesellschaft,** der durch Werteverschiebungen, den Wandel in den Familienkonstellationen, eine gewandelte Kindheit und Jugend und eine an individuellen Bedürfnissen orientierte Arbeitnehmerschaft (vgl. BOHNSACK 1990; BÖNSCH 1992; BREZINKA 1991; HORNSTEIN 1990) charakterisiert wurde.

Es konnte aufgezeigt werden, daß sich **Bildungs-** und **Erziehungsprozesse** in einer offenen und individualistischen Gesellschaft zunehmend **schwieriger** gestalten und der Konkurrenzdruck der Schulen untereinander zunimmt. Die erlebten **Belastungen** von Unterricht und Erziehung führen demnach immer häufiger zu Streßsymptomen bis zum »**Burn-Out**« (vgl. CZERWEN-KA 1993; RAUSCHER 1995 b).

Die Schule befindet sich in einer Anpassungskrise, die durch die strukturelle Starrheit des Schulsystems verstärkt wird.

Gleichzeitig, so wurde argumentiert, hat der **Veränderungsbedarf für** die **Schule** zu einer **Neuorientierung** geführt, die als »**Reform von innen**« erörtert wurde.

Es wurde weiterhin dargelegt, daß es hierzu einer veränderten Kultur bedarf, die auf dem **neuen Verständnis** einer »**kooperativen Schule**« fußt und gleichermaßen die berechtigten **Bedürfnisse** der LehrerInnen als ArbeitnehmerInnen **nach** einer **neuzeitlichen Führung** berücksichtigt. Das **Lehrerkollegium** rückt bei dieser Sichtweise ins **Zentrum,** dem **Schulleiter** wird eine **Schlüsselrolle** für die innerschulischen Entwicklungsprozesse zugeschrieben.

Neuere Tendenzen der Bildungsdebatte – ausgelöst von der nordrhein-westfälischen Bildungskommission – akzentuieren die Funktion der Schulleitung als Personalführungsaufgabe normativ und verstehen das **Leitungsamt** als **Funktion auf Zeit** (vgl. BILDUNGSKOMMISSION NRW 1995).

In diesem Zusammenhang erhebt sich die **Frage**, ob eine Schulleitung auf Zeit den erforderlichen Wandel in Form von **Schulentwicklungsprozessen** überhaupt mit dem Kollegium so initiieren kann und **zu festigen vermag,** daß das Schulprofil eine gewisse Kontinuität aufweist und das erreichte Maß an Beziehungsstabilität bei einem Führungswechsel nicht wieder gleich ins Wanken gerät.

In Kapitel 1 ist deutlich geworden, daß die **gewandelte Schule** einer Leitung bedarf, die den für ihre Schule konkreten Veränderungsbedarf gemeinsam mit dem Kollegium ermittelt, Innovationen kontinuierlich und konsequent umsetzt und dabei eine realistische Perspektive beibehält. Ob dies allerdings **mit dem derzeitigen Verständnis von Schulleitung zu leisten** ist, bleibt **fraglich** und ist im weiteren Verlauf der Arbeit zu klären.

Anmerkungen zu KAPITEL 1

1. MÜLLER-SCHÖLL/PRIEPKE ([3]1992, S. 76 f.) beschreiben die Kriterien, die eine Organisation ausmachen ähnlich. ROLFF (1992b) nennt Merkmale, welche die Schule als eine besondere Organisation auszeichnen (vgl. S. 308–316).

2. Seit Ende der 60er Jahre ist ein Zurückgehen des Einflusses der Erwachsenen zugunsten der immer bedeutsamer werdenden »Peergroups« zu beobachten. Diese stellen ein Trainingsfeld für die Unabhängigkeit von der Kontrolle durch die Erwachsenen dar und vermitteln Gefühle der Sicherheit und der Geborgenheit (vgl. GUDJONS 1993, S. 47).

3. Mit diesen Faktoren hat sich die BILDUNGSKOMMISSION NRW (1995) sehr ausführlich auseinandergesetzt. Siehe die Seiten 21–58 der Denkschrift.

4. Die Literatur zum Bereich der »Schlüsselqualifikationen« ist sehr umfangreich. Stellvertretend für viele andere sei verwiesen auf: DÖRIG 1995; GEIßLER 1989; HAHN 1993; KLAFKI 1993; MERK 1992; MERTENS 1974; REETZ/REITMANN 1990; WINKEL 1993.

5. Zum »Burn-Out«-Syndrom siehe u. a. BARTH 1992 und CZERWENKA 1993.

6. Das »Haus des Lernens« hat die BILDUNGSKOMMISSION NRW (1995) auf den Seiten 77–150 expliziert.

7. Detaillierte Vorstellungen finden sich in der Denkschrift der BILDUNGSKOMMISSION NRW (1995) auf den Seiten 154–215.

8. Die Frage »Was ist eine gute Schule?« beschäftigt Erziehungswissenschaftler und wurde im wesentlichen ausgelöst durch die Studien von RUTTER et. al. (1980) an Sekundarschulen im Londoner Innenstadtbereich.

9. Z.B. BOHNSACKS Ergebnisse des Essener Projektes 1978–1982, angeführt in BOHNSACK 1987, S. 95.

10. Es gibt hierarchisch über- bzw. untergeordnete Instanzen mit klar umrissenen Befugnissen; die oberen Instanzen üben Anordnungs- und Kontrollfunktionen aus; Entscheidungsfunktionen werden fast ausschließlich von den obersten Instanzen wahrgenommen; die untersten Instanzen (»operative Basis«) sind lediglich Ausführende; den Arbeitsvorgängen sind Regeln vorgeordnet, die von den Ausführenden nicht geändert werden dürfen; professionelle Qualitäten sind für die Berufsausübung der operativen Basis nicht erforderlich; Probleme, die an der Basis entstehen, werden durch neue Vorschriften und Verfahrensregeln von oben gelöst; die permanente Kontrolle der Arbeiten wird von den unmittelbaren Vorgesetzten im Hinblick auf die vorgeschriebenen Regeln wahrgenommen; die Kombination der verschiedenen Arbeitsvorgänge bestimmt Art und Ausmaß der Kooperation, d. h., sie ist vorweg geregelt; selbst-initiierte und eigenverantwortliche Kooperation ist nicht erforderlich; horizontale Beziehungen zwischen Arbeitskollegen der ausführenden Ebene sind nicht vorgesehen; jedem Mitglied der Verwaltungsorganisation sind bestimmte Zuständigkeiten zugewiesen, und zwar ohne individuellen Zuschnitt auf die jeweiligen persönlichen Eigenschaften (vgl. WEBER zit. nach LANDWEHR 1993, S. 6 f.).

11. Der Begriff »loosely coupled« wurde von WEICK 1976 eingeführt. »Loosely coupled« Schulen sind charakterisiert durch: geringe Übereinstimmung in den Zielen, weiche, schwach entwickelte und diffuse Unterrichtstechnologie, geringes Ausmaß professioneller Arbeitsbeziehungen unter den schulischen Mitgliedern, vergleichsweise wenige Bemühungen um Erfassung und Überprüfung des Ist-Standes im Sinne von Qualitätsverbesserung (vgl. STEFFENS/BARGEL 1993, 86).

12. Der Arbeitskreis »Qualität von Schule« wurde vom Hessischen Institut für Bildungsplanung und Schulentwicklung (HIBS) und von der Konstanzer Forschungsgruppe Gesellschaft und Region (FGR) initiiert. Er tagte erstmals im Herbst 1985 zu übergreifenden Fragen, die im wesentlichen Charakterisierungsmerkmale und Gütekriterien zur Bestimmung von Schulqualität betrafen. Eine Bilanz der bisherigen Befunde zur Schulqualität haben STEFFENS/BARGEL (1993) in ihrem Buch: »Erkundungen zur Qualität von Schule« gezogen.

13. Der interdisziplinäre Diskurs der neueren Systemtheorie wird in dem Aufsatz von BURKARD/PFEIFFER (1992) überblicksartig dargestellt. Dabei werden wesentliche Aspekte und begriffliche Unklarheiten von Selbstorganisation in der allgemeinen Systemtheorie aufgegriffen, systematisch belegt und die Selbstorganisation in sozialen Systemen erläutert. Abschließend beleuchten die Autoren den Aspekt der Selbstorganisation für die Schule. Siehe S. 291–304.

14. Zur Vielschichtigkeit des Begriffs »Autonomie« siehe SCHWEITZER 1993, S. 338–340.

    Die Autonomiediskussion spaltet sich in die Lager der Befürworter von mehr Gestaltungsfreiheit für die Schule und in ihre Gegner. Zu verfassungsrechtlichen Bedenken gegen schulische Autonomie siehe VOGEL 1995, S. 39–48.

15. Zur Gefahr ungesteuerter Systeme siehe auch ROLFF 1992 b, S. 321.

16. ROLFF beschreibt das für Schulen notwendige Unterstützungssystem, das einer gewandelten Schulaufsicht drei Hauptaufgaben stellt. Er bezieht sich hierbei auf DALIN, der recht ausführlich diese komplexen Zusammenhänge dargestellt hat. Näheres hierzu siehe auch DALIN/ROLFF zusammen mit BUCHEN 1990.

17. LANDWEHR sieht die defizitäre Kooperationskultur in der fehlenden Infrastruktur (Lehrerzimmer und Arbeitsraum sind identisch) und in der differenzierten Teamstruktur (»Alle sind gleich« ist ein Mythos). Darüber hinaus sind zusätzliche Sitzungen, Konferenzen im Sinne kooperativen Handelns jeweils neu auszuhandeln und werden als Freizeitverlust empfunden. Auch die Sitzungsmoderation ist in der Regel nur wenig professionell (vgl. 1993, S. 15).

18. Eine Ausnahme bildet die Berliner Schulverfassungsgesetzgebung von 1948 sowie die niedersächsische Konferenzordnung (vgl. OESTERREICH 1988, S. 16).

19. Siehe hierzu beispielsweise KREIE 1985, S. 63.

KAPITEL 2

»Schulleitung« in rechtlicher Perspektive und aus der Sicht von Pädagogen

1. Einführung

Im ersten Kapitel wurde expliziert, daß die Schule einer wandlungsfähigen Schulleitung bedarf, wenn von dieser die Gestaltungs- und Entwicklungsprozesse der Schule in Gang zu setzen und zu unterstützen sind. Der Begriff »Schulleitung« wurde in Kapitel 1 jedoch noch nicht präzisiert. Die Begriffe »Schulleitung« und »Schulleiter« sollen in diesem Kapitel geklärt werden.

*Es ist des weiteren zu untersuchen, welches **Rechtsverständnis** von »Schulleitung« herrscht, insbesondere welche **Leitungsfunktionen** das Schulrecht ausweist und ob hieraus **Folgerungen** für eine **gewandelte Schulleitung** ableitbar sind. Für die Analyse wird exemplarisch das nordrhein-westfälische Schulrecht herangezogen.*

*Die Diskussion geht von der These aus, daß noch immer ein **monokratisches Verständnis** von Schulleitung dominiert, das dem Schulleiter die pädagogische Gesamtverantwortung zuweist, ihm aber gleichzeitig einen großen Gestaltungsfreiraum gewährt und den **ständigen Vertreter** primär in seiner **Vertretungsfunktion** sieht.*

Die Klärung des Rechtsverständnisses von Schulleitung erfaßt jedoch nur einen Teil der Vorstellungen, die sich mit dem Begriff »Schulleitung« verbinden.

***Schulleitung** ist wegen ihrer originären Funktion, die Bildungs- und Erziehungsprozesse an der Schule zu fördern, auch aus der **Sicht von Pädagogen** zu analysieren.*

*In diesem Kapitel ist somit auch nach den verschiedenen **normativen Vorstellungen** und Ansätzen von Schulleitung zu fragen, die sich – wie zu zeigen sein wird – schwerpunktmäßig als »**pädagogische Führung**« verstehen.*

*Grundannahme des zweiten Teils dieses Kapitels ist, daß die Sollensvorgaben der **Theorie** über Schulleitung einerseits und das **reale Handeln** der Leitungspersonen andererseits nach einer **veränderten Schulleitung** verlangen. Bislang zeigt die wissenschaftliche Literatur allerdings keine konkreten Wege zu einem veränderten Leitungshandeln auf, das theoretisch fundiert als schlüssiges Führungskonzept für die Schule gelten könnte.*

2. Vorklärungen

Die Schulleitung einer Schule sieht sich vielfältigen Aufgaben und Anforderungen gegenüber (vgl. Kapitel 1, S. 32). Sie verfügt über einen relativ großen Gestaltungsfreiraum einerseits, ist aber andererseits in ihrem Handeln an rechtliche Vorgaben und Weisungen der oberen und obersten Behörde gebunden.

Der **Schulleiter** nimmt in der Schule eine **herausgehobene Position** ein, wenngleich es aufgrund der Kulturhoheit der Bundesländer signifikante Unterschiede in der rechtlichen Ausgestaltung der Schulleiterstellung gibt. Die Gesetzgeber haben die Demokratisierung der Schulen in allen Bundesländern vorangetrieben und dem Schulleiter mitwirkende Gremien zur Seite gestellt.

»Man kann dabei ein Nord-Süd-Gefälle erkennen zwischen der stärkeren Position des Schulleiters in Bayern und Baden-Württemberg und der durch die Konferenzen mehr oder weniger eingeschränkten Situation des Schulleiters in den nördlichen Ländern« (HABERMALZ 1991, S. 129).

Im Rahmen dieser Demokratisierungsbestrebungen von Schule wird das Schulkollegium durch die Konferenzordnungen an Grundsatzentscheidungen mitbeteiligt. Der **Schulleiter** bleibt dennoch **Hauptträger** der **Demokratie- und Entscheidungskompetenz** in der Schule (vgl. AUERNIG 1986, S. 160).

Allerdings gibt es

»in keinem der westlichen Bundesländer [gibt es] noch den monokratischen, alleinregierenden Schulleiter. Jeder Schulleiter – von Bayern bis Schleswig-Holstein – ist eingeschränkt durch Bestimmungen über die Konferenzen und muß die pädagogische Freiheit des Lehrers respektieren« (HABERMALZ 1991, S. 129).

Im ersten Teil geht es darum, den Begriff »Schulleitung« zu klären sowie den institutionellen und funktionellen Charakter von Schulleitung darzustellen.

3. Zum Begriff Schulleitung

Die Schule als Institution des öffentlichen Rechts ist eine Behörde. Als solche braucht sie eine Leitung oder einen Leiter. Der Sprachgebrauch in den meisten Schulgesetzen differenziert hierbei nicht zwischen den Begriffen »Schulleiter« und »Schulleitung«. Zumeist beziehen sich alle Aussagen auf die **Position,** auf den »**Schulleiter**«. Eine mögliche Unterscheidung findet sich allenfalls zwischen »Schulleiter« und »ständigem Vertreter«. Die systematische Erfassung von Leitungsfunktionen sowie deren klare Regelung steht in den meisten Schulgesetzen und Dienstordnungen noch aus (vgl. BESSOTH 1978, LE 15.01, S. 3). Dies hat sich bis in die jüngste Zeit nicht wesentlich geändert.

Diese unpräzise Begriffsbestimmung der schulischen Führung findet sich auch in der Literatur. Fast durchgängig scheinen die Begriffe »Schulleitung« und »Schulleiter« synonym verwendet zu werden (vgl. AUERNIG 1986; AURIN u. a. 1993; BRAUN 1991; DUBS 1992; FISCHER/SCHRATZ 1993; PHILIPP 1993; SEITZ 1992; STEFFENS/BARGEL 1993; STOLPE 1993). Eine Begriffsklärung (vgl. BESSOTH 1978, LE 15.01, S. 3–5) bzw. eine dem jeweiligen Begriffsverständnis zugrunde liegende Erläuterung (vgl. SEITZ 1992, S. 485 f.) erfolgt nur selten.

Die Entwicklung der Konzepte von Schulleitung vollzog sich in Deutschland eher zufällig und unsystematisch.[1] Schulleitung wird auch heute noch alleine »durch die Symbolfigur des Schulleiters« (BESSOTH 1978, LE 15.01, S. 7) repräsentiert. Darauf machen gelegentlich Publikationen durch Praktiker aufmerksam. So stellt z. B. BRAUN (1991) fest:

»Unter Schulleitung verstehen viele nur die Person des Schulleiters. Der Stellvertreter spielt oft erst – und das muß nicht ein ›Verschulden‹ des Stellvertreters sein – eine Rolle, wenn er den Schulleiter vertritt« (S. 9).

Das Leitungsgremium einer Schule wird recht **unterschiedlich gesehen.** Wie groß der Kreis der Leitungskräfte tatsächlich ist, hängt insbesondere von der Größe der Schule, aber auch von der betreffenden Schulart ab.

Prinzipiell kann jedoch von folgenden Annahmen ausgegangen werden:

- Schulen haben immer zumindest einen Schulleiter und einen Stellvertreter;[2]
- Leitungszeit steht wegen der vergleichsweise hohen Unterrichtsverpflichtung insbesondere des Stellvertreters nur begrenzt zur Verfügung;
- ein größerer Kreis von Leitungsmitgliedern kann daher nur selten während der generellen Unterrichtszeit zusammenarbeiten;
- Schulleiter und Stellvertreter verfügen am ehesten über Leitungszeit;
- Schulleiter und Stellvertreter stehen sich aufgrund ihrer exponierten Positionen am nächsten.

Aus diesen Gründen erscheint es mir sinnvoll, bei den weiteren Überlegungen schwerpunktmäßig das Schulleitungsgremium aus Schulleiter und stellvertretendem Schulleiter bestehend zu betrachten.

»Schulleitung« hat sowohl institutionellen wie funktionellen Charakter. Die schulrechtlichen Regelungen stellen im allgemeinen auf den »Schulleiter«, d. h. auf die institutionelle Seite, ab. Unter dem funktionellen Aspekt von »Schulleitung« werden jene Aufgaben verstanden, die zur Leitung einer Schule gehören.

Im folgenden Abschnitt werden die rechtliche Stellung und die Aufgaben, die sich aus dem Schulrecht herleiten lassen, herausgearbeitet.

Des weiteren werden die sich daraus ergebenden Anforderungen erörtert.

Die Diskussion der Rechtsposition von Schulleitung und deren Aufgabenbestimmung soll im wesentlichen auf die schulrechtlichen Bestimmungen des Landes Nordrhein-Westfalen begrenzt werden.

4. Schulleitung in juristischer Perspektive

Die Wahrnehmung und Ausgestaltung der Leitungsaufgabe hängt nicht nur von der individuellen Persönlichkeit dieser Führungskräfte ab, sondern sie wird prinzipiell von **schulrechtlichen Vorgaben** determiniert. Das Handlungsfeld des Schulleiters bestimmt sich durch Rechts- und Verwaltungsvorschriften, die den normativen Rahmen der Schulleitertätigkeit – Ausführung, Überwachung und Durchsetzung von pädagogischem Tun und Verwaltungshandeln – bilden (vgl. GAMPE u. a. 1993, S. 94).

Der durch das Schulrecht vorgegebene Handlungsrahmen erfordert die **Rechtsanwendung** und -auslegung **auf** der **Basis pädagogischer Prinzipien** (Bildungs- und Erziehungsauftrag der Schule) und umfaßt als notwendige Prozesse: **Information, Beratung** und **Entscheidung** (vgl. NEUBAUER u. a. ⁴1992, S. 123).

4.1. Zum Rechtsrahmen von Schulleitung

Der **Rechtsrahmen** von Schulleitung bestimmt sich durch die **Rechtsvorschriften** – in Nordrhein-Westfalen durch das Schulverwaltungsgesetz (SchVG) und die Verordnungen, insbesondere durch die Allgemeine Dienstordnung (ADO) für Lehrer und Lehrerinnen, Schulleiter und Schulleiterinnen an öffentlichen Schulen in Nordrhein-Westfalen – sowie durch die Verwaltungsvorschriften wie die Runderlasse des Kultusministers und die Rundverfügungen der Schulaufsichtsbehörden.

Grundsätzlich gilt, die **Schule** ist eine **Behörde** und braucht deshalb eine Leitung. Der Gesetzgeber hat mit § 20 SchVG eine Grundsatzentscheidung für die Organisation Schule getroffen: »Jede Schule hat einen Schulleiter« (§ 20 Abs. 1 SchVG) und der Schulleiter ist Leiter der Dienststelle (vgl. § 20 Abs. 2 SchVG). **Schulleitung** ist demnach eine **monokratische Verwaltungsform** – eine kollegiale Schulleitung ist ausgeschlossen (vgl. HOLTAPPELS ²1991, S. 43–50).

Die Position des Schulleiters soll im folgenden anhand der nordrhein-westfälischen Rechtsbestimmungen aufgezeigt werden.

4.1.1. Die Rechtsposition des Schulleiters

Das SchVG regelt den funktionalen Aspekt von Schulleitung – die Zuständigkeiten des Schulleiters.

Der Gesetzgeber hat in § 20 Abs. 2 Satz 1 SchVG den Verantwortungs- und Tätigkeitsbereich des Schulleiters festgelegt: der **Schulleiter**/die Schulleiterin übernimmt die **allgemeine wie** die **pädagogische Verwaltung.** Eine bindende Vorschrift für eine Priorisierung dieser Verwaltungsbereiche gibt es nicht. Allenfalls läßt sich aus der Reihenfolge der in Abs. 2 beschriebenen Funktionen, eine Priorität für die Verantwortung für die Durchführung der Bildungs- und Erziehungsarbeit erkennen.

Diese **globale Aufgabenbeschreibung erfaßt** die **Tätigkeiten** eines Schulleiters nur sehr **unvollkommen.**

»Die Rolle des Schulleiters wird aber über die nicht gering zu schätzenden Verwaltungsfunktionen hinaus erst vollständig deutlich, wenn man die genannte pädagogische Komponente seiner Tätigkeit näher betrachtet« (BOTT 1991, S. 42).

Die Erörterung der pädagogischen Führungsaufgaben des Schulleiters erfolgt aus juristischer Sicht in Kapitel 2, S. 66 und aus pädagogischer Sicht in Kapitel 2, 4.2.2., S. 80.

Der **Schulleiter** ist jedoch **im nordrhein-westfälischen Schulrecht nicht** das **alleinige Entscheidungsorgan.**

Vielmehr werden im Sinne eines »Gleichwertigkeits«-Modells[3] dem Schulleiter »die Konferenzen (...) als Organe der Schule neben dem Schulleiter, diesen zugleich beschränkend« (HABERMALZ 1991, S. 128), gegenübergestellt.

Dem **Schulleiter** kommt die **Funktion des Vorsitzenden** in den verschiedenen **Mitwirkungsgremien** zu:

● als Vorsitzender der Schulkonferenz (§ 4 Abs. 6 SchMG),
● als Vorsitzender der Lehrerkonferenz (§ 6 Abs. 5 SchMG),
● als Vorsitzender der Versetzungskonferenz (§ 27 Abs. 2, Satz 3 ASchO)
(vgl. HOLTAPPELS [2]1991, S. 51–54).

Das SchMG von Nordrhein-Westfalen hat mit der Einführung der Schulkonferenz als Entscheidungsgremium dem monokratischen Leitungsmodell eine gewisse kollegiale Ausgestaltung zugewiesen (vgl. Erläuterungen zu § 13 Abs. 1 SchMG).[4]

Gleichzeitig hat dieses Gesetz die Führungsrolle des Schulleiters gestärkt, indem es dem Schulleiter den Vorsitz in der Schulkonferenz, die Teilnahme an praktisch allen weiteren Konferenzen und ein Beanstandungsrecht zubilligt. Die **Stellung des Schulleiters** ist damit nach wie vor **eindeutig monokratisch** ausgerichtet.

»Die Vorstellung vom Schulleiter als primus inter pares (erster unter Gleichen) ist rechtlich nicht haltbar, weil das Schulverwaltungsgesetz kollektive Formen von Schulleitung nicht vorsieht (§ 20 Abs. 1 Satz 1 SchVG)« (GAMPE u. a. 1993, S. 95; Hervorhbg. HG).

In seiner Rolle als geborener Vorsitzender z. B. in der Lehrerkonferenz (§ 6 Abs. 5 SchMG) und in der Schulkonferenz (§ 4 Abs. 6 SchMG) hat er Kontroll- und Beanstandungspflicht.[5]

Der Schulleiter hat wichtige Entscheidungsbefugnisse im Einzelfall,

»die durch schulaufsichtliche Kontrollbefugnisse – wie das Recht zum Unterrichtsbesuch, zur Beanstandung von Konferenzbeschlüssen oder die Mitwirkung bei der dienstlichen Beurteilung – erweitert werden« (BAUMERT 1989 b, S. 29).

Der Schulleiter befindet sich rein rechtlich somit zunächst einmal gegenüber den Kollegialorganen in einer starken Position. »Er ist Vorgesetzter aller an der Schule tätigen Personen« (§ 20 Abs. 2, Satz 3 SchVG).

Um seiner pädagogischen Gesamtverantwortung gerecht werden zu können, muß der Schulleiter notfalls auch Weisungen erteilen können. Das Recht hierzu wird ihm in der Funktion des Vorgesetzten, der weisungsbefugt ist, zugesprochen (vgl. § 20 Abs. 2, Satz 2 SchVG). Es ist jedoch klar zu unterscheiden zwischen der Vorgesetztenfunktion des Weisungsberechtigten und der des Dienstvorgesetzten.[6]

Der **Schulleiter** ist in aller Regel **Vorgesetzter** in dem Sinne, als er **Weisungen fachlicher Art** erteilen kann. Die Weisungen können sich nur auf den dienstlichen Bereich erstrecken.

Das **Schulleitungshandeln** ist in die Hierarchie des Gesamtsystems Schule eingebunden. Für den Schulleiter heißt dies, daß er **an** die **Weisungen** der **Schulaufsichtsbehörden gebunden** ist.

Auch der **Schulträger** – in der Regel der Leiter des Schulverwaltungsamtes einer Kommune – ist gegenüber dem Schulleiter **weisungsberechtigt.** Das heißt er kann **in äußeren Schulangelegenheiten** dem Schulleiter verbindliche Anordnungen erteilen. In der Schulwirklichkeit läßt sich jedoch die Trennlinie zwischen inneren und äußeren Schulangelegenheiten nicht so ohne weiteres ziehen.

Der **Schulleiter vertritt** die **Schule nach außen** (§ 20 Abs. 2 Satz 4 SchVG). Diese Befugnis erstreckt sich sowohl auf die inneren (z. B. Unterzeichnung der Zeugnisse) als auch auf die äußeren Angelegenheiten der Schule. In welchen Fällen und in welchem Umfang der Schulleiter rechtsgeschäftliche Erklärungen abgeben darf, die dann den Schulträger rechtlich verpflichten, wird vom Schulträger geregelt.

In einigen Bundesländern hat der Schulleiter das Recht, **dienstliche Beurteilungen** der Lehrkräfte vorzunehmen. In den meisten Bundesländern jedoch, und so auch in Nordrhein-Westfalen, ist ihm diese Möglichkeit verwehrt.

71

Sein »hierarchisches Gewicht oder seine Positionsautorität« (BESSOTH 1978, LE 15.01, S. 8) ist demnach vergleichsweise gering. Auch »durch die nur locker vernetzte Struktur der Schule« sind dem Schulleiter »faktisch relativ enge Grenzen gesetzt« (BAUMERT 1989 b, S. 29). Er bleibt in seinen **rechtlichen Handlungsmöglichkeiten** begrenzt (vgl. DAHLKE 1983, S. 9). Dies zwingt ihn mehr oder weniger dazu als »primus inter pares« zu fungieren, obwohl dies der juristischen Sichtweise (vgl. GAMPE u. a. 1993, S. 95) entgegensteht.

Daß dem Schulleiter in Nordrhein-Westfalen damit »der Zugang zum zentralen Leistungsprozeß des Lehrers, dem Unterrichten, verweigert wird« (BESSOTH 1978, LE 15.01, S. 8), kann so jedoch nicht bestätigt werden; denn es ist Pflicht des Schulleiters sich um die Qualität von Unterricht zu kümmern. Deshalb wird er am Unterricht von Lehrern teilnehmen, um in Form von Beratungsgesprächen gemeinsam mit diesen den Unterricht zu analysieren und Feedback zu geben. Hierbei kann er zwar kaum Positionsmacht einbringen, aber er wird durch seine pädagogische Kompetenz und sein Führungsverhalten, das sich in der Art und Weise, wie er im Beratungsgespräch mit der Lehrkraft umgeht, zeigt, als **Fachautorität** viel eher Akzeptanz finden.

Diese Fachautorität kann der Schulleiter weiterhin ausbauen; denn zu seiner Führungs-, Leitungs- und Vorgesetztenfunktion kommt noch die pädagogische **Funktion als Unterrichtender** hinzu. In dieser Eigenschaft sollte er als **Vorbild** für die Lehrer gelten.

Mit Hilfe von Souveränität, kommunikativer und sozialer Kompetenzen hat er die Möglichkeit, die zwischenmenschlichen Blockaden, die bei hierarchischen Gefügen leicht auftreten, weitgehend zu vermeiden.

Eine »enge Bindung des Kollegiums an Normen einer gemeinsamen Schulkultur« sind Aufgabe und Ziel zugleich, um ein Gleichgewicht »zwischen den Direktorialrechten einerseits und den Kompetenzen des Kollegiums sowie der individuellen Freiheit des Lehrers andererseits (...) zu erreichen« (BAUMERT 1989 b, S. 29).

Obwohl die Leitung der Schule dem Schulleiter überantwortet ist, steht er in aller Regel nicht allein. An fast allen Schulen gibt es den ständigen Vertreter des Schulleiters, der diesen in seiner Leitungsfunktion unterstützt. Den Rechtsrahmen des ständigen Vertreters versucht das nächste Unterkapitel zu klären.

4.1.2. Die Rechtsposition des ständigen Vertreters des Schulleiters

Der **ständige Vertreter des Schulleiters** tritt im Konzept demokratischer Schulstrukturen in unterschiedlichen Positionen auf. In allen mittleren und großen Schulsystemen ist er **meist institutionalisiert** – mit Ausnahme von kleinen Grund- und Hauptschulen.

Für alle Bundesländer gilt, daß der Stellvertreter den gesamten Aufgabenbereich des Schulleiters bei dessen Abwesenheit übernimmt (vgl. DRÖGE 1994, S. 11–13) und somit die Kontinuität des schulbetrieblichen Ablaufes wahrt. Er übt eine sog. **Vertretungsfunktion** aus.

Des weiteren übernimmt er **eigenverantwortlich einen Bereich** – in der Regel aus dem Gebiet der schulischen Verwaltung. Er ist also »ständig eigenverantwortlich mit jenen Leitungsaufgaben befaßt, die vom Schulleiter an ihn delegiert sind« (HEIZMANN 1994, S. 295). Die Delegation von Aufgaben an den Stellvertreter bedürfen der Absprache.[7]

Er übt eine Organisationsfunktion aus, die sich recht gut mit der Vorstellung von einem **Verwaltungsbeamten** verknüpfen läßt, wobei ihm seine geringfügige Ermäßigung des Unterrichtsdeputats **schwerpunktmäßig** die **Funktion des Lehrers** – des Pädagogen – zuweist.

Im Rahmen seiner Tätigkeit als ständiger Vertreter des Schulleiters ist er einerseits noch sehr stark dem Kollegium gegenüber verbunden, andererseits ist er aber auch seinem Schulleiter verpflichtet. Er sitzt demnach »weder auf dem Sessel des Leiters noch auf dem Hocker der Lehrer, er sitzt allein zwischen allem Gestühl« (DRÖGE 1994, S. 8).

In dieser **ambivalenten Rolle** kommt es ihm auch zu, zwischen Kollegium, manchmal auch zwischen der Schülerschaft und dem Schulleiter eine **Vermittlungsfunktion** auszuüben (vgl. auch AUERNIG 1986, S. 167; SPIES/HEITZER 1986).

Seine schwierige Funktion kann insofern erleichtert werden, als die Führungsrolle des stellvertretenden Schulleiters nicht zuletzt durch das kollegiale Verhalten des Schulleiters gestärkt wird.

Im idealen Falle, d. h., wenn Schulleiter und stellvertretender Schulleiter ein harmonisches, vertrauensvolles Verhältnis pflegen, kann der Stellvertreter auch eine **Beratungsfunktion** beim Schulleiter übernehmen. Schließlich ist er es, der dem Schulleiter üblicherweise am nächsten steht, am häufigsten mit ihm die Situation und die Problemlagen der Schule bzw. einzelner Lehrer, Schüler, Eltern, Mitarbeiter erörtert. Als engster Vertrauter des Schulleiters kann er diesem auch raten und ihn ggf. vor übereilten Entscheidungen oder Fehlentscheidungen aufgrund seiner etwas größeren Sach- und Problemdistanz bewahren.

> »Für den Schulleiter ist er es, der ihn aufmerksam macht auf Probleme des Betriebs, der ihn auch hinweist auf eigenes problematisches Verhalten« (SPIES/HEITZER 1986, S. 37).

In aller Regel gilt die Stellvertretertätigkeit als Durchgangsstation[8] und Vorbereitungsinstanz für die Schulleiterposition. Aber es gibt auch stellvertretende Schulleiter, die diese Funktion ein Berufsleben lang ausüben.

Obwohl es zwingend notwendig ist, bei Abwesenheit des Schulleiters, die

Amtsgeschäfte weiterzuführen, hat nicht jede Schule auch tatsächlich einen Stellvertreter.[9]

Für den Fall, daß die Schule **keine Vertreterstelle** zur Verfügung hat, obliegt es dem Schulleiter, die **Vertretungsregelung an** einen **Lehrer** – in den meisten Fällen an den Dienstältesten – zu übertragen. Hierbei verfügt der Schulleiter über einen gewissen Spielraum.

Als entscheidend für eine erfolgreiche Vertretung gilt allerdings, daß der vom Schulleiter benannte Stellvertreter auf Dauer bestimmt ist und vom Kollegium akzeptiert wird (vgl. DRÖGE 1992 a, S. 48).

Der Stellvertreter des Schulleiters nimmt in seiner Funktion als ständiger Vertreter »im Verhinderungsfall sämtliche Amtspflichten des Schulleiters wahr. Damit ist sichergestellt, daß die Leitungs- und Verwaltungsaufgaben fortgeführt werden« (GAMPE u. a. 1993, S. 97). Ansonsten ist rein rechtlich kaum etwas über den Stellvertreter ausgesagt (vgl. DRÖGE 1992 a, S. 48 f.). Eine **Regelung der Amtsinhalte** bzw. der **Aufgabenverteilung sieht** der **rechtliche Rahmen nicht vor** (vgl. GAMPE u. a. 1993, S. 98).[10]

Rein **juristisch** bestimmt sich die **Leitung der Schule durch** die Person des **Schulleiters.** Lediglich die **Funktion des ständigen Vertreters** des Schulleiters wird **rechtlich expliziert** (vgl. § 21 SchVG). Die Vertretungsfähigkeit des Stellvertreters ist durch den Schulleiter zu gewährleisten.

Vergleicht man die **Position des ständigen Vertreters** mit der des Schulleiters, so ist sie aus **rechtlicher** Sicht **noch schwächer.** Juristisch betrachtet gehört der Stellvertreter in Nordrhein-Westfalen noch nicht einmal zur Schulleitung; denn es gibt ihn als Funktionsträger ja eigentlich nur für den Verhinderungsfall des Schulleiters.

An größeren Schulen, insbesondere an Gymnasien, können LehrerInnen mit besonderen Aufgaben – Koordinierungsaufgaben – betraut werden. Auch sie tragen zur Unterstützung der Schulleitung bei. Der rechtlichen Stellung dieses Personenkreises widmet sich der nächste Teil.

4.1.3. Die Rechtsposition weiterer Funktionsträger

Die Allgemeine Dienstordnung (ADO) weist im vierten Teil Regelungen für Lehrer und Lehrerinnen mit besonderen Funktionen aus. § 31 Abs. 1 ADO gesteht dem Schulleiter die Möglichkeit zu, »besondere[n] Koordinierungsaufgaben im pädgogischen, fachlichen, organisatorischen und verwaltungsfachlichen Bereich« (GAMPE u. a. 1993, S. 157) an Lehrerinnen und Lehrer zu übertragen. Der rechtliche Bereich ist hiervon grundsätzlich ausgeschlossen ebenso wie Routineaufgaben bzw. Tätigkeiten, die als Dienstpflichten des einzelnen Lehrers gelten (vgl. GAMPE u. a. 1993, S. 157).

Die **mit besonderen Koordinierungsaufgaben beauftragten Personen** haben für den Schulleiter **unterstützende Funktion.** Da es sich bei der Beauftragung um Schulleitungsaufgaben handelt, obliegt die Entscheidung über die Aufgabenübertragung allein dem Schulleiter.

Die **Gesamtverantwortung** des **Schulleiters bleibt unberührt.** Hierzu gehört auch seine Verantwortung für Art und Weise der Aufgabenerledigung der mit Schulleitungsaufgaben betrauten Lehrerinnen und Lehrer.

Sofern für eine Schule Funktionsstellen ausgewiesen sind, sollen die Personen, die diese Stellen innehaben, auch die o. a. Funktionen ausüben (vgl. § 31 Abs. 2 ADO).

> »Besondere **Funktionsstellen** sind an Gymnasien, Gesamtschulen, berufsbilden-
> den Schulen, Kollegschulen und Sonderschulen im Bereich der Sekundarschule II
> ausgewiesen. Die in § 33 Abs. 1 ADO für die Gesamtschulen und in § 34 Abs. 1
> ADO für die berufsbildenden Schulen genannten Funktionen gehören zur Schul-
> leitung« (GAMPE u. a. 1993, S. 158; Hervorhbg. HG).

Für das Gymnasium sind Studiendirektoren vorgesehen, die schulfachliche Aufgaben zur Unterstützung der Schulleitung wahrnehmen. Sie werden Koordinatoren genannt (vgl. § 32 Abs. 1–6 ADO). Die monokratische Sicht von Schulleitung im nordrhein-westfälischen Recht läßt demnach nicht zu, daß diese Funktionsträger zur Schulleitung gehören. Auch »durch diese Unterstützungsfunktion der Schulleitung werden sie nicht Mitglied der Schulleitung« (GAMPE u. a. 1993, S. 159).

Normativ gesehen, gehören zur Schulleitung all jene Personen und schulischen Organe, die aus eigener Rechtsstellung für die Schule verbindliche Entscheidungen treffen können.[11] »In diesem Sinne bilden nur der Schulleiter und die Schulkonferenz die Schulleitung« (RITTERBACH 1991, S. 11).

Der ständige Vertreter ist rechtlich expliziert, er übernimmt im Verhinderungsfalle des Schulleiters Vertretungsfunktion und nimmt auf Dauer an ihn delegierte Aufgaben wahr. Somit kommt ihm eine besondere Rolle im Rahmen der Schule und der Schulleitung zu.

Von daher sehe ich es als legitim an, die weiteren Überlegungen auf den Schulleiter und den ständigen Vertreter zu beschränken.

Diese beiden sind zur engen Zusammenarbeit verpflichtet (vgl. § 18 Abs. 2 ADO), und es wird von den Schulleitungspersönlichkeiten abhängen, wie die Schule geprägt wird.

4.2. Aufgabenbestimmung der Schulleitung nach dem Schulrecht

Schulleiter wie ständiger Vertreter nehmen als Schulleitung ganz bestimmte Aufgaben wahr.

Wie dieses Aufgabenfeld rein rechtlich bestellt ist, soll für beide Teile der Schulleitung nunmehr geklärt werden.

Der Aufgabenkatalog für den Schulleiter in Nordrhein-Westfalen ist wegen der konkreten Regelungen recht umfangreich. Er dürfte allerdings ebensowenig abschließend sein, wie die Aufgabenkataloge anderer Bundesländer (vgl. BOTT 1991, S. 41 f.; HOLTAPPELS [2]1991) bzw. anderer Länder.[12]

BESSOTH stellt zwei recht umfangreiche Aufgabenkataloge für den Schulleiter auf. Er stützt sich zum einen auf das von MILLER (1968) entwickelte gesamtsystemorientierte Aufgabenkonzept und zum anderen auf das pädagogische Aufgabenkonzept von GRIFFITHS u. a. von 1962 (vgl. BESSOTH 1979, LE 14.02, S. 7–19).

Die Zuständigkeiten und die sich daraus ergebenden Einzelaufgaben für den Schulleiter in NRW haben die KIENBAUM UNTERNEHMENSBERATUNG GmbH 1994 b im Rahmen ihres Gutachtens zur Reorganisation der Staatlichen Schulaufsicht des Landes Nordrhein-Westfalen nach BASS aufgelistet. Ihr Katalog weist danach 99 verschiedene Zuständigkeiten auf (vgl. KIENBAUM UNTERNEHMENSBERATUNG GmbH 1994 b, S. 151–154). Diese Verantwortlichkeiten wiederum dürften vermutlich mehr als 99 Aufgaben nach sich ziehen.

Aufgabenkataloge haben sowohl **Vor-** als auch **Nachteile.**[13]

Für die Überlegungen dieser Arbeit, deren Aufgaben- und Zielsetzung schwerpunktmäßig auf die *Leitungs*funktionen von Schulleitung gerichtet ist, erscheint eine reine Aufgabenauflistung als nicht ganz geeignet.

Deshalb werden die **Aufgaben,** die sich aus der ADO für nordrhein-westfälische Schulleitung ergeben, **übergeordneten Funktionen zugeordnet.** Dadurch können die **Interdependenzen,** die sich aus den Funktionen der Schulleitung für die damit einhergehenden Aufgaben ergeben, deutlicher **herausgearbeitet werden.**

Die ADO für Lehrer und Lehrerinnen, Schulleiter und Schulleiterinnen an öffentlichen Schulen in Nordrhein-Westfalen faßt die Kernaussagen der schulischen Rechts- und Verwaltungsvorschriften zusammen und konkretisiert diese für die spezifischen Belange des Schulbetriebes (vgl. GAMPE u. a. 1993, S. 1 f.).

§ 18 ADO kann hierbei als grundlegend für die Aufgaben der Schulleitung angesehen werden, denn er umreißt in Grundzügen die Funktionen der Schulleitung: die **Verwaltungsfunktion** und die **Leitungsfunktionen.**

Die Leitungsfunktionen lassen sich nochmals untergliedern in:

1. **Vorgesetztenfunktion**
2. **Kontrollfunktion**
3. **Kooperationsfunktion**
4. **Pädagogische Führungsfunktionen**

Diese verschiedenen Funktionen bedingen zahlreiche Aufgaben, die in § 18–30 ADO niedergelegt sind.

Zunächst beziehen sich **alle Aussagen** der ADO auf den **Schulleiter**. Lediglich in § 30 ADO werden **Funktion und Aufgaben des ständigen Vertreters** des Schulleiters beschrieben.

Eine exakte Zuordnung der verschiedenen Aufgaben zu *Verwaltungs-* bzw. *Leitungsfunktionen* ist fast nie eindeutig leistbar, da alle Handlungen in der Schule letztlich dem Primat des Pädagogischen unterliegen. Diesem Anspruch ist der Schulleiter grundsätzlich verpflichtet. Dennoch lassen sich die einzelnen Aufgaben entweder eher dem **verwaltungstechnischen** Bereich oder dem **Leitungs-/Führungsbereich** bzw. dem **pädagogischen Bereich** zuordnen.

Dabei sind die jeweiligen **Aufgaben** genau wie die Funktionen, denen sie unterstellt werden können, **interdependent**. Der für die Schule wichtigste Aspekt der Pädagogik bedingt für Schulleitungshandeln immer automatisch auch gewisse administrative Aktionen. Gleichzeitig muß Schulleitung auch dem Lehrer in dessen individueller Leistungsfähigkeit gerecht werden bzw. hat dessen Entwicklung zu fördern. Damit **hängen** alle **pädagogischen Entscheidungen** grundsätzlich auch **mit Führungsfragen** und mit dem **Klima** der Schule **zusammen**.

Prinzipiell lassen sich die einzelnen Aufgaben für Schulleitung, wie sie in der ADO geregelt sind, diesen Hauptfunktionen zuweisen. Wegen der Bedeutsamkeit der Kooperationsfunktion und der Führungsfunktionen für die Fragestellung dieser Arbeit, werden diese anhand des nordrhein-westfälischen Schulrechts exemplarisch ausgeführt.

4.2.1. Kooperationsfunktion

Nach GAMPE u. a. (1993) »versteht sich Schularbeit als ein kooperativer Vorgang aller am Schulleben Beteiligten« (S. 101). Schule kann ihren Bildungs- und Erziehungsauftrag nur dann wirklich erfüllen, wenn kooperatives Verhalten zwischen allen Betroffenen bzw. an der schulischen Arbeit Beteiligten herrscht.

Die Gewährleistung und Pflege der Kooperation obliegt dem Schulleiter. **Innerschulische Kooperation** ist demnach primär **Führungsaufgabe des Schulleiters**. Er selbst ist im Rahmen seines pädagogischen Führungsauftrags zur Kooperation verpflichtet (Kooperationsgebot).

● § 18 Allgemeine Leitungsaufgaben der ADO weist dem Schulleiter in Abs. 3 die innerschulische Kooperation als eine der »vorrangigen Aufgaben« zu.

Das Kooperationsfeld des Schulleiters wird im wesentlichen durch die Regelungen des Schulmitwirkungsgesetzes bestimmt.

Die ADO konkretisiert das **Kooperationsgebot** für den Schulleiter in § 21.

Danach erstreckt sich die Zusammenarbeit in der Schule auf die Kooperation eines Lehrerkollegiums mit den Erziehungsberechtigten, den Schülerinnen und Schülern und bei berufsbildenden Schulen mit den für die berufliche Erziehung Mitverantwortlichen. Darüber hinaus muß der Schulleiter auch mit der Schulaufsicht, dem Schulträger sowie mit anderen Schulen kooperieren.

Die Regelungen zur Zusammenarbeit in der Schule (vgl. § 21 ADO) bringen vielfältige Aufgaben mit sich, die folgenden Bereichen zuzuordnen sind:

- der Information,
- der Organisation,
- der Administration,
- der Pädagogik.

Noch vor der **Verpflichtung zur Zusammenarbeit in der Schule** (§ 18 Abs. 3 ADO) setzt die Dienstordnung

● die Zusammenarbeit mit dem ständigen Vertreter (§ 18 Abs. 2 ADO).

Grundsätzlich besteht ein **Kooperationsgebot** für die beiden **Mitglieder der Schulleitung.** Im dritten Teil der ADO ist dieses Kooperationsgebot in § 18 der allgemeinen Leitungsaufgaben vorgeschrieben (§ 18 Absatz 2 Satz 1 ADO).

Dieses **basiert auf** dem **Delegationsprinzip:**

»Der Schulleiter oder die Schulleiterin arbeitet in der Schulleitung mit dem ständigen Vertreter oder der ständigen Vertreterin zusammen und überträgt ihm bzw. ihr im Einzelfall oder generell Leitungsaufgaben zur selbständigen Wahrnehmung (vgl. § 30 Abs. 3)« (§ 18 Abs. 2 Satz 1 ADO).

Das heißt, dem ständigen Vertreter sind Aufgaben zu übertragen, die sich nicht nur auf den Verhinderungsfall des Schulleiters beziehen. Vielmehr soll der **ständige Vertreter auch eigenverantwortlich Aufgaben erledigen** – unbeschadet der Gesamtverantwortung des Schulleiters.

Der Schulleiter ist auch in diesem Falle Initiator. Es bleibt zunächst ihm überlassen, welche Aufgaben er an den Stellvertreter delegieren möchte. Damit bleibt der **gestalterische Freiraum** des **Stellvertreters** sehr **beschränkt.** Dies läßt sich aus den Vorschlägen der ADO für die Aufgabendelegation ersehen:

»Z. B. die Planung und Koordinierung der Klassenbildung, die Aufstellung der Stunden-, Raum- und Aufsichtspläne, die Regelung des Vertretungsunterrichts, die Verwaltung des Schülerdatenbestandes, die Schulstatistik sowie die Planung und Bewirtschaftung der Haushaltsmittel. Näheres kann durch eine Geschäftsordnung geregelt werden« (§ 30 Abs. 3 Satz 2 und 3 ADO).

Echte **Leitungsaufgaben,** im Sinne von »Führung« lassen sich für den **Stellvertreter** anhand dieser Liste nur **schwer herleiten.**

Die **Verteilung der Aufgaben** ist außer an Gesamtschulen und beruflichen Schulen **nicht geregelt** (vgl. § 34 Abs. 1 ADO). Es kann eine Geschäftsverteilung aufgestellt werden (vgl. § 30 Abs. 3 Satz 3 ADO), wobei Konsens anzustreben ist.

Im Falle, daß sich beide Leitungspersonen nicht einigen können, entscheidet die Schulbehörde,[14] ansonsten der Schulleiter als Weisungsberechtigter.

Einige Aufgaben bleiben dem Schulleiter vorbehalten:

– der Vorsitz der Konferenzen,
– die Beanstandungskompetenz[15] und
– die Außenvertretung

GAMPE u. a. (1993) fassen die Kerngedanken von Kooperation auf Schulleitungsebene wie folgt zusammen:

»Die Kooperation zwischen beiden Funktionsträgern hängt wesentlich davon ab, wie die Beziehungsstruktur gestaltet ist, in welcher Weise Entscheidungsprozesse verlaufen und wie die Arbeit quantitativ und qualitativ angemessen aufgeteilt ist« (GAMPE u. a. 1993, S. 98).

Damit der ständige Vertreter den Schulleiter auch tatsächlich für die Schule effektiv und jederzeit vertreten kann, muß der Schulleiter ihn kontinuierlich und möglichst umfassend informieren (Sicherstellung der **Vertretungsfähigkeit** des Stellvertreters).

»Ohne einen aktuellen Informationsstand ist eine ordnungsgemäße Übernahme der Dienstgeschäfte im Vertretungsfall in Frage gestellt« (GAMPE u. a. 1993, S. 155).

● Die Zusammenarbeit mit dem Schulträger

Dieses Kooperationsgebot in äußeren Schulangelegenheiten wird in § 18 Abs. 1 ADO grundgelegt. In Abs. 3 desselben Paragraphen wird diese Zusammenarbeit als Einflußnahme im Sinne der Schaffung guter Arbeitsbedingungen in der Schule beschrieben. Hierunter ist insbesondere die **Beschaffung sächlicher Ressourcen** beim Schulträger zu verstehen.

§ 18 Abs. 9 ADO regelt die Zusammenarbeit des Schulleiters mit dem Schulträger und belegt die Kooperationsfunktion durch die Verpflichtung, dem Schulträger die Informationen zu übermitteln, die für dessen jeweilige Aufgaben relevant sind. Datenschutzrechtliche Bestimmungen sind bei Datenübermittlungen zu beachten.

Obwohl sich die rechtlich bestimmte Zusammenarbeit mit dem Schulträger auf die äußeren Angelegenheiten der Schule bezieht, lassen sich äußere und innere Aufgaben und Fragestellungen nicht immer auseinander halten. »Die enge Verflechtung der Aufgabenfelder der Schule und der Beziehungen zum Schulträger belegt die Schulpraxis« (GAMPE u. a. 1993, S. 109).

Die unterschiedlichen Interessenslagen der Schule – repräsentiert durch den Schulleiter – und des Schulträgers setzen für eine echte Kooperation ein gutes Vertrauensverhältnis voraus. Ein Vertrauensverhältnis entsteht in einem sich oftmals über einen längeren Zeitraum erstreckenden Prozeß des Einanderkennenlernens und Miteinanderumgehens. Dies kann nur mittels guter und offener Kommunikation erfolgen.

● Die Zusammenarbeit mit der Schulaufsicht

Die Kooperation des Schulleiters mit der vorgesetzten Behörde regelt sich nach § 18 Abs. 3 ADO. Ohne die **Unterstützung der Schulaufsichtsbehörde** fehlt der Schule die **Grundlage für** eine echte **schulische Weiterentwicklung.** Die Schulaufsicht versorgt die Schule mit den für ihren spezifischen Bedarf erforderlichen Lehrkräften (**personelle Ressourcen**).

Da die Behörde die Zuteilung der Lehrerinnen und Lehrer auf die Einzelschule vornimmt, entscheidet sie letzlich in hohem Maße über die Qualität der schulischen Bildungs- und Erziehungsarbeit bzw. über den Gestaltungswillen zur schulischen Weiterentwicklung und Profilbildung. Ein sehr gutes Vertrauensverhältnis zwischen dem Schulleiter einer Schule und der oberen Behörde – in der Regel zum Schulaufsichtsbeamten – kann wesentlich zur Optimierung der Bildungs- und Erziehungsarbeit beitragen.

● Die Zusammenarbeit mit anderen Schulen

Der Schulleiter ist auch zur **Zusammenarbeit mit anderen Schulen** verpflichtet (§ 18 Abs. 8 ADO). Diese Kooperationsverpflichtung des Schulleiters wird durch das Schulverwaltungsgesetz vorgegeben. Die Schulen sollen sowohl **organisatorisch** als auch **schulfachlich** zusammenarbeiten (vgl. § 5 Abs. 1 SchVG).

Es ist pädagogisch sinnvoll, daß Lehrer und Lehrerinnen einer Schulart oder Schulstufe auch ein Grundverständnis von anderen Schulformen oder Schulstufen haben und zu diesem Zwecke miteinander kooperieren. Es gehört zu den Aufgaben des Schulleiters, dies in Gesprächskreisen, Fachkonferenzen sowie im Rahmen schulinterner Fortbildung zu initiieren und zu intensivieren (vgl. GAMPE u. a. 1993, S. 107).

4.2.2. Pädagogische Führungsfunktionen

Die **Gesamtverantwortung** für die pädagogische Arbeit an der Schule **obliegt dem Schulleiter.** »Er trägt die Verantwortung für die Durchführung der Bildungs- und Erziehungsarbeit in der Schule« (§ 20 Abs. 2 Satz 2 SchVG).

Diese Verantwortung ist in § 20 ADO etwas konkretisiert. Die Bildungs- und Erziehungsziele sind recht allgemein formuliert, denn sie »verdeutlichen den demokratischen Auftrag im Rahmen einer offenen und pluralistisch geprägten Gesellschaft« (GAMPE u. a. 1993, S. 118).

- Der Schulleiter hat Sorge zu tragen für die pädagogische wie fachliche Erörterung von Fragen in den Konferenzen ebenso wie für die Einhaltung der Richtlinien und Lehrpläne im Unterricht (vgl. § 20 Abs. 1 Nr. 1 ADO).

Der Schulleiter hat hier parallel zu seiner pädagogischen Aufgabe auch eine gewisse Kontrollfunktion wahrzunehmen.

- Des weiteren ist er dafür verantwortlich, daß neue Erkenntnisse von Fach- und Erziehungswissenschaften in die schulische Arbeit entsprechend einbezogen werden (vgl. § 20 Abs. 2 ADO).

In dieser Funktion wird der innovative Aspekt der pädagogischen Führungsaufgabe des Schulleiters noch größere Bedeutung haben als der mehr kontrollbezogene Aspekt.

- Der Schulleiter hat die Konferenzbeschlüsse zu koordinieren und mit den Konferenzvorsitzenden auf die Ausführung der Konferenzbeschlüsse hinzuwirken (vgl. § 20 Abs. 1 Nr. 3 ADO).

Die **Koordinierung von Konferenzbeschlüssen** hat **unter pädagogischen Gesichtspunkten** zu erfolgen, wenn die Schule und insbesondere der Schulleiter als Hauptverantwortlicher für die schulische Arbeit mit dem Lehrerkollegium auf ein pädagogisches Gesamtkonzept hinwirken will.

Diesem Ziel entspricht natürlich auch die Einhaltung bzw. konkrete **Umsetzung der** gefaßten **Beschlüsse**. Die dem Schulleiter dadurch gestellte Aufgabe ist zwar einerseits eine pädagogische, andererseits aber auch stark eine kontrollierende.

Ähnlich ist dies auch für den Bereich der Beurteilung von Schülerleistungen zu sehen:

- Der Schulleiter wirkt auf die **fachlich korrekte Beurteilung** von **Schülerleistungen** und auf die **Vergleichbarkeit der Leistungsanforderungen** hin (vgl. § 20 Abs. 1 Nr. 4 ADO).

- Er hat die Unterrichtsverteilung, Stunden-, Aufsichts- und Vertretungspläne sicherzustellen unter Berücksichtigung der organisatorischen und pädagogischen Bedingungen sowie der individuellen Lehrerpersönlichkeiten (vgl. § 20 Abs. 1 Nr. 5 ADO).

Hier wird den dienstlichen Belangen – insbesondere den pädagogischen Anforderungen – Vorrang vor Lehrerinteressen eingeräumt. **Stundenplangestaltung** und **Unterrichtsverteilung** haben sich in erster Linie an den SchülerInnen und deren Lernbedürfnissen zu orientieren.

Andererseits kommt hier auch deutlich zum Ausdruck, daß eine gute Schule, die ihre SchülerInnen fördert und deshalb auch den Menschen als Individuum im Blick hat, auch die Persönlichkeit der Lehrkraft berücksichtigt. Dies bedeutet, die Lehrer sollen ihren individuellen Fähigkeiten und ihren Neigungen entsprechend eingesetzt werden.

Auf persönliche Wünsche ist in einem gewissen Umfang, der für alle Kollegiumsmitglieder gleichermaßen gilt, nach Möglichkeit einzugehen. Der Schulleiter kennt die Fähigkeiten der Lehrkräfte am besten, da er sich über deren Unterrichtsarbeit auch regelmäßig einen Eindruck verschaffen muß. Er kann am ehesten Härten vermeiden und für eine harmonierende Lehrergruppe für die jeweilige Klasse/Stufe sorgen.

Er wird nicht nur seiner **Fürsorgepflicht** für die Lehrer gerecht, sondern er trägt wesentlich zu einem **positiven Schulklima** bei, das von vergleichsweise wenigen Konflikten bzw. der Bereitschaft zu Konfliktlösungen geprägt ist. Damit nimmt er seine eigentliche pädagogische Aufgabe wahr.

- Der Schulleiter soll sich **über** die Arbeit in der **Schule informieren.** Hierzu gehören insbesondere die Einsicht in Klassenunterlagen und Klassenarbeiten sowie Unterrichtsbesuche und die sich hieran anschließende Erörterung mit den Betroffenen (vgl. § 20 Abs. 2 ADO).

Auch hier ist eine Interdependenz von kontrollierender und pädagogischer bzw. innovativer Funktion gegeben, da sowohl die Einsichtnahme in Klassenarbeiten als auch die Durchführung von Unterrichtsbesuchen nur dann für eine sich weiterentwickelnde pädagogische Arbeit von Wert sind, wenn diese Maßnahmen über den kontrollierenden Charakter hinausgehen und den Dialog über pädagogische Fragen und Erziehungsfragen in den Vordergrund rücken. So versteht sich Schule erst als lernende Organisation (vgl. Kapitel 1, 4.3.2.1., S. 48).

Der Schulleiter als Unterstützer der Lehrer und Förderer der pädagogischen Weiterentwicklung seines Kollegiums wird gerade bei der Maßnahme der Unterrichtsbesuche auch sein Führungsgeschick und damit das, was seine Leitungsfunktion ausmacht, ganz einbringen können.

Die pädagogischen Führungsaufgaben sind in der ADO (vgl. GAMPE u. a. 1993), wie gezeigt, in ihrem Kern geregelt. Wie diese Gesamtverantwortung allerdings konkret umzusetzen ist, wird jedoch an keiner Stelle explizit definiert (vgl. auch WIRRIES 1986, S. 41). Damit verfügt der **Schulleiter** einer Schule auch seitens der rechtlichen Vorgaben über einen **erheblichen Gestaltungsfreiraum bei** der Wahrnehmung seiner (**pädagogischen**) **Führungsaufgaben.**

Im Kontext **pädagogischer Funktionen** des Schulleiters steht auch seine **Unterrichtsfunktion.**

4.2.3. Unterrichtsfunktion

Der Schulleiter ist gleichzeitig immer auch Lehrer an seiner Schule: »Zu den Aufgaben gehört auch die Erteilung von Unterricht« (§ 18 Abs. 1 Satz 2 ADO). Dadurch wird »die Anbindung der Verwaltung an den lehrenden Bereich garantiert« (HOLTAPPELS ²1991, S. 50).

Die **herausgehobene Stellung** des **Schulleiters** stellt ihn **auch als Unterrichtenden in** den **Blickpunkt** der SchülerInnen, der Eltern und der LehrerInnen. Mit der Qualität seines Unterrichts vermag er einerseits Standards zu setzen, andererseits werden seine pädagogische Grundhaltung und sein eng damit verknüpftes Leitungshandeln konkret an seinem Unterricht »überprüft«.

Insbesondere die Lehrkräfte werden dem Unterricht des Schulleiters besondere Aufmerksamkeit widmen. Die Glaubwürdigkeit des Schulleiters bei Diskussionen über Unterricht (nach erfolgtem Unterrichtsbesuch) wird an seiner eigenen Unterrichtsqualität festgemacht. Dem **Unterricht** des Schulleiters kommt daher eindeutig eine **Vorbildfunktion** zu.

Nach nordrhein-westfälischem Recht leitet der Schulleiter die Schule. Für den Verhinderungsfall des Schulleiters sieht das Schulverwaltungsgesetz **einen ständigen Vertreter** vor (vgl. § 21 Abs. 1 SchVG).

In der ADO wird die Vertretung des Schulleiters in § 30 geregelt:

● Im Verhinderungsfalle des Schulleiters nimmt der ständige Vertreter alle Rechte und Pflichten wahr (vgl. § 30 Abs. 1 ADO).

Eine Abgrenzung der Aufgaben ist außer für Gesamtschulen und berufliche Schulen nirgendwo geregelt (vgl. Kapitel 2, 4.1.2., S. 72).

Damit ergeht an **beide Funktionsträger** die Aufgabe, konkrete **Absprachen** zu **treffen** und zu **kooperieren**.

Die Gewährleistung dafür, daß der ständige Vertreter die o. a. Funktionen wahrnehmen kann, schreibt die ADO explizit dem Schulleiter zu:

● Er muß den ständigen Vertreter so informieren, daß der Vertreter jederzeit die Leitung der Schule wahrnehmen kann (vgl. § 30 Abs. 2 ADO).

Von dieser Verpflichtung ausgehend, kann dem Schulleiter für die Gestaltung der Kooperation mit seinem Stellvertreter eine Initialfunktion zugeschrieben werden.

Die umfassende Beteiligung des Stellvertreters an allen schulischen Führungsbelangen geht über eine reine Informationsvermittlung weit hinaus und beeinflußt nachhaltig das Beziehungsgeflecht zwischen den Führungsverantwortlichen. Der Stellvertreter kann sein Vertretungsamt nur so gut wahrnehmen, wie ihm der Schulleiter durch Information und Kommunikation Chancen hierfür bietet. Die **Gestaltung** der **Zusammen-**

arbeit zwischen Schulleiter und ständigem Vertreter liegt nach diesem Rechtsverständnis hauptsächlich in der **Verantwortung** des **Schulleiters** selbst.

● Für den Fall, daß eine Schule keinen ständigen Vertreter hat, sieht die ADO vor, daß im Regelfall die dienstälteste Lehrkraft diese Funktion übernimmt (vgl. § 30 Abs. 4 ADO).

Die Leitungspersonen, die diesen vielfältigen Aufgaben gerecht werden sollen, müssen rein juristisch ganz bestimmte Voraussetzungen mitbringen, die sie zu diesen Ämtern befähigen. Welcher Art diese Anforderungen an Schulleitung sind, klärt der nächste Beitrag.

4.3. Anforderungen an Schulleitung nach dem Schulrecht

Die Ernennung eines Lehrers zum Schulleiter ist formaljuristisch an **Ernennungs-** und **Ausbildungsvoraussetzungen** gekoppelt.[16]

Schulleiter kann demnach nur werden, wer die **Befähigung zum Lehramt** für eine Schulstufe, bzw. im Falle von Sonderschulen, wer das Lehramt für Sonderpädagogik oder die Befähigung für das Lehramt an Sonderschulen besitzt (vgl. § 20 Abs. 6, 1. und 2. SchVG).

»Dabei sind die besonderen erzieherischen und verwaltungsfachlichen Anforderungen der zu besetzenden Stelle zu berücksichtigen« (§ 20 Abs. 6 Nr. 2 letzter Satz).

Der Gesetzgeber hebt hier auf die pädagogischen sowie auf die verwaltungstechnischen und organisatorischen Fähigkeiten ab, die der Schulleiter haben muß, um den Anforderungen des neuen Amtes gerecht zu werden.

Darüber, daß der Schulleiter auch MitarbeiterInnen führen und in dem sensiblen Feld Schule mit den verschiedensten Personen und Gruppierungen zum Wohle der SchülerInnen agieren muß – und daher auch entsprechende Führungsqualitäten benötigt –, wird an dieser Stelle nichts ausgesagt.

Eine Ausrichtung an den pädagogischen Erfordernissen einer Schule, die auch **Führungskompetenzen** miteinschließt, findet sich dann jedoch in den Hinweisen zu »Schulleitung und Schulentwicklung«, die in einem **Runderlaß des Kultusministers** niedergelegt sind. Dieser Runderlaß befaßt sich mit Fort- und Weiterbildung der Lehrkräfte ebenso wie mit Fortbildungsangeboten zum Aufgabenfeld »Schulleitung und Schulentwicklung« (vgl. RdErl. d. KM. vom 27. 5. 1992, BASS 1993/94, 20–22 Nr. 27, S. 1076).

In diesem Runderlaß wird zunächst einmal die Qualifizierung von **Schulleitern** im Hinblick auf ihre Leitungs- und Verwaltungsfunktion als Notwendigkeit anerkannt. Das vorherrschende Leitungsverständnis akzentuiert die pädagogische Aufgabe und hebt insbesondere auf **kooperative Fähigkeiten** ab.

Diese **pädagogische Führung** dient der Entfaltung der Schülerinnen und Schüler, ebenso wie der Entfaltung und Weiterentwicklung der mit der Bildung und Erziehung Betrauten. Es geht um ein **Schulleitungsverhalten**, das die **Weiterentwicklung der Individuen** und damit der gesamten Schule ins Auge faßt.

Hierbei hat sich der Schulleiter zugunsten der Kollegen zurückzunehmen, auch wenn er besser qualifiziert ist und schneller oder auch bessere Ideen hat als die Lehrer. Die Lehrkräfte müssen die Chance haben, sich für Aufgaben der Führung und Entwicklung zu qualifizieren (vgl. DALIN/ROLFF 1990, S. 146).

Insgesamt werden Umfang und Komplexität der Schulleitungsaufgaben von der obersten Behörde erkannt. Das **Schulleiteramt** wird als neue Tätigkeit gesehen, das ein **neues Rollenverständnis** erfordert und vom Schulleiter Zuständigkeiten für Bereiche abverlangt, die über das, wofür er als Lehrer zuständig war, weit hinausgehen. Für diese neue Situation, für diese neue Berufsrolle ist der **Funktionsinhaber** seitens der Lehrerbildung jedoch **nicht ausgebildet**. Diesem Notstand will die oberste Behörde durch eine **gezielte Fortbildung** Abhilfe schaffen.

4.4. Zusammenfassung

Im ersten Teil des Kapitels konnte ausgeführt werden, daß der Begriff »Schulleitung« in der Literatur recht unterschiedlich interpretiert wird.

Anhand der Rechtspositionen für das Land Nordrhein-Westfalen und der Aufgabenzuschreibung an Schulleitung ließ sich belegen, daß Schulleitung eindeutig **monokratisch** orientiert ist. Nach dem »Gleichwertigkeitsmodell« sind dem Schulleiter zwar Mitwirkungsgremien zur Seite gestellt, dennoch übernimmt der Schulleiter als formale Autorität die allgemeine wie pädagogische Verwaltung. Eine bindende Vorschrift für eine Priorisierung dieser Bereiche gibt es nicht, so daß der Schulleiter rein faktisch einen großen **Gestaltungsfreiraum** hat.

Die nach dem Schulrecht genannten **Funktionen** und **Aufgaben** erwiesen sich als interdependent und bestimmen in dieser **Komplexität** den Alltag von Schulleitung.

Die Rechtsbestimmungen, so wurde dargelegt, weisen dem engsten Mitarbeiter des Schulleiters – dem **ständigen Vertreter** – eine stark **eingeschränkte Funktion** der Stellvertretung für den Verhinderungsfall des Schulleiters zu. Da der Stellvertreter vor allen Dingen administrative Aufgaben wahrnimmt, entlastet er den Schulleiter.

Es zeigte sich eindeutig, daß die **Aufgabenzuschreibung** auf den **Schulleiter** ausgerichtet bleibt. Die **Zusammenarbeit mit** dem **Stellvertreter** ist als Kooperationsgebot rechtlich fixiert, bleibt aber auf die Anwendung des **Delegationsprinzips** beschränkt.

Da es, von den wenigen nicht delegierbaren Aufgaben abgesehen, im Ermessen des Schulleiters liegt, welche Aufgaben er an den Stellvertreter überträgt, erweist sich auch das zugrundeliegende **Kooperationsverständnis** als **einseitig**, so daß der **Stellvertreter** dadurch eher in eine **passive** mit wenig Verantwortlichkeit bedachte **Rolle gedrängt** wird.

Die von der Schulleitung wahrzunehmende **Führungsaufgabe** ist wegen der Veränderungen, denen die Schule unterliegt (vgl. Kapitel 1, 3., S. 34), **nicht mehr von** einer **einzigen Person leistbar.**

Die **monokratische Auffassung** von Schulleitung, die dem Schulleiter die Leitungsaufgabe zuweist, ist mit den Herausforderungen von Gegenwart und Zukunft an die Führung einer gewandelten und sich weiter wandelnden Schule **nicht mehr vereinbar.**

Obwohl derzeit nicht klar erkennbar ist, ob die Leitungsauffassung für die Schule juristisch neu geregelt wird, ergeben sich dennoch wegen des relativ großen **Gestaltungsfreiraums** auch im Rahmen der geltenden Bestimmungen **Chancen für** eine **gewandelte Schulleitung.**

Nachdem der Rechtsrahmen für Schulleitung geklärt ist, sollen im folgenden pädagogische Theorien und Ansätze einer **Aufgabenbestimmung** für eine **pädagogisch orientierte Schulleitung** in den Blick genommen werden.

5. Schulleitung aus der Sicht von Pädagogen

Zu den Hauptaufgaben des Schulleiters zählte bis in die jüngere Zeit hinein, die Schule zu verwalten. Erst die Ergebnisse der Schulqualitätsforschung des deutschsprachigen Raums, die durch die angloamerikanische School-Effectiveness-Forschung deutliche Schubkraft bekam, und der Paradigmenwechsel von der Makro- zur Mikropolitik (vgl. ROLFF 1991 a, b) mit einem neuen Verständnis der Einzelschule als »pädagogische Handlungseinheit« (FEND 1986 a, b; 1987; 1988) führten zu einer (neuen) Wahrnehmung der Schulleitung.

Die Diskussion um die »gute« Schule akzentuiert nunmehr die »**pädagogische Führungsaufgabe**«, wenngleich der Schulleiter noch immer verwaltungstechnische, organisatorische und dem Management zuzuordnende Funktionen wahrnimmt. Führung steht somit im Bereich der Schule unter dem Primat von Pädagogik, denn die Zielsetzung und originäre Aufgabe von Schule ist eine pädagogische.

Damit ergibt sich für die Führungskraft in der Schule – den Schulleiter – die Forderung nach pädagogischer Führung. Ihr kommt im Rahmen einer Führungskonzeption von Schule eindeutig und in der Literatur generell anerkannte Priorität zu (vgl. DUBS 1994, S. 219; HOLTAPPELS 21991, S. 83).

*In diesem zweiten Teil des Kapitel wird versucht, die **Sichtweisen** von **Pädagogen** zu Führung in der Schule darzustellen und **kritisch** für die Fragestellung dieser Arbeit zu **würdigen.***

*Ausgangspunkt bilden die Zielrichtungen der Leitungstätigkeit einer pädagogischen Schulleitung. Wegen der in der wissenschaftlichen Literatur allgemein anerkannten Bedeutung der pädagogischen Führungsaufgabe wird zunächst der Begriff »**pädagogische Führung**« zu **klären** versucht und als **zentrale Aufgabe** des Schulleitungshandelns herausgearbeitet.*

*»Pädagogische Führung« wird **dimensioniert**, und ihre **Implikationen** für die **Kompetenzen** von Leitungskräften werden dargestellt. Hierbei werden die Anforderungen an eine pädagogische Schulleitung erörtert, auf der Basis empirischer Forschungsergebnisse mit dem tatsächlichen Leitungsverhalten verglichen und als Defizite diskutiert.*

Zunächst sollen die Zielrichtungen des Schulleitungshandelns umrissen werden.

5.1. Zielrichtungen der Schulleitungstätigkeit

Die normativ-rechtliche Funktions- und Aufgabenbestimmung von Schulleitung (vgl. Kapitel 2, 4.1., S. 69 und Kapitel 2, 4.2., S. 75) weist dem Schulleiter die Wahrnehmung der pädagogischen Gesamtverantwortung zu, die zwar nicht präzisiert wird, prinzipiell jedoch zwei Zielrichtungen umfaßt.

Zielrichtungen des Schulleitungshandelns:

1. **Pädagogisches Handeln**
2. **Führungsverhalten**

1. Pädagogisches Handeln

Das methodische Vorgehen pädagogischen Schulleitungshandelns bestimmt sich durch die besondere Aufgabenstellung des Schulleiters und durch seine im Vergleich zu den Lehrkräften andersartige Stellung in der Schule (vgl. Kapitel 2, 4.1.1., S. 70).

Seine Verfahrensweisen unterscheiden sich vom methodischen Vorgehen der LehrerInnen durch »indirektes, mittelbares pädagogisches Arbeiten« (WIRRIES 1986, S. 63). Dieses bezieht sich meist auf die Erwachsenenumgebung: auf die Lehrer, die Eltern, die Kontaktpersonen anderer für die Schule wichtiger Institutionen. Die SchülerInnen selbst scheinen generell eher im Hintergrund zu stehen. Dieser Anschein trügt allerdings, denn Schulleiter wirken eher indirekt auf Bildung und Erziehung der Schülerschaft ein (vgl. BESSOTH 1984, LE 40.00, S. 12).

Das **Ziel von Schule** und damit Zielrichtung des Schulleiters ist, eine dem Individuum angemessene, am Wohl der Gemeinschaft orientierte **Bildung und Erziehung** des Kindes/Jugendlichen zu gewährleisten.

2. Führungsverhalten

Dieses resultiert zum einen aus der besonderen Verantwortung, die der Schulleiter für seine Schule insgesamt hat, und zum anderen daraus, wie es ihm gelingt, die Lehrerinnen und Lehrer zur Leistung – der Bildung und Erziehung der Schülerinnen und Schüler – zu bringen.

Der Schulleiter nimmt in seinem Leitungshandeln Einfluß auf die Lehrerinnen und Lehrer. Hierbei ist es weniger wichtig, daß er seine eigenen Vorstellungen und Ideen in das Kollegium einbringt, als vielmehr, daß es ihm gelingt, »die Prozesse innerhalb der einzelnen Subjekte zu mobilisieren, die sich daraufhin positiv auf das gesamte System auswirken« (DAHLKE 1994, S. 63).

Insbesondere in diesem autopoietischen Sinne hat der Schulleiter wichtige Kernaufgaben zu erfüllen.

Gleichrangig zu der oben angeführten Aufgabe, die Bildungs- und Erziehungsarbeit zu verbessern, ist jene zu sehen, das **Kollegium** zur **Akzeptanz** und zur Übernahme dieser **obersten Priorität pädagogischer Qualität** zu führen, die nicht nur den (eigenen) Unterricht, sondern das gesamte Schulleben umfaßt.

Ein weiterer wichtiger Führungsaspekt ist die **Sicherung** des **Erfahrungsaustauschs** und der **Kooperation im Kollegium.** Die berufliche Situation des Lehrers ist nach wie vor durch Isolation im Klassenzimmer gekennzeichnet (vgl. auch ROLFF 1995, S. 33). Eine pädagogisch orientierte Schulleitung ist bemüht, die LehrerInnen aus dieser Isolation herauszuholen, um gemeinsam im Kollegium die gemachten Erfahrungen auszutauschen und mit Blick auf die Ziele der Schule zu bündeln und auszuwerten.

Die beiden Zielrichtungen stellen keine isolierten Faktoren dar, sondern ergänzen einander und bestimmen die Funktion des Schule-Leitens.

5.2. »Pädagogische Führung« – Schwerpunkt der Schulleitungstätigkeit

Schwerpunkt der **Schulleiterarbeit** ist »**pädagogische Führung**«.

Diese umfaßt ein weites Feld verschiedenster Handlungs- und Verhaltensweisen, die in einer einzigen Person auszubalancieren sind.

Der pädagogischen Führungsaufgabe des Schulleiters wird generell zentrale Funktion zugeschrieben. »Pädagogische Führung« ist von ausschlaggebender Bedeutung für das Erreichen einer effektiven Schule, die über ihr eigenes unverkennbares Schulprofil verfügt.

Der **Führungsbegriff** wird in der pädagogischen Literatur sehr **kritisch** gesehen. Bereits mit Beginn des Jahrhunderts richtete sich die Bildungs- und Kulturkritik gegen »Autorität als der eigentliche Gegenpol zur Freiheit« (GEISSLER/SOLZBACHER 1991, S. 251). Interessanterweise erfuhr jedoch der Begriff des Führers geradezu eine Renaissance – allerdings mit leidvollem Ausgang, wie wir aus der deutschen Geschichte wissen. Der Kampf der Jungen gegen die Alten, den die Jugendbewegung führte, »war deutlich dominiert von einzelnen charismatischen Führungsgestalten« (GEISSLER/SOLZBACHER 1991, S. 251).

WYNEKEN, einer der maßgeblichen Vertreter der Jugendbewegung, sah im Begriff »Führer« mehr »Genius« und »Künstler«, der soziale Zusammengehörigkeit begründet. Die daraus entstehende Bindung basiert auf starken emotionalen Kräften. Welch schreckliche Konsequenzen mit dem Begriff »Führer« ebenfalls verbunden sein können, mußten wir Deutsche leider schmerzvoll erleben (vgl. GEISSLER/SOLZBACHER 1991, S. 251).

»Pädagogische Führung« findet sich bereits 1937 bei PETERSEN als »Führungslehre des Unterrichts« in seinem »Jenaplan« und bildet den »Kernpunkt seiner schulpädagogischen Angebote« (MIESKES 1984, o. S.).

Der Terminus »pädagogische Führung« hat seit Mitte der 80er Jahre in der Literatur zu Schulleitung eine Renaissance bzw. einen eigenen Stellenwert erlangt. Die gescheiterte Bildungsreform mit ihren Folgen für die Schule, die demographischen Veränderungen, die ab den 80er Jahren einen enormen Schülerzuwachs mit sich brachten, die bereits vor der Wiedervereinigung Deutschlands zumindest im bildungspolitischen Bereich spürbare finanzielle Knappheit, die aufgrund der geringen Lehrerneueinstellungen immer älter werdenden Lehrerkollegien und nicht zuletzt die dramatischen gesellschaftlichen Veränderungen mit ihren Werteunsicherheiten verlangen insbesondere dem Schulleiter als dem für die pädagogische Arbeit Gesamtverantwortlichen an seiner Schule besondere Leistungen ab. Aus den dargestellten Veränderungen (vgl. auch Kapitel 1, 3., S. 34 und Kapitel 1, 3.2., S. 36) leitet sich die Kernaufgabe des Schulleiters als **pädagogische** Führungsaufgabe ab.

Der Terminus »pädagogische Führung« ist bislang noch nicht eindeutig präzisiert.

Eine exakte und umfassende Definition des Terminus »pädagogische Führung« erscheint auch kaum möglich (vgl. z. B. SZCZEPANEK/CONNEMANN 1993, S. 180). Die Bemühungen den Begriff exakter zu fassen, verdeutlichen die Schwierigkeiten diesen komplexen, von Personen, Konstellationen und sonstigen situativen Bedingungen determinierten Terminus zu definieren.

*Die **Begründungsansätze** für »pädagogische Führung« sind sehr **unterschiedlich**, spiegeln isolierte Sichtweisen wider und bewegen sich im Rahmen von Schulführung **auf unterschiedlichen Ebenen** wie beispielsweise auf der Ebene der Lehrkräfte, der SchülerInnen, der Aufgaben und Ziele und der stärkeren Pädagogisierung der Schule.*

»Pädagogische Führung« ist kein eindeutig klarer oder gar operationalisierbarer Begriff (vgl. Kapitel 2, 5.2., S. 88). In der Literatur finden sich unterschiedliche Zugriffsweisen, deren Grundtendenzen viele Parallelen und Übereinstimmungen aufweisen. Im folgenden werden diese Ansätze eines pädagogisch orientierten Führungsverständnisses dimensioniert und für die Weiterentwicklung des Leitungsverständnisses hinterfragt.

5.3. Dimensionen von »pädagogische« Führung

Die Bedeutung von Schulleitern für die Güte einer Schule ist unbestritten. Es gibt jedoch bislang keine einheitliche Führungstheorie für die Schulleitung. Gängige Meinung bisher ist, daß »pädagogische Führung« eine der zentralen Aufgaben der Schulleitung darstellt.

*Die Zugriffsweisen auf das Begriffsfeld »pädagogische Führung« lassen sich tendenziell **dimensionieren** in eher **wissenschaftstheoretische Abhandlungen, verhaltenswissenschaftliche Ansätze und pragmatische Ansätze.***

5.3.1. Wissenschaftstheoretische Ansätze

»Pädagogische Führung« wird in wissenschaftstheoretischen Ansätzen aus **systemtheoretischer Sicht** und aus der Perspektive der Organisationsentwicklung unter besonderer Akzentuierung **innovationstheoretischer Überlegungen** diskutiert.

Die **systemtheoretische Sichtweise** sieht **Schulleitung** als **Subsystem** des Systems Schule. Die Tätigkeitsbereiche der Schulleitung werden als Komponenten des Systems als »Systemformung«, »Systempflege«, »Systemorganisation«, »Systemerhaltung«, »Systemerneuerung« und »Systemwerbung« klassifiziert (vgl. SPIES/HEITZER 1986). Diesen Komponenten innerhalb des Systems können alle Kernfunktionen von Schulleitung zugeordnet werden.

Der systemtheoretische Ansatz von SPIES/HEITZER (1986) erfaßt die wesentlichen Funktionen der Schulleitung und ordnet Schulleitung als Subsystem dem Gesamtsystem der Schulorganisation zu. **Anerkennenswert** ist bei den Überlegungen, daß der **Stellvertreter** explizit **in** die **systemische Sichtweise integriert** wird und ihm bedeutsame Funktionen innerhalb dieses Systems zugewiesen werden.

Die eher allgemein gefaßten Ausführungen zum Führungsverhalten von Schulleiter und Stellvertreter und zu deren Arbeitsbeziehung als gemeinsame Amtsausführung in Form von gegenseitiger Information und Arbeitsteilung sowie einer gegenseitigen Erziehungsaufgabe, die sie als »Fehleranalyse« kurz explizieren, stellen **jedoch keine theoretische Fundierung für** diese **Arbeitsbeziehung** dar. Offensichtlich war dies auch nicht das Anliegen der Autoren (vgl. SPIES/HEITZER 1986, S. 6).

Es ist zu befürchten, daß die systembezogene Orientierung der Schulleitertätigkeit unter Umständen ein zu starkes Bewußtsein des Schulleiters für seine Aufgabenwahrnehmung in einem hierarchischen Gesamtsystem (vgl. Kapitel 2, 4.1.1., S. 70) bewirkt.

Die Diskussion um Schulkultur und Schulprofilbildung führte dazu, Aspekte der Organisationsentwicklung in die Überlegungen zur Weiterentwicklung der Schule mit einzubeziehen.

Die Leitungsaufgabe ist deshalb auch unter innovationstheoretischen Gesichtspunkten zu erfassen.

Schule als sich selbst organisierendes (Lern-) System (vgl. Kapitel 1, 2., S. 33 und Kapitel 1, 4.3.2., S. 46) benötigt nicht nur den Willen und die Fähigkeit zur **Gestaltung** und **Weiterentwicklung,** sondern erfordert, daß der für die Arbeit an der Schule Hauptverantwortliche – der Schulleiter – einen wesentlichen Anteil an den Entwicklungs- und Gestaltungsprozessen hat.

Die Akzentuierung von Gestaltung und Entwicklung im Gesamt der Schulleitungsfunktionen entspricht den Erkenntnissen der Schulqualitätsforschung, die den individuellen Charakter von Schule belegen.

Im Rahmen der innovationstheoretischen Überlegungen ist es eine wesentliche Leitungsaufgabe, die Mitarbeiter der Schule weiterzuentwickeln, zu befähigen. Hierzu gehören Maßnahmen der Fort- und Weiterbildung, der schulinternen Lehrerfortbildung, Unterrichtsbesuche des Schulleiters und Lehrerberatung, die Förderung der Hospitation unter den Kollegen ebenso wie die Delegation von Aufgaben an LehrerInnen.

Unbeachtet bleibt jedoch die **Bedeutung** einer **Aufgabendelegation an** den **Stellvertreter.** Diese trägt indes entscheidend dazu bei, den stellvertretenden Schulleiter zu entwickeln und ihm Gelegenheit zu geben, in die Leitungsrolle hineinzuwachsen.

Der »Schulentwicklungs- und -gestaltungsansatz« akzentuiert gestalterische Aspekte, die stärker personenbezogen sind. Er beinhaltet nicht nur die Weiterentwicklung des Systems Schule, sondern auch die der einzelnen Personen in ihr. Der **Managementcharakter** der Schulleitertätigkeit, der intensiver die Sache in den Blick nimmt, tritt stärker in den **Hintergrund.** Dem Schulleiter wird eindeutig eine echte Führungsfunktion zugewiesen (vgl. WISSINGER 1996, S. 40). Führung wird vor allem als mündliche Kommunikation wahrgenommen.

Unklar bleibt, inwiefern die dem Schulleiter zugewiesene, am System der

91

Einzelschule auszurichtende Gestaltungs- und Entwicklungsaufgabe ausschließlich oder schwerpunktmäßig von ihm allein gefordert werden kann. Der **Personenkreis** der **Führungsebene** in der Schule wird zu eng auf den **Schulleiter beschränkt.** Die Chancen und die Entlastung durch eine Kommunikation auf Leitungsebene, die Schulgestaltung und -entwicklung als konzeptionelle Aufgabe wahrnehmen könnte, wird auch bei diesem Ansatz nicht thematisiert.

5.3.2. *Verhaltenswissenschaftliche Ansätze*

Der **verhaltenswissenschaftliche Ansatz** greift die Ergebnisse der intensiven amerikanischen Forschung zu Schulqualität und Schulleitung auf.[17] In diesem Kontext gelten Schulen dann als gut, wenn sie **effektiv** sind. »Effektivität ist ein spezifisches, objektiviertes Maß, meistens die von den Schülerinnen und Schülern erreichte durchschnittliche Punktzahl in landesweiten Schulleistungstests« (DUBS 1994, S. 13). Um die Güte einer Schule zu beurteilen, erweisen sich solche statistisch ermittelten **Durchschnittswerte** als **wenig hilfreich** (vgl. DALIN/ROLFF 1990, S. 118 f.; DUBS 1994, S. 13) und **entsprechen** auch **nicht** den **deutschen Schulverhältnissen.**

Für die vorliegende Arbeit von besonderem Interesse ist jedoch die in den Schuluntersuchungen gewonnene Erkenntnis, daß erfolgreiche und damit **gute Schulen** auch eine **erfolgreiche Schulleitung** haben.

Basierend auf den angloamerikanischen Forschungsergebnissen zum »effective principal« hat DUBS (1992) »deutliche Tendenzen« (S. 450) für eine Ausgestaltung von Führung zusammengefaßt.

Sie sind gleichermaßen die wichtigsten Kennzeichen erfolgreicher Schulleiter:

1. Erfolgreiche Schulleiter haben Visionen, die sie kontinuierlich zu realisieren versuchen. Sie vertreten ihre Visionen vor der Lehrerschaft und auf der Ebene der Schulleitung

   > »auf verschiedenen Kommunikationswegen mit unterschiedlichen Kommunikationsmitteln in unterschiedlichen Zusammenhängen mit gleichem Inhalt« (DUBS 1992, S. 451).

   Diese Visionen stehen in engem Bezug zur Schulleiterpersönlichkeit und werden von allen Mitarbeitern an der Schule immer wieder erlebt. Es gelingt erfolgreichen Schulleitern, ihre Visionen gemeinsam mit dem Kollegium durch Überzeugungskraft schrittweise umzusetzen. Die LehrerInnen spüren deutlich, daß die Schulleiter Schwerpunkte für ihre Arbeit setzen und die tägliche Verwaltungsarbeit nicht priorisieren.

2. Effektive Schulleiter sehen ihre Schwerpunkte in der pädagogischen Führung der Schule.

3. Gute Schulleiter zeigen Führung durch große Präsenz in der Schule,

durch ihre leichte Ansprechbarkeit und durch viele beiläufige Kontakte. »Erfahrene Schulleiter scheinen geradezu Suchroutinen zu entwickeln, um Probleme zu antizipieren und rechtzeitig eingreifen zu können« (BAUMERT 1989 b, S. 28).

4. Sie planen vorausschauend und beziehen die Lehrer frühzeitig in die Entscheidungsvorgänge mit ein. Damit werden Zusammengehörigkeitsgefühl und kollegiale Beziehungen gefördert und insgesamt das Schulklima verbessert. In diesem Sinne nehmen Schulleiter auch verstärkt Moderatorenfunktionen wahr.

Erfolgreiche Schulleiter verbinden bewußt und geschickt Kontrollverzicht mit gezielten Kontrollen an ganz besonderen Gelenkstellen. Hierfür benötigen sie ein sehr gutes Gespür für Einfluß- und Machtdynamik (vgl. BAUMERT 1989 b, S. 28). Stattdessen bemühen sie sich,

> »die Aufmerksamkeit ihres Lehrerkollegiums auf dessen Beitrag bei der Erfüllung der Aufgaben zum Wohl der Schülerschaft und der ganzen Schule zu lenken (GOLDRING/PASTERNACK, 1990)« (DUBS 1992, S. 451).

5. Sie lösen die Verwaltungsaufgaben kompetent und effizient und legen hierbei insbesondere Wert auf gute Rahmenbedingungen für die Lehrer, damit diese sich »gut und unbelastet von bürokratischen Leerläufen entfalten können« (DUBS 1992, S. 451). Hierzu gehören eine geordnete Aufbauorganisation, klare Arbeitsabläufe sowie eine gute Delegationsordnung.

6. Schulleiter, die nach »politischem Prinzip« (kontinuierlicher Ausgleich über Kompromisse) oder nach dem »Human-Relation-Ansatz« (Akzentuierung der menschlichen Aspekte bei Vernachlässigung von klaren Zielvorstellungen) ihre Probleme lösen, scheinen auf Dauer weniger erfolgreich zu sein als Schulleiter,

> »die in menschlich korrekter und offener Form im Rahmen ihrer Visionen zielstrebig und durchsetzend führen (BOLMAN/DEAL, 1991)« (DUBS 1992, S. 452).

BAUMERT (1989 b) berichtet ähnliches über Extremtypen von Schulleitern. Er stellte fest, daß das Schulleben an Schulen mit Schulleitern, die den Extremtypen »direktorialer Leiter« bzw. »humanorientierter Leiter« angehörten, ein weniger intensives Schulleben hatten als Schulen mit dem Schulleiter-Mischtyp.

BAUMERT kommt dabei zu dem Schluß, daß eine einseitige Ausgestaltung der Schulleiterrolle ein weniger entfaltetes Schulleben bewirkt (vgl. BAUMERT 1989 b, S. 29). Erfolgreiche Schulleiter praktizieren einen Führungsstil, der sich in einer Balance befindet zwischen Offenheit und Festigkeit (vgl. MANASSE 1985 zit. nach STEFFENS/BARGEL 1993, S. 97).

7. Ein wesentlicher Aspekt dieser Art Führung in der Schule ist, daß sie mehr situativ verstanden wird. Das bedeutet, die Art und Intensität der Mitwirkung des Kollegiums und die der Schule zugestandenen Freiräume sind abhängig von der Bereitschaft der Lehrer und Lehrerinnen mitzugestalten, von ihrem Können, ihrem Willen, ihr Einzelkämpfertum zu überwinden, ihrem Willen zu kollegialem Verhalten und ihrer Offenheit für Neuerungen.

(Vgl. DUBS 1992, S. 450–452).

Diese Merkmale eines erfolgreichen Schulleiters finden sich in ähnlicher Weise durchgängig in der Literatur (vgl. HAENISCH 1987; KASTNER 1992; KLEINSCHMIDT 1992 und 1993 a, b; LENZ 1991; STEFFENS/ BARGEL 1993 u. v. a.). In der Regel beziehen sie sich auf Forschungsergebnisse des angloamerikanischen Raums.

Es besteht allerdings auch die Gefahr, SchulleiterInnen »die Rolle von pädagogisch tätigen ›Superfrauen‹ oder ›Supermännern‹« (WISSINGER 1996, S. 10 f.) anzutragen, und zwar ungeachtet der tatsächlich empirisch gesicherten Erkenntnis, daß erfolgreiche SchulleiterInnen (effective principals) entscheidungsfreudige und hart arbeitende Individuen sind (vgl. BOSSERT/DWYER/ROWAN/LEE 1982 zit. nach WISSINGER 1996, S. 11) und daß sich die Stellung von amerikanischen und deutschen Schulleitern nicht unerheblich unterscheiden.

Es scheint deshalb **nicht** ganz **unproblematisch** zu sein, die **amerikanischen Befunde** zu Schulleitung **auf deutsche Verhältnisse** zu **übertragen**.

Die **Unterschiede** in der Stellung des amerikanischen Schulleiters zum deutschen **beeinflussen** das gesamte Spektrum von **Leitungshandeln**.[18] Rechtliche und organisationsstrukturelle Bedingungen, die großteils auch auf einer anderen kulturellen Tradition des deutschen Bildungswesens beruhen, sowie die unterschiedliche berufliche Sozialisation deutscher Schulleitungen im Vergleich zu amerikanischen lassen eine unkritische Übernahme eines effektiven Führungsverhaltens, das als »instructional leadership« bezeichnet wird, fragwürdig erscheinen (vgl. WISSINGER 1996, S. 163).[19]

Der **amerikanische Schulleiter** verfügt über ein erhebliches **Machtpotential**, das er sinnvoll zum Wohle der Bildungs- und Erziehungsarbeit nutzen kann. Er hat auf jeden Fall mehr und bessere Möglichkeiten seine Lehrer zu motivieren bzw. deren Interesse, am schuleigenen Profil aktiv mitzuwirken, zu wecken und aufrechtzuerhalten. Er ist nicht gezwungen, auf Dauer mit Mitarbeitern zusammenzuarbeiten, die sich mit der pädagogischen Arbeit vor Ort nicht identifizieren wollen oder können.

Für amerikanische wie für deutsche Schulleiter dürfte dennoch gleichermaßen gelten, daß »gute« und »effektive« Schulleiter über »**leadership**« (vgl. DUBS 1992, S. 451) verfügen. Diese zeigt sich, indem es den Schulleitern gelingt, »die Ziele der Schule und die Bedürfnisse der Lehrkräfte in

Übereinstimmung zu bringen« (DUBS 1994, S. 220). DUBS definiert »leadership« in Anlehnung an BASS (1981) und SERGIOVANNI (1980) als

> »Prozeß des Beeinflussens, Steuerns und Koordinierens von Gruppenaktivitäten innerhalb eines Systems in Richtung der Erreichung der vorgegebenen und selbst gesetzten Ziele (...) Es geht vielmehr um Anregungen zu effektiver Zielerreichung, Motivation, Kommunikation, Koordination von Teamarbeit, Steuerung und selbstverständlich auch um Entscheidungen in wichtigen Angelegenheiten zur richtigen Zeit. Voraussetzungen für eine gute Leadership sind Visionen, Sensibilität sowie Überzeugungskraft gepaart mit Durchsetzungsvermögen im entscheidenden Augenblick« (DUBS 1994, S. 21).

Der aus dem Englischen entlehnte Begriff »leadership« steht für »eine neue Qualität pädagogischer Führung« (FISCHER/SCHRATZ 1993, S. 8) und weist über ein routinemäßiges Führungsverhalten hinaus.

Die Ausgestaltung einer als »leadership« verstandenen Führung verweist immer auch auf die jeweilige Persönlichkeit der Führungskraft, wobei sich einzelne Persönlichkeitsmerkmale nicht unbedingt in allen Führungssituationen als erfolgreich erweisen. Damit bleibt die Charakterisierung von »leadership« zwangsläufig eine vorläufige (vgl. DUBS 1994, S. 123). Ein Leitungsverständnis, das auf einer guten »leadership« basiert, trägt wesentlich zu einem guten Schulklima bei (vgl. DUBS 1994, S. 124).

Insgesamt **betont** der »**Effectiveness-Ansatz**« einerseits stärker den **eigentlichen Führungsaspekt** – die »**leadership**« –, andererseits nimmt er aber auch die **Managementfunktionen** in den Blick. Damit bietet er zunächst **gute Ansatzpunkte** für ein der gewandelten Schule adäquates **Schulleitungsverständnis.**

Die stillschweigenden Annahmen des ausreichenden Zeitrahmens für Führung und Management und einer gewissen managementtheoretischen Vorbildung dokumentieren, daß der »Effectiveness-Ansatz« stark von der amerikanischen Schulleiterforschung geprägt ist. Der für die Wahrnehmung von Führung jedoch nicht unerhebliche Unterschied zum deutschen Schulleiter besteht darin, daß **amerikanische Schulleiter** nicht selbst unterrichten. Sie sind wirklich **frei für Führung** und **Management** und haben in der Regel eine **verwaltungswissenschaftliche Vorbildung.** Dies **trifft für Schulleiter** des **deutschsprachigen Raums nicht zu.** Sie sind weder als Verwaltungskräfte noch explizit als Führungskräfte ausgebildet. Eine Schulleiterausbildung für den Beruf »Schulleiter« ist erst in Ansätzen erkennbar (vgl. auch WISSINGER 1996, S. 16).

Der stärker verhaltenswissenschaftlich ausgerichtete Ansatz von DUBS (vgl. 1992 und 1994), der Führung in der Schule als »leadership« im Sinne von Übereinstimmung der Ziele von Schule als Organisation und von LehrerInnen als Individuen beschreibt, berücksichtigt zwar das **Beziehungsgeflecht Schulleiter – Kollegium** und legt u. a. einen aus der Managementtheorie übernommenen **kooperativen Führungsansatz** zugrunde.

Vermißt wird jedoch auch hier die **Integration** des **Stellvertreters** in das **Führungskonzept.** Die dem **Schulleiter** wegen seiner Rechtsstellung als **Gesamtverantwortlichem** zugewiesene starke hierarchische Funktion läßt auch die stark normativ und ideal bestimmten neuen Vorstellungen einer »leadership« in idealistischen Annahmen der Führungspraxis verhaften. Die **Zuweisung** der **Führungsverantwortung** an den **Schulleiter schränkt** den der »leadership« immanenten **partizipativen Führungsansatz** ausgerechnet **auf Leitungsebene ein.**

Innerhalb des verhaltenswissenschaftlichen Ansatzes gewinnen die Interaktionsstrukturen und Interaktionsbeziehungen zwischen Schulleitung und Kollegium immer mehr an Bedeutung.

Die **beziehungstheoretische Betrachtung** von schulischer Führung enthält zwar alle bislang dargelegten Elemente, ihren **Schwerpunkt** legt sie jedoch auf die **Gestaltung** der **Beziehungen** aller Beteiligten miteinander, bei der »der moderne Führer mehr und mehr zum Arrangeur dieses mehrdimensionalen Feldes wird« (GEIßLER/SOLZBACHER 1991, S. 255).

Die **Qualität** »pädagogischer Führung« bestimmt sich durch die **Beziehungsarbeit.** Vision, Kommunikation und Kooperation werden in Sozialbeziehungen zu realisieren gesucht, die weitgehend hierarchiefrei sind (vgl. FRICK 1990, S. 14).

Entscheidend kommt es darauf an, daß der einzelne Schulleiter die Schwächen des Systems, seiner Mitarbeiter und seiner selbst kennt und im Sinne von (selbst-)reflexiven Prozessen die positiven Aspekte akzentuiert und dominant werden läßt. Dies fördert die Sozialbeziehungen insgesamt an der Schule und schafft ein sozialverträgliches Klima, in dem Pädagogik den ihr zustehenden hohen Stellenwert erlangen kann. Alle sozialen Betätigungen tragen wesentlich dazu bei, die Hierarchiedistanz zu verkürzen. Sie nehmen der erforderlichen Kontrolle, die auch ein Teil von »pädagogischer Führung« ist, die Schärfe. Sie stärken das **Selbstbewußtsein** sowie das **Gefühl von Sicherheit** der Mitarbeiter. Die Arbeitsfreude der Lehrer dürfte sich ebenfalls erhöhen (vgl. KLEINSCHMIDT 1993 b, G 6.3, S. 5 f.).

Ich stimme mit KLEINSCHMIDT (1993 b) überein, daß selbstbewußte und erfolgreiche Lehrer Innovationen gegenüber eher aufgeschlossen sind, Eigeninitiative entwickeln und bereit sind, ein höheres Maß an Verantwortung zu übernehmen.

Dennoch ist hier anzumerken, daß die **Beziehungsgestaltung Schulleiter-Kollegium** sich oftmals als **schwierig** erweist.

Das **Verhältnis** Lehrer-Schulleiter scheint ein **ambivalentes** zu sein. Einerseits wünschen Lehrer keine Einmischung in ihre Angelegenheiten im Klassensaal, andererseits suchen sie bei Disziplinarproblemen mit Schülern, die sie selbst nicht lösen können, die Hilfe des Schulleiters. Anders gesagt: Lehrer wollen einerseits einen schwachen Schulleiter, der eher nach dem Prinzip des »laissez faire« die Schule leitet, und andererseits einen starken Schulleiter mit Durchsetzungskraft und Autorität, der ihnen bei Problemen mit Schülern und Eltern hilft.

Der **Schulleiter leistet** somit in hohem Maße **Beziehungsarbeit** (vgl. GRÜNER 1992, S. 15–17), indem er immer auch bemüht ist, sein Kollegium emotional zu unterstützen. Mit Gefühlen bewußt umzugehen, und zwar sowohl mit den eigenen als auch mit denen der MitarbeiterInnen, stellt einen wesentlichen Teil von »pädagogischer Führung« dar (vgl. auch FISCHER/SCHRATZ 1993, S. 33).

In einer guten Schule ist die Bereitschaft der Lehrer zur Kooperation untereinander aber auch mit dem **Schulleiter** grundsätzlich vorhanden. Der Schulleiter übernimmt selbst **Kooperationsaufgaben**, er wird zur **Kommunikationsfigur** innerhalb der Schule. Er ist nicht nur oder primär dazu da, die organisatorischen Funktionen der Schule aufrechtzuerhalten, sondern auch um pädagogische Hilfestellung zu geben, geeignete Rahmenbedingungen für eine gute pädagogische Arbeit aller Lehrer zu schaffen und in hohem Maße Beziehungsarbeit zu leisten (vgl. GRÜNER 1992, S. 15–17).

Es gilt hierbei als eine der **besonderen Leistungen** des Schulleiters, in unübersichtlichen Situationen **schnell** zu **reagieren** und ein **proaktives Verhalten** zu zeigen (vgl. BAUMERT 1989 b, S. 28). Ein partnerschaftlicher Umgang miteinander zeichnet sich durch »wertschätzendes, respektvolles Verhalten und (...) durch Verringerung von direkter Beeinflussung« (FISCHER/SCHRATZ 1993, S. 38) aus. Für den einzelnen bedeutet dies, daß er sich durch ein Mehr an Freiheit und Selbstverantwortung besser entfalten kann (vgl. FISCHER/SCHRATZ 1993, S. 38).

Die Beziehungsarbeit, die Art wie Schulleiter mit ihrem Kollegium umgehen, macht die Qualität einer »Pädagogischen Führung« aus. Einer horizontal kommunikativen Umgangsform wird gegenüber einer vertikal hierarchischen Anordnungsstruktur der Vorzug gegeben.

»Pädagogische Führung« findet ihre Konkretion

> »in der Sicherung und Förderung eines erziehenden Unterrichts und Schullebens, in der Zusammenarbeit zwischen den Lehrern, mit Kollegium, Eltern und Schülern, den Schulbehörden und anderen Schulen und pädagogischen und sozialen Einrichtungen« (SEIDEL 1994, S. 28; Hervorhbg. GS).

Die **Beeinflussung** von Unterricht und Schulleben beruhen auf **Mechanismen kultureller Steuerung**. Darunter wird die Aufgabe des Schulleiters verstanden, in Übereinstimmung mit allen Beteiligten ein gemeinsames Verständnis von Schule zu entwickeln, dadurch das individuelle Engagement dieser Personen herauszufordern und das Gefühl der Zusammengehörigkeit zu stärken (vgl. BAUMERT 1989 b, S. 28 f.).

Dies setzt gründliche **Information** und **Partizipation** der **Beteiligten** voraus.

Auf den partizipativen Aspekt einer »pädagogischen Schulleitung« geht auch FRIED (1993) ein. Er sieht darin »eine pädagogisch demokratische Form von Schulleitung« (FRIED 1993, S. 215), welche die Entwicklung von Schulkultur erst möglich macht. Auf diesem Führungsverständnis aufbauend, postuliert FRIED:

> »Pädagogische Schulleitung« muß dem Menschen an einer Schule – und zwar innerhalb der von Bundesland zu Bundesland verschiedenen Regelungssysteme – den Freiraum geben, eine gemeinsam getragene pädagogische Grundorientierung zu erarbeiten und zu vereinbaren. Dabei geht es vor allem um Werte, Inhalte und Regeln im Umgang miteinander, die nicht aus einer für alle Zeiten gültigen Charta abgeleitet werden, sondern sozial vereinbar, d. h. flexibel bleiben soll. Administration steht dann in jedem Falle im Dienst der von allen mitgetragenen pädagogischen Orientierung und dominiert diese nicht« (FRIED 1993, S. 215; Hervorhbg. LF).

Der Begriff »demokratisch« ist in der Organisationswissenschaft in jüngster Zeit durch das Konzept »partizipative Führung« abgelöst worden.

Den Aussagen FRIEDS, die Vision einer gestalteten Schule setze die Bereitschaft aller Menschen an der Schule voraus, diese mitzugestalten, ist voll zuzustimmen. Partizipation bedeutet eben nicht nur, daß der Schulleiter die MitarbeiterInnen an Entscheidungsfindungsprozessen beteiligt, sondern es erfordert auch bei den zu **Beteiligenden** die **Grundeinstellung**, von ihren Möglichkeiten Gebrauch zu machen und **aktiv teilzunehmen**. Demnach ist es entscheidend wichtig, die Vision von der eigenen Schule **gemeinsam** zu **entwickeln** und damit zur Vision aller werden zu lassen, für deren Umsetzungsbemühungen sich wiederum alle verantwortlich fühlen.

*Die **verschiedenen Ansätze** einer »pädagogischen Führung« berücksichtigen in ihrem Grundverständnis von Schulleitung **alle Aspekte**, die eine **gute** »pädagogische Führung« ausmachen, indem sie das breite Aufgabenspektrum des Schulleiters erfassen. Sie verdeutlichen, daß die Schulleitertätigkeit mit der Vorstellung vom **Schulleiter** als »Lehrer mit besonderen Aufgaben« nicht mehr vereinbar ist. Er ist **Führungskraft**.*

*Einerseits ist er als »**Motor**« der Schule anzusehen, der aktiv die pädagogischen Prozesse antreibt. Andererseits ist er auch »**Katalysator**«, als er durch seine Präsenz und durch seine positive Ausstrahlung wirkt. In dem Sinne wie ein Katalysator als ein Stoff definiert ist, der eine chemische Reaktion beschleunigt oder hemmt, ohne sich dabei zu verbrauchen, so wirkt auch der Schulleiter als Katalysator. Bereits seine reine Gegenwart kann Kreativität, Innovativität, Arbeitsmotivation und Gestaltungswille fördern oder lähmen. Er identifiziert sich mit seiner Schule und mit seiner Führungsaufgabe, ohne sich allerdings darin aufzuheben.*

*Schulleiter **konkretisieren** ihre **pädagogischen Führungsaufgaben auf** einer **persönlichen**, einer **unterrichtlichen**, einer **kollegialen** und einer **amtlichen** Ebene. »Auf all diesen vier Ebenen (...) erfahren SchulleiterInnen spezifi-*

sche Herausforderungen, Belastungen, Möglichkeiten und Grenzen« (WIN-KEL 1989, S. 18).[20]

In den Ansätzen wird pädagogische Führung umfassend auch als Mitarbeiterführung dargelegt, so daß sich die Frage erhebt, worin eigentlich das spezifische einer »pädagogischen Führung« im Gegensatz zu allgemeiner Führung, wie sie aus der Betriebswirtschaftslehre bekannt ist, liegt. Oder anders gefragt, kennzeichnet nicht das breite Aufgabenspektrum des Schulleiters Führung generell? Das typische an »pädagogischer Führung« ist die Pädagogik – also die Ausrichtung auf eine optimale Bildung und Erziehung der Jugendlichen – und als solches stellt es das Objekt, auf das schulische Führung gerichtet ist, dar.

Während die eben genannten Ansätze mehr auf theoretischen Überlegungen zu »pädagogische Führung« beruhen, liegen den »pragmatischen« Ansätzen des folgenden Abschnitts empirische Erkenntnisse über die tatsächlichen Tätigkeitsmuster im Schulleiteralltag vor.

5.3.3. Pragmatische Ansätze

Das vielfältige Aufgabenfeld von Schulleitung wurde in den vorherigen Abschnitten sowohl juristisch als auch unter der für die Schule relevanten pädagogischen Perspektive erörtert.

Normative Vorgaben aus dem Schulrecht sowie eine Beschreibung der Schulleitungsaufgaben aus theoretischer Sicht von Pädagogen sind Sollensvorgaben oder bezeichnen ein wünschenswertes Schulleiterverhalten und -handeln.

Wo **Schulleiter** letztlich ihre Schwerpunkte in der Wahrnehmung ihrer Aufgabenbereiche setzen und was sie **konkret** täglich **tun**, läßt sich am ehesten in **empirischem Vorgehen** ermitteln. Unabhängig davon ob es sich hierbei um quantitative Untersuchungen mit einer gewissen Repräsentativität oder um qualitative Studien mit Einzelfallbeschreibung handelt, ist stets zu bedenken, daß die folgenden Aussagen nicht notwendigerweise für **jeden** Schulleiter/**jede** Schulleiterin gelten.

Im Schulleiteralltag lassen sich anhand von empirischen Untersuchungen tatsächliche Tätigkeitsmuster feststellen, die folgende zentrale Merkmale aufweisen. Diese sind:

- ein besonders hohes Maß an Komplexität,
- die Variabilität von Kontakten und Situationen,
- die Kürze und Fragmentierung der Dienstgeschäfte und damit verbunden
- die Abfolge von sofort zu treffenden Einzelentscheidungen, die den Alltag unberechenbar machen,
- ein Übergewicht an mündlicher Kommunikation in überwiegend dyadischen Situationen,
- den größten Zeitanteil nehmen Organisation, Personal und Schülerverwaltung in Anspruch

(vgl. BAUMERT/LESCHINSKY 1986 a, S. 253 und 1986 b, S. 23 f.; BAU-MERT 1989 b, S. 27 f.).

Die KIENBAUM UNTERNEHMENSBERATUNG GmbH (1994 a–c) hat in einer Untersuchung u. a. auch den Grad der Einwirkung der von ihnen befragten Schulleiter auf Kollegiumsbildung, Kooperation und Personalentwicklung ermittelt.[21]

Danach führen 90 % der befragten Schulleiter Unterrichtsbesuche durch und fast ebensoviele (89 %) treffen Zielvereinbarungen mit den Lehrern. Hospitationen im Kollegium werden zwar von 87 % der befragten Schulleiter als sinnvoll erachtet, durchgeführt werden sie jedoch nur in 30 % der Schulen. Die Verständigung auf gemeinsame pädagogische Ziele werden in 94 % der Schulen erzielt bzw. formuliert (vgl. KIENBAUM UNTERNEH-MENSBERATUNG GmbH 1994 a, S. 68–70).

Diese Ergebnisse lassen einerseits vermuten, daß bei **Aktivitäten**, die vom **Schulleiter** aus **initiiert** sind, wie Unterrichtsbesuche, Zielvereinbarungen und Konsensbildung, die **Einwirkungsmöglichkeit** größer ist als bei Tätigkeiten, die die innerkollegialen Beziehungen der Lehrer betreffen, wie beispielsweise Hospitationen unter den Kollegen.

Es paßt in das Bild von Schule als »loosely coupled system«, deren locker vernetzte Strukturen dem Schulleiter und seiner rein juristisch übertragenen Macht eine natürliche Grenze setzen. Positionelle Macht kann vom Schulleiter nur durch persönliche Autorität und Überzeugungsarbeit ersetzt werden. **Überzeugungsarbeit** braucht einen **längeren Atem**, um den für eine Verhaltensänderung erforderlichen Prozeß der Einstellungsänderung in Gang zu setzen. Dies setzt Reflexion und Einsicht bei den Betroffenen voraus, die sich durch Weisungen des Schulleiters nicht bewirken lassen. Der Schulleiter steht somit vor einer sehr schwierigen und zeitraubenden Aufgabe, die die »pädagogische Führung« charakterisiert: er versucht mit dem Kollegium etwas für die Schule zu bewegen, indem er die einzelnen Kollegen selbst bewegt, d. h. motiviert, anregt, ihre individuellen Entwicklungspotentiale freilegt und fördert.

Die hierfür erforderlichen Aktivitäten des Schulleiters zeigen sich insbesondere im Bereich der Innovationen (vgl. Kapitel 2, 5.3.1., S. 90).

TEETZ/REDLICH (1994) untersuchten 1992 in Gesprächen mit 15 Schulleitungen in Niedersachsen die Erfahrungen, die Schulleitungen bei der Einführung und bei der Umsetzung von Innovationen gemacht haben.[22]

Danach läuft Innovationsarbeit der Schulleitung auf zwei Schienen ab:

1. Innovationsfreudige Schulleitungen unterstützen das konkrete Innovationsprojekt, indem sie **unterschiedliche Rollen** im Innovationsprozeß übernehmen.
   Dies sind in Anlehnung an HAVELOCK (1976) die Rollen des Initiators, des Lösungsanbieters, des Prozeßhelfers und des Verbindungsschaffen-

den (vgl. HAVELOCK 1976, S. 25 zit. nach TEETZ/REDLICH 1994, S. 12 f.).

2. Sie haben ein **längerfristiges Ziel** vor Augen. Dieses richtet sich auf die Schaffung, den Erhalt und die Stärkung eines **innovationsfreundlichen Klimas** im Lehrerkollegium. (Vgl. TEETZ/REDLICH 1994, S. 12).

Die erste Schiene belegt, wie unterschiedlich die Aktivitäten von Schulleitungen tatsächlich sind, und daß diese die Übernahme verschiedener Rollen bedingen. Gleichzeitig scheint es sehr bedeutsam zu sein, daß Schulleitungen ihren Blick nach vorne richten und auch über den konkreten Alltag hinaus visionär in ganzheitlichen Konzepten denken.[23]

Die Weiterentwicklung der Schule und der Lehrerinnen und Lehrer ist in einen Alltag des Schulleiters eingebettet, der sich als **pausenlose Anspannung** erweist.

KRÜGERS (1989) Beobachtungen von sechs Schulleitern an Grundschulen bzw. Grund- und Hauptschulen 1988 in Schleswig-Holstein zeigen ferner, daß die **Beanspruchung** des Schulleiters im Vergleich zu den LehrerInnen **antizyklisch** ist:

● Der Schulleiter hat keine Pausen,
● wenn die Lehrkräfte Pause haben, ist für ihn Hochbetrieb
(vgl. KRÜGER 1989, S. 54).

Dieses Ergebnis erstaunt nicht, wenn man von der Tatsache ausgeht, daß die meisten **Schulen** als **Halbtagsbetrieb** geregelt sind und deshalb die Unterrichtszeit für die Lehrkräfte im Laufe des Vormittags en bloc stattfindet. Springstunden sind bei vielen Lehrern eher unerwünscht. Die Zeit, um Fragen, Probleme zu klären, reduziert sich damit automatisch auf die Pausen. In diesen sieht der Schulleiter oftmals die einzige Chance, vordringliche – und das sind oftmals administrative – Angelegenheiten mit den Lehrkräften zu besprechen.

Da der Schulleiter selbst grundsätzlich auch Unterrichtender an seiner Schule ist und je nach Schulart und Schulgröße eine relativ hohe Unterrichtsverpflichtung hat, ist seine **Ansprechbarkeit** für Lehrkräfte, die gerade eine Springstunde/Freistunde haben, **begrenzt**.

Insbesondere an kleineren Schulen ist die Dichte der Ereignisse und damit der kurzfristigen Kontakte höher als an größeren Schulen. Eine Untersuchung des Deutschen Instituts für Internationale Pädagogische Forschung (DIPF) zur Belastung von Schulleitern bestätigt dies (vgl. HUCK 1994, S. 31).

Erschwerend wirkt sich dieser Umstand auf die **Zusammenarbeit** von **Schulleiter** und **Stellvertreter** aus. Die wenig verbleibende Zeit des Schulleiters kann oftmals alleine schon deshalb nicht für einen engen Gedankenaustausch zwischen den Leitungspersonen genutzt werden, weil der Stellvertreter eine noch höhere Unterrichtsverpflichtung hat.

Gespräche mit einzelnen Kollegen oder kleineren Lehrergruppen können am Vormittage – der Kernarbeitszeit – nicht von der Schulleitung gemeinsam geführt werden. Am Nachmittag jedoch stehen die Lehrkräfte nicht ohne weiteres hierfür zur Verfügung.

Schulleitungen sind vielfach sehr stark mit **Routineaufgaben** befaßt, so daß ihnen für echte »pädagogische Führung« und damit für die Entwicklung eines pädagogischen Gesamtkonzepts für die Schule viel zu wenig Zeit bleibt (vgl. AHLERS 1978, S. 26). Daß sich diese Situation noch immer kaum geändert hat, belegen weitere Untersuchungen (vgl. beispielsweise WISSINGER 1996, S. 134). Es ist jedoch auch nicht auszuschließen, daß eine Priorisierung der administrativen Funktionen auf entsprechenden Selbstkonzepten beruht.

Die erwähnte Studie zur Belastung von SchulleiterInnen (DIPF-Projektbericht 1994) belegt den hohen Anteil an administrativen Tätigkeiten des Schulleiters: 53 % ihrer gesamten Arbeitszeit verwenden die beobachteten Schulleiter für personen- und sachbezogene Verwaltungsarbeit (vgl. HUCK 1994, S. 32; so auch bei BIEWER 1994, S. 151[24]). Auch WISSINGER, der Schulleiter verschiedener Schularten auf ihre berufliche Sozialisation hin untersuchte, konstatiert, daß SchulleiterInnen vor allem mit Organisations- und Personalaufgaben beschäftigt sind (vgl. WISSINGER 1994, S. 49 und 1996, S. 155). Das konkrete Handeln steht damit in starkem Kontrast zum Wunsch, **ihre eigene Schule zu gestalten,** das immerhin 95,9 % der befragten SchulleiterInnen als erstes Berufswahlmotiv angaben (vgl. WISSINGER 1996, S. 52).

Die **Wahrnehmung** der in der Literatur durchgängig betonten und von den Schulleitern auch als vordringlich angesehenen **pädagogischen Führungsaufgaben** sind offenbar von der **Alltagsrealität** in eine **unscheinbare Ecke** zurückgedrängt.

> »Für Führungsaufgaben – und damit auch für innovative Aufgaben im Gesamtrahmen der Schulentwicklung – steht demnach im Gesamtdurchschnitt ein Fünftel der Gesamtarbeitszeit zur Verfügung.
> Durch die höhere Unterrichtsverpflichtung der Schulleiter/-innen der kleineren Schulen kann vermutet werden, daß hier der Anteil noch geringer ist« (HUCK 1994, S. 33).

Sieht man vom schulleitereigenen Unterricht ab, so beziehen sich fast die Hälfte aller pädagogischen Aktivitäten des Schulleiters auf Schülerverhalten, insbesondere auf Disziplin (vgl. KRÜGER 1989, S. 56). Bei den von KRÜGER beobachteten Aktionen scheint das Krisenmanagement typisch für die Aktivitäten im soziopädagogischen Bereich zu sein.

Vermutlich stellen die beschriebenen Aktivitäten eher ein spontanes Eingreifen dar, das mit Ad-hoc-Entscheidungen gekoppelt ist, als die Bemühung um ein konzeptionell durchdachtes pädagogisches Vorgehen, das den Konsens des Lehrerkollegiums benötigte. Als zeitlich größten Posten ermittelte KRÜGER das Partnergespräch (vgl. KRÜGER 1989, S. 57). Kommunikation macht offenbar den größten zeitlichen Anteil der Schulleitertätigkeit aus. Die Untersuchung des weiter oben erwähnten DIPF-Projekts zur Belastung von Schulleiterinnen und Schulleitern von 1994 belegt diese Einschätzung. Demnach bilden die geführten Gespräche mit 24,7 % der Gesamtarbeitszeit die häufigste Tätigkeit des Schulleiters (vgl. HUCK 1994, S. 30).

Die **Studie** gibt auch näheren **Aufschluß über** die **Kommunikationspartner** des Schulleiters, sowie über **Dauer** und **Inhalte der Gespräche**.

Die häufigsten Kommunikationspartner sind die Kollegen. Hierzu pendelt der Schulleiter zwischen seinem Büro und dem Lehrerzimmer. Die Gesprächskontakte dauern zu ca. 80 % nicht länger als knapp zwei Minuten. Eine ruhige intensive Kommunikation ist während des Vormittags kaum möglich. Die vielen aber kurzen Gespräche sind thematisch hauptsächlich dem administrativen Bereich zuzuordnen (vgl. KRÜGER 1989, S. 64 f.).

Weiterhin kommuniziert der Schulleiter mit Schülern, Eltern, Mitarbeitern wie der Schulsekretärin und dem Hausverwalter, dem Schulrat, dem Schulträger, anderen Stellen und Schulleiterkollegen.[25]

Der **Stellvertreter** – sofern es ihn an der Schule gibt – ist für den Schulleiter ein äußerst **wichtiger Partner**. Bei den sechs beobachteten Schulleitungen stellte KRÜGER (1989) jedoch **nur in einem Falle kommunikatives Verhalten** der beiden Stelleninhaber fest, das **auf** eine **echte Kooperation schließen** ließe (vgl. S. 62).

Kommunikation zwischen Schulleiter und Stellvertreter beziehen sich anhand der Untersuchung von KRÜGER (1989) auf die Inhalte:

● tägliche Organisation des Unterrichts und des Schullebens,
● Vorbereitung besonderer Veranstaltungen wie Konferenzen, Feiern, Prüfungen u.s.w.,
● Verwaltung und Beschaffung von Inventar,
● akute Probleme, die das Bedürfnis nach einem vertrauensvollen bis vertraulichen Gedankenaustausch wecken, wie beispielsweise Elternbeschwerden und Personalangelegenheiten,
● Informationsaustausch über Vertretung z. B. für die Abwesenheit des Schulleiters und nach Konferenzen und sonstigen Sitzungen
(vgl. KRÜGER 1989, S. 61 f.).

Eine **regelmäßige**, im Wochenplan von Schulleiter und Stellvertreter **fest verankerte Zeit** für gemeinsames Nachdenken über das Gesamtkonzept der jeweiligen Schule, die auch zu Lösungen für die vielen kleineren und größeren Disziplinprobleme und Unzufriedenheiten auf Seiten der Lehrer, Schüler und Eltern führen könnte, ist empirisch nicht erfaßt und **scheint es nicht zu geben.**

Bei der enormen Arbeitsbelastung, denen sich Schulleiter aber auch Stellvertreter wöchentlich ausgesetzt sehen, verwundert dies nicht. Wo soll die Zeit für gemeinsames konzeptionelles Denken und Planen, für Überlegungen zu Innovationen und Schulentwicklung herkommen, wenn die Führungskräfte der Schule in Verwaltungstätigkeiten und den zahlreichen kleineren Alltagsproblemen zu ersticken drohen? Dies stellt auch KRÜGER fest:

> »Insgesamt entsteht der Eindruck, daß der Schulleiteralltag besonders im Umgang mit Kollegen von akuten Forderungen und von Krisenmanagement so eingedeckt ist, daß für prinzipielles Bedenken und längerfristiges Planen wenig Raum bleibt« (KRÜGER 1989, S. 67 und 69; Hervorhbg. RK).

Die empirischen Befunde legen deutlich die **Diskrepanz** zwischen den **normativen Vorgaben** einer »pädagogischen Führung« und dem **realiter** ausgeübten **Führungshandeln** von Schulleitern offen.

Das bislang normativ bestimmte Aufgabenfeld einer pädagogischen Schulleitung (vgl. Kapitel 2, 5.3.1., S. 90 und Kapitel 2, 5.3.2., S. 92) stellt hohe Anforderungen an die Kompetenzen der Funktionsstelleninhaber, die laut empirischer Befunde (vgl. Kapitel 2, 5.3.3., S. 99) in der Alltagspraxis von Schulleitern nicht immer vorzufinden sind. »Pädagogische Führung« steht damit »immer in Gefahr, durch anspruchslosere, einfachere Aufgaben in den Hintergrund gedrängt zu werden« (BESSOTH 1984, LE 40.00, S. 3).

Die Anforderungen an eine pädagogisch führende Schulleitung soll im folgenden kurz diskutiert werden.

5.4. Bedingungen und Anforderungen an eine pädagogische Schulleitung

Mit der Leitungsaufgabe verbinden sich für Schulleitung ganz allgemein Fähigkeiten wie:

- Orientierung an der Sache: hier an der pädagogischen Arbeit der Schule,
- Orientierung an den Menschen: hier Rücksichtnahme auf die individuellen Bedürfnisse und Belange der MitarbeiterInnen und Einschätzung der jeweils vorhandenen Fähigkeiten,
- die Berücksichtigung dieser Gegebenheiten für den pädagogischen Gesamtrahmen der Schule zum Wohle der SchülerInnen,
- ein berufliches Selbstverständnis, das sich von den Funktionen des Lehrenden weg zur Leitungs-/Führungsfunktion hin orientiert und
- »die Kompetenz, die Zukunft der Institution durch entsprechende Kon-

zepte und Handlungsstrategien aktiv mitzugestalten« (THIEL 1994, S. 123).

Die Gedankengänge von SCHEEL (vgl. 1993, S. 199) und SEIDEL (vgl. 1994, S. 28) aufgreifend und erweiternd, sehe ich eine gelingende pädagogische Schulleitung in der Fähigkeit:

- zur Profilbildung der Schule wesentlich beizutragen,
- die Motivation und Identifikation, insbesondere der Lehrkräfte, zu steigern bzw. zu erhalten,
- ein innovationsfreudiges Klima im Kollegium zu schaffen und die im Kollegium vorhandenen Kompetenzen zu aktivieren,
- sich bewußt um die Weiterbildung und -entwicklung sowohl der einzelnen Lehrkräfte als auch des Gesamtkollegiums zu kümmern,
- die hier angeführten Schulleitungsaspekte durch Kommunikation und Kooperation umzusetzen und daraus Entscheidungs- und Handlungsfähigkeit zu gewinnen;
  hierbei gilt es, die administrativen, organisatorischen, psychologischen und pädagogischen Bedingungen zu klären, die den Rahmen für eine innerschulische Kooperation bilden;
- die bei Schulentwicklungsmaßnahmen und kooperativen Arbeitsprozessen entstehenden Konflikte zwischen den Beteiligten positiv zu sehen und für die Weiterentwicklung der Schule zu nutzen,
- Menschenführung zu praktizieren, die auf einem positiven Menschenbild und auf Wertvorstellungen beruht und durch Kooperation umgesetzt wird und
- Sinn zu stiften und die pädagogische Orientierung zu halten trotz unterschiedlicher Positionen.

»Pädagogische Führung« bedarf deshalb gewisser **Voraussetzungen**, zu denen insbesondere **kompetente**, d. h. fachlich qualifizierte, **Mitarbeiter** im **Leitungsbereich**, entsprechende **Führungsinstrumente** und genügend **Leitungszeit** (vgl. WIRRIES 1986, S. 16) zu rechnen sind.

Ein sehr großes Problem stellt meines Erachtens die erforderliche Leitungszeit dar, die der Schulleiter allerdings nur über eine Entlastung der in Deutschland generell sehr hoch angesetzten Unterrichtsverpflichtung erreichen kann. Realisierungsmöglichkeiten bestehen zur Zeit aus finanzpolitischer Sicht leider noch nicht.[26]

Schulleiter und Stellvertreter können durch eine enge und vertrauensvolle Zusammenarbeit für sich selbst Entlastung schaffen. Die Delegation von Aufgaben an die Mitarbeiter und an Kollegen trägt ebenfalls erheblich zu einer höheren Leitungszeit des Schulleiters bei und verstärkt gleichzeitig die Motivation der Mitarbeiter.

Die pädagogische Führungsaufgabe erfordert **kommunikative Kompetenz** und **Konfliktfähigkeit** in der Auseinandersetzung mit den Mitarbeitern (vgl. auch WIRRIES 1986, S. 39).

Daß Schulleitungspersonen nicht unbedingt über die erforderlichen Fähigkeiten verfügen, verwundert nicht. Schulleiter und Schulleitungsmitglieder sind, wie bereits dargestellt (vgl. Kapitel 2, 4.3., S. 84), bislang Lehrer ohne eine spezifische Ausbildung für das Berufsfeld »Schulleitung«. Ihre Qualifizierung im Rahmen einer Schulleiterfort- und -weiterbildung ist immer noch als unzureichend zu bezeichnen.

Ihr Leitungshandeln ist demgemäß defizitär. Defizite lassen sich jedoch auch in der Schulverwaltung – der Schulbehörde und dem Schulträger – finden, die sich wiederum als wenig förderlich für Schulleitungshandeln erweisen.

Mit den Defiziten im Schulleitungshandeln als auch innerhalb der Verwaltung setzt sich der nächste Abschnitt auseinander.

5.5. Defizite im Schulleitungshandeln und Managementdefizite der Verwaltung

Die Defizite im Schulleitungshandeln lassen sich für drei zentrale Bereiche erfassen:

1. Defizit der Verwaltungskompetenz
2. Defizit der Schulrechtskompetenz
3. Defizit der Führungskompetenz

1. **Defizit der Verwaltungskompetenz**
AUERNIG (1986) konstatiert:

> »dem Schulleiter fehlt die verwaltungs- und bürotechnische Qualifikation, die für die Organisation, technische Strukturierung des Schul-Betriebes und für die fachliche, griffsichere sowie griffbereite Ordnung der Verwaltungsakte notwendig wäre« (S. 10).

SPIES/HEITZER (vgl. 1986, S. 53) und BIEWER (vgl. 1994, S. 156) dokumentieren die genannten Defizite ebenfalls.

Dennoch hat sich im Bereich der **Verwaltungs-** und der **Managementfunktionen** in den letzten Jahren an den Schulen insgesamt einiges **zum Positiven** gewandelt. Schulleiter und Stellvertreter sind mittlerweile besser selbstorganisiert, haben sich großteils moderne Arbeitstechniken angeeignet[27] und können sich auf qualifizierteres Hilfspersonal stützen.

Für Schulsekretärinnen und Schreibkräfte werden in der Regel vom Schulträger Fortbildungsmaßnahmen durchgeführt, die modernes Management in der Schulverwaltung beinhalten. Ein gutes Verhältnis der Schulleitung zu diesen Mitarbeiterinnen, das geprägt ist von Vertrauen in die Fähigkeiten dieser Personen und von der Anerkennung und Wertschätzung der erbrachten Leistungen, gekoppelt mit dem Eingeständnis, daß die Damen im Schulsekretariat kompetent und effizient Verwaltung handhaben, bietet viele wertvolle Hilfen und Anregungen für die Verwaltungsarbeit der Schulleitung.

2. Defizit der Schulrechtskompetenz

Da das juristische Gleichheitsprinzip für das pädagogische wie für das Verwaltungshandeln des Schulleiters gilt, ist

>»das juristische Element im Vordergrund des Führungs- und Verwaltungshandelns auch des Schulleiters, das zugleich als Gesetzeshandeln kategorisiert werden muß« (AUERNIG 1986, S. 8).

Schulleiter verfügen aber oftmals aufgrund mangelnder Ausbildung in schulischen **Rechtsfragen** nur über **unzureichende Kompetenzen.** Dieses Defizit und die Kritik daran ist berechtigt; denn viele gesetzliche Vorlagen erfordern qualifizierte Auslegungen, weil auch Entscheidungen im legalen Raum »nicht notwendig auch human, sozial, ökonomisch oder effizient« (BESSOTH 1977, S. 113) sein müssen.

Ein juristisch qualifizierter Schulleiter sollte »den faktischen Freiraum für routinemäßiges und innovatives Führungsverhalten selbst [zu] erkennen« (AUERNIG 1986, S. 8 f.).

Die **defizitäre Schulrechtskompetenz** hat **nachteilige Konsequenzen** im schulischen Alltag. Der schulrechtlich wenig kompetente Schulleiter fühlt sich selbst eher unsicher und trifft im Einzelfall unter Umständen Entscheidungen, die zu Konflikten oder gar Rechtsstreitigkeiten führen können. Im Umgang mit dem Schulrecht unsichere oder unerfahrene Schulleiter neigen eher dazu, des öfteren die Entscheidung auf die nächsthöhere Ebene zu verlagern. Das kann einerseits dazu führen, daß die Schulaufsicht den Freiraum des Schulleiters stark einschränkt mit der Folge, daß er sodann kaum noch über selbständiges Verwaltungs- und Leitungshandeln verfügt. Andererseits findet die Schulaufsicht wegen des erhöhten Regelungsbedarfs **kaum** noch **Zeit,** die Schulen und die **Schulleiter** in bezug auf ihre Entwicklung **zu beraten** und **zu unterstützen.**

Die Erörterung von Rechtsaspekten beansprucht die geringe Zeit, die Schulleitern und Stellvertretern für Gespräche mit ihrem Schulaufsichtsbeamten zur Verfügung steht. Für den Gedankenaustausch zwischen Schulleitung und Schulaufsicht bleibt kaum noch Raum.

3. Defizit der Führungskompetenz

KLEINSCHMIDT (1992) benennt eine ganze Reihe von **Defiziten im Schulleiterhandeln,** die sich alle auf die Führungskompetenz des Schulleiters beziehen. Sie werden wie folgt kurz angeführt:

1. Der Schulleiter kümmert sich nur wenig um Zielklarheit für die Entwicklung der Schule, bzw. er formuliert die Schulziele zu global.

2. Eine schuleigene Kultur oder Philosophie existiert nicht.

3. Der Schulleiter zeigt kein großes Interesse am Kollegium. Lehrerfluktuation und eine geringe Stabilität und Kontinuität des Schulprofils sind Kennzeichen hierfür.

4. Der Schulleiter fördert kaum die Kooperation des Kollegiums.

5. Lehrerkonferenzen sind verwaltungstechnisch und weniger pädagogisch orientiert. Pädagogische Fragen werden nicht grundsätzlich thematisiert.

6. Der Schulleiter präferiert Verwaltungsarbeiten gegenüber pädagogischen Aufgaben. Die Lehrer erhalten nur wenig Anregung für ihre konkrete Unterrichtsverbesserung.

7. Der Schulleiter sieht über Probleme hinweg. Entweder er verdrängt sie oder er nimmt sie als unveränderbar hin. Eine genaue Problemanalyse wird nicht vorgenommen.

8. Der Schulleiter informiert das Kollegium über Veränderungen nur unzureichend und beteiligt die Kollegen lediglich sporadisch an schulinternen und damit auch die Lehrer und Lehrerinnen betreffenden Entscheidungen.

9. Der Schulleiter verschafft sich weder systematisch noch regelmäßig einen Überblick über die Leistungen der Lehrkräfte. Lob, Anerkennung und Wertschätzung ebenso wie eine konstruktive Kritik für Lehrer wie Schüler fehlen.

10. Der Schulleiter fördert zu wenig die Qualifizierung der Lehrer im Sinne von Fort- und Weiterbildung.

11. Er trägt wenig Sorge für die Anschaffung von neuer fachdidaktischer und schulpädagogischer Literatur für die Lehrerbibliothek.

12. Er zeigt sich nur wenig am persönlichen Wohlergehen und am beruflichen Fortkommen seiner Lehrer interessiert. Zwischenmenschliche Beziehungen werden geringgeschätzt, und die Lehrer werden kaum gegen Angriffe von außen geschützt.

13. Der Schulleiter beteiligt die Schüler an Entscheidungen nur in geringem Umfang. Sie werden zu wenig zu eigenverantwortlichem Handeln angeleitet.

14. Die fehlende Problemanalyse führt zu immer neuen Disziplinproblemen, auf die dann meist dirigistisch reagiert wird.

15. Die Elternbeteiligung wird auf die im Schulrecht vorgesehenen Notwendigkeiten beschränkt. Die Schule hat nur geringe Anbindung an die Schulgemeinde. Schule und Gemeinde haben wenig miteinander zu tun. Eltern und Schüler identifizieren sich kaum mit ihrer Schule.

(Vgl. KLEINSCHMIDT 1992, S. 206 f.)

Die Führungsdefizite begründet AUERNIG mit der institutionell nur geringen Vorbereitung von Schul-Führungskräften auf deren komplexe Aufgabenfelder. »Führungsqualifikationen sind soziale Qualifikationen« (AUERNIG 1986, S. 6) und sind als

> »Menschenkenntnis, Verhandlungsgeschick, soziale Sensibilität, Gelassenheit beim Akzeptieren von Mehrheitsentscheidungen oder Selbstvertrauen beim Eingestehen von Fehlern« (AUERNIG 1986, S. 7)

nur selten angeboren. Deshalb ist die Qualifizierung von Schulleitungsmitgliedern erforderlich, die möglichst vor Amtsübernahme erfolgen sollte.

Dieses Defizit kann zumindest in Ansätzen ausgeglichen werden; denn mittlerweile gibt es in nahezu allen Bundesländern Konzepte zur Weiterentwicklung von Schulleitern.

Nachdenklich stimmt allerdings die Tatsache, daß Fortbildung im Schuldienst auf Freiwilligkeit beruht, die auch für Schulleitungsmitglieder gilt. Der Personenkreis, der freiwillig an solchen Qualifizierungsmaßnahmen teilnimmt, stellt in aller Regel auch den Kreis der motivierten und interessierten Leitungsmitglieder dar. Diese Stelleninhaber erkennen die Defizite bei sich selbst und möchten diese gerne schnellstmöglich abbauen.

Manch ein Schulleiter oder Stellvertreter bemerkt jedoch den Bedarf für sich selbst nicht (Diskrepanz zwischen Selbst- und Fremdwahrnehmung) und geht somit an neueren Erkenntnissen und an bereichernden Erfahrungen vorbei.

So sehr viele der aufgezeigten Defizite an einzelnen Schulen noch vorfindbar sein dürften, so glaube ich, daß es in einigen Bereichen an den Schulen Verbesserungen gibt.

Diese möchte ich unter Bezugnahme auf die obige Defizitliste KLEINSCHMIDTS (1992) darlegen.

Verbesserungen im Schulleiterhandeln:

- Eine schuleigene Kultur oder Philosophie wird mittlerweile an vielen Schulen entwickelt.[28] Die Schulen und insbesondere die Schulleitungen erhalten wertvolle Unterstützung durch Fortbildungsangebote der Weiterbildungsinstitute, vielerorts auch durch die Schulaufsicht sowie durch Schulentwicklungsmoderatoren[29] (Kritikpunkt 2).
- Schulleiter zeigen nicht zuletzt wegen der Notwendigkeit, ein schuleigenes Profil zu entwickeln, ein großes Interesse an ihrem Kollegium und an einer Stabilität der Zusammenarbeit. Ob Lehrerfluktuation – insbesondere an problembehafteten Schulen in schwierigeren Einzugsgebieten und Umfeldern – hauptsächlich der Schulleitung angelastet werden kann, müßte noch eingehender untersucht werden. Die Gründe für eine solche »Lehrerbewegung« suche ich eher in den ungünstigeren Rahmenbedin-

gungen dieser Schulen und einer oftmals damit einhergehenden Unzufriedenheit der Lehrkräfte sowie in einer verengten Sichtweise der Schulaufsichtsbehörden, die sich oftmals mehr der statistisch zu berechnenden Lehrerzuweisung widmen als den pädagogischen Notwendigkeiten der Einzelschulen.

Eine Schulaufsicht, die ihrer Beratungs- und Unterstützungsfunktion gerecht werden will, kennt die Sorgen und Probleme der Schule und sorgt für eine Stabilität der kollegialen Beziehungen und damit für die Kontinuität bei der Entwicklung des Schulprofils (vgl. ROSENBUSCH 1995; STORCH/WILL 1986) (Kritikpunkt 3).

● Nicht nur die LehrerInnen, auch die SchulleiterInnen haben erkannt, daß eine Lehrerkooperation von großem Wert für eine gemeinsam getragene Bildungs- und Erziehungsarbeit ist. Die Frage nach der Förderung der Kooperation stellt sich nicht nur für die Lehrkräfte, sondern in besonderem Maße auch für die Schulleitung – respektive für den Schulleiter und seinen Stellvertreter.

Gibt es auf Leitungsebene eine gelingende Kooperation, die sich motivierend auf die Lehrerkooperation auswirken könnte, oder sieht der Schulleiter seine originäre und nur von ihm wahrzunehmende Unterstützungsaufgabe lediglich in Richtung der Lehrerkooperation? Auf diesen Sachverhalt nimmt KLEINSCHMIDT (1992 und 1993 a, b) keinen Bezug. Das defizitäre Leitungshandeln wird ausschließlich am Schulleiter ausgemacht, obwohl gerade der Stellvertreter durchaus einen gewichtigen Anteil am Leitungshandeln und damit auch an Schwächen im Schulleitungshandeln hat.

● An vielen Schulen werden pädagogische Fragen in Lehrerkonferenzen thematisiert und ziel- bzw. ergebnis- und konsensorientiert diskutiert. Vielleicht trifft dies auch am ehesten auf die Schularten zu, die ihren Schwerpunkt in der Erziehung der Schüler und Schülerinnen sehen. Die veränderten Verhaltensweisen vieler Jugendlicher und die veränderten gesellschaftlichen Bedingungen (vgl. Kapitel 1, S. 32) führen an der grundsätzlichen Auseinandersetzung mit Erziehungsfragen und Disziplinproblemen nicht vorbei – und dies gilt unabhängig von der jeweiligen Schulart (Kritikpunkt 5).

● Zahlreiche Schulen analysieren ihre Probleme, um mit aktuellen Disziplinproblemen besser umgehen zu können und neue zu vermeiden. Schulpsychologen und Schulentwicklungsmoderatoren unterstützen die Schulen auf diesem schwierigen Wege und gehen gezielt auf die Problemlage und die Bedürfnisse der jeweiligen Einzelschule ein (Kritikpunkt 14).[30]

● Pädagogisch wirkungsvolles Leitungshandeln bedarf der intensiven Beteiligung der Eltern am schulischen Geschehen und zwar nicht nur im Sinne einer Pflichterfüllung, weil die Richtlinien dies so vorschreiben. Die Öffnung von Schule in die Gemeinde bzw. in das schulische Umfeld geschieht inzwischen sowohl aus pädagogischen Gründen als auch bei rückläufigen Schülerzahlen aus der Motivation zur Selbsterhaltung. Eine intensive Elternarbeit ist hierin eingeschlossen (Kritikpunkt 15).

Nicht alle Defizite sind den Schulleitungen anzulasten. Vielfach wirken sich die Defizite der Schulverwaltung – der Schulbehörde und des Schulträgers – hinderlich für ein kompetentes Leitungsverhalten aus.

Zu den Managementdefiziten der Schulverwaltung zählen:

● Schulleiter haben unzureichende Entscheidungsbefugnisse; dies führt leicht zu einem Auseinanderklaffen von Kompetenzen und Verantwortung; echte Delegation gibt es nicht;
● die Aufgaben konzentrieren sich auf Nebeneffekte anstatt auf Primärprozesse;
● die Schulen haben zu wenig Hilfs- und teilweise auch zu wenig Führungskräfte (z. B. kein stellvertretender Schulleiter);
● Führungskräfte sind durch die Beschäftigung mit Hilfstätigkeiten (beispielsweise kopieren) falsch eingesetzt;
● Schulen haben zu wenige Ermäßigungsstunden für Funktionen in der Schulleitung;
● die Schulleitung verfügt über eine unzureichende Ausstattung mit Organisationsmitteln und modernen Arbeitsmitteln (z. B. EDV-Ausstattung);
● auf Schulebene gibt es zu geringe demokratische Kontrollstrukturen;
● Fehlplanungen der Schulverwaltung insbesondere beim Personaleinsatz können nicht wirkungsvoll korrigiert werden
(vgl. BESSOTH 1977, S. 92 f.).

Die kritisierten Managementfunktionen der Schulverwaltung – zu dieser möchte ich auch die Schulträger zählen, da sie in nicht unerheblichem Maße an der personellen Ausstattung (Schulsekretärin, Hausverwalter) und an der Sachausstattung der Schulen beteiligt sind, indem sie dem Schulleiter moderne Arbeitsmittel genehmigen oder verweigern – sind trotz der seit Ende der 80er Jahre diskutierten Autonomie für Schule und Schulleitungen (vgl. Kapitel 2, 4.4., S. 85), noch immer in vielen Bereichen wirksam.

5.6. Zusammenfassung

Im 3. Abschnitt dieses Kapitels wurde die Schulleitungsaufgabe aus der Sicht von Pädagogen erörtert. Die aus der angloamerikanischen »School-Effectiveness-Forschung« hervorgehende »instructional leadership« wurde im deutschsprachigen Raum als »pädagogische Führung« diskutiert. Es konnte in diesem Kapitel aufgezeigt werden, daß die **Begriffsbestimmung** von »**pädagogische Führung**« noch **unpräzise** und »pädagogische Führung« eher als weites, alle Aufgabenbereiche umfassendes Feld verstanden wird.

Hierbei läßt sich in jüngerer Zeit eine leichte **Verschiebung** in der **Gewichtung** und Orientierung der pädagogischen Führungsarbeit im Sinne der **Einflußnahme** auf und den Umgang mit dem **Kollegium** ableiten.

»Pädagogische Führung« scheint zunehmend ein essentieller Bereich einer auf Partizipation angelegten Führung in der Schule zu sein. Die sozialen Beziehungen, die auf Gleichwertigkeit (Retrospektivität) beruhen, gewinnen immer mehr an Bedeutung.

Die pädagogischen Theorien fordern die Unterstützung der Kooperationskultur und der Konsensfindung ebenso wie visionäres Denken zur Entwicklung der Schule. Die Aufgabenzuschreibung seitens der wissenschaftlichen Literatur bezieht sich in aller Regel auf den Schulleiter.

Dies erscheint aus theoretischer Perspektive einsichtig, wenngleich aus dem Verständnis des schulischen Alltags davon auszugehen ist, daß diese Führungsaufgabe weder von einer Person alleine in vollem Umfang effizient und sensibel wahrgenommen noch auf der Basis einer kindpädagogischen Führung geleistet werden kann. Schulziele können nur prozessual erreicht werden.

Dem ständigen Vertreter des Schulleiters, so konnte ausgeführt werden, scheint theoretisch wie empirisch eine geringe Bedeutung zuzukommen.

Die Diskussion des pädagogischen Abschnittes dieses zweiten Kapitels hat erbracht, daß das Aufgabenspektrum einer »pädagogischen Führung« äußerst vielfältig ist. Die Führungsaufgabe läßt sich deshalb im Sinne eines schulrechtlich determinierten monokratischen Leitungsverständnisses im Hinblick auf die veränderten Bedingungen von Schule (vgl. Kapitel 1, S. 32) nicht mehr zufriedenstellend realisieren.

Eine neue Leitungstheorie erscheint somit auch aus der pädagogischen Führungsaufgabe von Schulleitung vordringlich.

Führung in der Schule hat eine Komplexität erreicht, die es nahelegt, nach Erklärungsmustern, Führungsgrundsätzen und Führungsinstrumenten zu suchen, die in anderen Bereichen außerhalb der Schule seit langem bekannt sind und angewandt werden.

Anmerkungen zu KAPITEL 2

1. NEVERMANN (1982) hat insbesondere die historische Entwicklung der Schulleitung im Rahmen seiner Untersuchung zur Institutionalisierung der Schulleitung im Spannungsverhältnis von Pädagogik und Bürokratie beschrieben. Seine historische Analyse beruht auf der einschlägigen schul- wie rechtshistorischen Literatur.

2. Eine Ausnahme bilden lediglich kleine Grundschulen bzw. Hauptschulen, die wegen ihrer geringen Schülerzahl nur einen Schulleiter haben.

3. Dieses steht im Gegensatz zum »schulleiterzentrierten« Modell. Hierbei besitzt der Schulleiter die Regelzuständigkeit, den Konferenzen kommt nur in vergleichsweise wenigen Angelegenheiten eine eigene Zuständigkeit zu (vgl. HA-

BERMALZ 1991, S. 127 f.). In Niedersachsen ist die Gesamtkonferenz, der auch Eltern- und Schülervertreter angehören, maßgebend. HABERMALZ (1991) leitet aus dem niedersächsischen Schulgesetz § 23 eine umfassende Zuständigkeit des Schulleiters für alle wesentlichen Aufgaben ab. Schulleitung und Konferenzen stehen gleichwertig nebeneinander. Vorsitzender der Gesamtkonferenz ist allerdings der Schulleiter. »Er bereitet die Sitzungen der Konferenz vor und führt die Beschlüsse aus.« (HABERMALZ 1991, S. 128).

4. Die im folgenden angeführten Paragraphen des SchMG und der ADO sind GAMPE u. a. 1993 entnommen.

5. Die Beanstandung von Beschlüssen durch den Schulleiter hat in jedem Falle aufschiebende Wirkung.

6. Der Schulleiter ist Vorgesetzter, weil er für die konkrete Tätigkeit der an der Schule Beschäftigten Anordnungen geben kann. Dienstvorgesetzter ist hingegen derjenige, »der für die dienstrechtlichen Entscheidungen über die persönlichen Angelegenheiten der ihm nachgeordneten Dienstkräfte zuständig ist (§ 3 Abs. 4 LBG, § 8 Abs. 2 BAT« (GAMPE u. a. 1993, S. 111).

7. BESSOTH/SCHMIDT (1984) empfehlen die Arbeitsverteilung mittels Aushandlungsprozeß vorzunehmen, um so nach Möglichkeit die einzelnen Funktionsträger zu beteiligen und deren Wünsche und Präferenzen zu erfahren. Ziel ist es, die unmittelbare Verantwortung für die Erledigung von Einzelaufgaben, aber auch die Informations- und Beteiligungspflichten der Schulleitungsmitglieder (lineare Verantwortlichkeit) festzulegen. In: BESSOTH/SCHMIDT 1984, LE 15.25.

8. Diese Position ist eine Mittelposition, auf deren Problematik oftmals durch abwertende Begriffe wie »›Lückenbüßer‹, ›Doppelagent‹, ›Fußabtreter‹« (DRÖGE 1992 a, S. 46) hingewiesen wird.

9. Die Anteile an Funktionsstellen an den einzelnen Schulen und an den verschiedenen Schularten sind unterschiedlich hoch, wie z. B. DRÖGE (1992 a) für das Flächenland Niedersachsen – Stand 1987/88 – angibt (vgl. S. 47 f.).

10. Eine gesetzliche Regelung zu Stellung, Funktion und Aufgaben des Stellvertreters gibt es nur in etwa der Hälfte der Bundesländer. Eine konkrete Aufgabenverteilung liegt in Berlin, in Rheinland-Pfalz und im Saarland vor.

11. Diese Sichtweise hat HELD (1980) in seinen Ausführungen zu Freiheit und Bindung der Schulleitung dargestellt.

12. FISCHER (1987, Band 1, S. 21–25) hat eine lange Liste von Aufgaben auf der Grundlage des österreichischen Schulrechts sowie mit Hilfe von Einzelverfahren im Rahmen von Schulleiterkursen in Oberösterreich erstellt. Auch diese Aufgabenaufzählung erhebt keinen Anspruch auf Vollständigkeit.

13. Dies führt BESSOTH (1979, LE 14.02, S. 19–21) aus.
FISCHER (1987, Band 1, S. 25–27) konkretisiert die Vor- und Nachteile solcher Aufgabenkataloge in seinen Ausführungen zu den Aufgaben- und Funktionsbereichen auf der Grundlage österreichischen Schulrechts.

14. Dies trifft für die Hälfte der Bundesländer zu.

15. § 21 SchVG wertet die Bedeutung des Stellvertreters auf. Für den Fall, daß die

Schulkonferenz nicht mehr rechtzeitig entscheiden kann und die Angelegenheit nicht aufschiebbar ist, trifft der Schulleiter »nach Beratung mit seinem ständigen Vertreter« (§ 21 SchVG) die Entscheidung.

16. Nähere Ausführungen zu Lehrbefähigung und Ernennungs- und Ausbildungsvoraussetzungen für Schulleiter finden sich bei HOLTAPPELS 21991, S. 85–91.

17. Eine ausführliche Dokumentation des amerikanischen Forschungsstandes zur Schulleitung hat LENZ (1991) zusammengestellt.

18. LAUFS (1994) hat die Merkmale, die den amerikanischen Schulleiter vom Schulleiter des deutschsprachigen Raums unterscheiden in acht Punkten zusammengefaßt: Der amerikanische Schulleiter bereitet sich schulformunabhängig auf seine zukünftigen Funktionen vor. Eine Promotion gilt heute oft als Bedingung. Er wird als Manager seiner Schule gesehen und ist in aller Regel ohne Unterrichtsverpflichtung. Damit verfügt er über genügend Leitungszeit. Die Bezahlung des Schulleiters erfolgt durch die Gemeinde und ist von deren wirtschaftlicher und sozialer Struktur abhängig. Der Schulleiter handelt seine Bezüge bei der Gemeinde aus. Er wird von dem »School Board« auf Zeit ernannt und ist diesem verpflichtet. Seine Vertrauensstellung gegenüber dem »School Board« beinhaltet die Verantwortung für die pädagogische Arbeit an seiner Schule. Er ist Arbeitgeber, d. h., er stellt das Personal der Schule ein und kann ihm aber auch kündigen. Er hospitiert seine Lehrer dreimal im Jahr. Er legt ggf. Mängelbögen an oder spricht auch Abmahnungen aus. Er ist oberste Instanz in Fragen der Sicherheit. Er muß sich um die finanziellen Mittel für seine Schule selbst kümmern – er sucht Sponsoren. Diese finanziellen Mittel tragen dazu bei, daß sich die Schule ein eigenes Profil geben kann, und sie ermöglichen zusätzliche Unterrichtsangebote. (Vgl. LAUFS 1994, S. 89)

19. Zur historischen Entwicklung von Schulleitung im deutschen Bildungswesen siehe NEVERMANN 1982.

20. WINKEL (1989) leitet von diesen vier Ebenen vier unverzichtbare Qualifikationen für SchulleiterInnen ab. Er umschreibt diese mit KOAP für Konfliktfähigkeit, Orientierungsfähigkeit, Antinomiefähigkeit (Ausbalancieren von Spannungen) und Politikfähigkeit (andragogische Aufgabe an der Gelenkstelle zwischen Schule und Gesellschaft).

21. Die Untersuchung wurde im Auftrage des Kultusministeriums des Landes Nordrhein-Westfalen durchgeführt mit dem Ziel, Vorschläge für eine Reorganisation der Staatlichen Schulaufsicht in Nordrhein-Westfalen zu entwickeln. Hierzu wurde auch eine schriftliche Befragung bei 10 % aller Schulleiter des Landes durchgeführt (637 zufällig ausgewählte Schulleiter). KIENBAUM UNTERNEHMENSBERATUNG GmbH 1994 a–c.

22. TEETZ/REDLICH (1994, S. 10 f.) fanden als Kernergebnisse heraus: Die günstigste Voraussetzung für anstehende Innovationen ist der Anstoß vom Kollegium anstatt Anweisung von »oben«. Die Einbettung von Einzelobjekten in ein pädagogisches Gesamtkonzept; günstige externe Bedingungen durch entsprechende Fortbildung und Konferenzen; die politischen Gegebenheiten (z. B. die Bearbeitungsweise bereits genehmigter Projekte auf Schulverwaltungsebene); die Bedingungen des schulischen Einzugsbereichs; die Handhabung von Erlassen, Richtlinien und Vorschriften; die Unterstützung durch übergeordnete Stellen; eine innovationsfördernde Ausstattung der Schule; die stärkere Berücksich-

tigung innovatorischer Bereiche in der Lehrerausbildung; die Aktualität eines Innovationsthemas in Schule und Öffentlichkeit und Hilfe von »oben« wurden von den befragten Schulleitungen als entscheidend für die Innovationsarbeit in der Schule angesehen.

23. Auf die Bedeutung der Konsensbildung zu einheitlichen pädagogischen Konzepten weisen auch TEETZ/REDLICH hin (vgl. 1994, S. 13).

24. Auch BIEWER (1994, S. 151) weist in seiner Studie zur Steuerung und Kontrolle öffentlicher Schulen nach, daß die 24 in die Untersuchung einbezogenen Schulleiter von Hauptschulen bzw. Grund- und Hauptschulen, mehr als die Hälfte (53 %) ihrer für die Schulleitung zur Verfügung stehenden Zeit für Verwaltungstätigkeiten verwenden.

25. Nähere Einzelheiten zu diesen Kommunikationspartnern des Schulleiters finden sich bei KRÜGER 1989, S. 59–61 und S. 64–91.

26. Seit ihrer Gründung bemühen sich die Schulleiterverbände auf Landesebenen ebenso wie ihre Dachorganisation, die ASD (Arbeitsgemeinschaft der Schulleiterverbände Deutschlands), um eine Herabsetzung der Unterrichtsverpflichtung für Schulleitungen. Leider haben die Anstrengungen bislang noch nicht zum Erfolg geführt, obwohl sowohl die Kultusbürokratie als auch die Politiker einer geringeren Unterrichtsbelastung zum Wohle von mehr Leitungszeit durchaus positiv gegenüberstehen. Bedauerlicherweise bedeutete eine positive Entscheidung auch zusätzliche finanzielle Belastungen für die Länder, da aufgrund der Unterrichtsreduzierung für Schulleitungen ein Mehr an Lehrerstunden in den Schulen erforderlich wäre.

27. Praxisorientierte Anregungen und Empfehlungen hierzu finden sich bei MÜNCH (1992 und 1993 a, b).

28. Zahlreiche Beispiele für profilbildende Maßnahmen und Schulentwicklungsprozesse an Einzelschulen finden sich in den Ausgaben der Zeitschrift: Pädagogische Führung der Jahre 1990–1997.

29. DALIN/ROLFF (1990) entwickelten im Rahmen eines Projekts der Lehrerfortbildung in Nordrhein-Westfalen unter Beteiligung des Kultusministers, der Regierungspräsidenten, der Schulämter und des Landesinstituts für Schule und Weiterbildung ein institutionelles Schulentwicklungsprogramm. Hierzu gehört vor allem die Weiterbildung von Lehrkräften zu Moderatoren für Schulentwicklung.

30. Die Lehrerfortbildungsinstitute (beispielsweise das Landesinstitut Soest in Nordrhein-Westfalen und das SIL Speyer in Rheinland-Pfalz bieten hierzu zahlreiche Einzelveranstaltungen aber auch schulinterne Fortbildungsmaßnahmen an.

KAPITEL 3

Neue Akzente der Schulleitung – Schulleitung in managementtheoretischer Sicht

1. Einführung

Schulleiter nehmen als Hauptverantwortliche für die pädagogische Arbeit der Schule ein komplexes Aufgabenfeld wahr, das technische, pädagogische und Führungsfunktionen beinhaltet (vgl. Kapitel 2, S. 66). Sie stehen vor der Aufgabe, dem Veränderungsdruck gerecht zu werden, der sich aus dem gesellschaftlichen Wandel, einer veränderten Arbeitswelt und den binnen-strukturellen Veränderungen der Schule (vgl. Kapitel 1, S. 32), sowie den normativen Vorgaben pädagogischer Leitungstheorien, die bislang noch keine einheitliche Schulführungstheorie hervorgebracht haben (vgl. Kapitel 2, S. 66), ergibt.

In jüngerer Zeit hat sich immer mehr die Erkenntnis durchgesetzt, daß die Führungsaufgaben und Führungsprobleme in der Schule nicht mehr los-gelöst von den Führungsproblemen und den Führungskonzeptionen außerhalb der Schule betrachtet werden können (vgl. HALLER/WOLF 1995[1] b, S. 18 f.).

Demnach stellt sich in einem ersten Teil dieses Kapitels die Frage, wie der Führungsbegriff im Kontext der Betriebswirtschaftslehre zu definieren ist, und welche Implikationen auf ein neuzeitliches Führungsverständnis damit korrespondieren.

In einem zweiten Teil des Kapitels ist zu prüfen, ob es möglich ist, Rückgriff auf die der Betriebswirtschaftslehre zugrunde liegenden Führungstheorien für Führung in der Schule zu nehmen. Hierbei ist zu fragen, ob es Führungs-theorien, Führungsstile und ggf. auch Führungstechniken gibt, die zumin-dest in Grundzügen für Schulleitung relevant sind.

Basierend auf dem Verständnis von Macht im Rahmen betrieblicher Führung ist ferner herauszuarbeiten, wie sich »Macht« für Schulleitung als Subsystem des Gesamtsystems Schule darstellt und welche Leitungsebenen für Führung in der Schule von Bedeutung sind.

2. Führungsverständnis und Führungstheorien

Die moderne Arbeitswelt ist gekennzeichnet durch ständig sich weiterent-wickelnde Technologien, durch eine Globalisierung der Märkte und einem immer größer werdenden Konkurrenzdruck, einer **Arbeitnehmerschaft**, die wesentlich spezialisierter und professionalisierter geworden ist aber auch **veränderte Erwartungen** an die Arbeit, den Arbeitsplatz und an das Füh-rungsverhalten der Vorgesetzten stellt. Sie erfordert eine neuzeitliche Führung.

Ein **neuzeitliches Führungsverständnis** reagiert auf die Wünsche und Bedürfnisse der Mitarbeiter nach mehr Selbstbestimmung, nach Partizipation an Entwicklungs- und Entscheidungsprozessen und nach Verantwortung.

Die **moderne Führungsforschung** hat im Rahmen ihrer disziplinären Spezialisierung **Führungstheorien** entwickelt, die im Hinblick auf den Umgang zwischen Vorgesetzten und Mitarbeitern **verhaltenswissenschaftlich**[2] **geprägt** sind.

Die Führungsforschung konnte bislang allerdings noch keine eindeutigen und generalisierbaren Aussagen über richtiges Führungsverhalten machen. »Führung bleibt immer eine Gestaltungsaufgabe der Führungspraxis« (WUNDERER 1993, S. 14).

Da sich die vorliegende Arbeit mit dem Führungsverhalten von Schulleitungen in der Organisation Schule befaßt, sind diese verhaltenswissenschaftlichen Ansätze insbesondere der Psychologie und der Soziologie von besonderem Interesse.

»Führung« ist ein vieldeutiger Begriff der als

»kulturgebundenes, normatives Konzept, [daß] je nach Welt- und Menschenbild der Wissenschaftler und Praktiker unterschiedlich aufgefaßt wird« (WUNDERER/GRUNWALD 1980, Bd. 1, S. 53).

Im folgenden soll der Führungsbegriff von allgemeingehaltenen Definitionen ausgehend präzisiert werden. Hierbei werden die verschiedenen Teilaspekte im Begriffsfeld »Führung« expliziert.

2.1. Zum Begriffsfeld von »Führung«

Die allgemeingehaltene Definition von »Führung« als »zielgerichtete[n] Beeinflussung im zwischenmenschlichen Bereich« (GEIßLER/SOLZBACHER 1991, S. 250) ebenso wie die umfassendere Definition, die »Führung« als »zielorientierte soziale Einflußnahme zur Erfüllung gemeinsamer Aufgaben« (WUNDERER/GRUNWALD 1980, Bd. 1, S. 52) versteht, beinhaltet **zwei fundamentale Aspekte** von »Führung«:

1. **Struktureller Aspekt**
2. **Personaler Aspekt**

Die wissenschaftlichen Definitionen »Führung« stellen die **Verhaltensbeeinflussung** ins Zentrum.

In jüngerer Zeit findet sich in den Definitionen zusätzlich ein **situativer Aspekt**.

1. Struktureller Aspekt

Beim strukturellen Aspekt von Führung wird Verhaltensbeeinflussung indirekt im Sinne optimaler Gestaltung der Arbeitsabläufe und Arbeitssituationen verstanden (vgl. WUNDERER 1991, S. 209) oder auch als direkte Beeinflussung, bei der sich die zielgerichtete Beeinflussung auf die zu erledigende Aufgabe (**Funktion der Aufgabenorientierung**) bezieht.

Der **Zielaspekt** ist von entscheidender Bedeutung für eine gelungene Führung. Das Ziel muß den Mitarbeitern bekannt und transparent sein; am besten werden die Ziele mit den Mitarbeitern gemeinsam entwickelt, denn nur so können diese ihre Fähigkeiten und Fertigkeiten und ihr kreatives Potential zielorientiert einbringen. In einem Unternehmen hängt die Beurteilung der Führungskraft und deren Führungsstil wesentlich von der Glaubwürdigkeit und der Akzeptanz des Ziels durch die Mitarbeiter ab (vgl. GEIßLER/SOLZBACHER 1991, S. 252).

Der sachliche als auch innovatorische Aspekt von Führung, ohne den Unternehmensziele nur schwer erreichbar sind, bezeichnen STROEBE/STROEBE ([5]1987) mit dem Begriff»Lokomotion« (vgl. S. 14 f.)

Zu den klassischen Teilfunktionen von Führung zählen:

- Planung,
- Organisation,
- Entscheidung und
- Kontrolle

(vgl. WUNDERER 1993, S. 71).

Der **strukturelle** Aspekt wird im Rahmen der deutschsprachigen Betriebswirtschaftslehre bereits seit den dreißiger Jahren diskutiert (vgl. WUNDERER 1993, S. 26).

2. Personaler Aspekt

Wird die Verhaltensbeeinflussung auf die Mitarbeiter bezogen (**Funktion der Mitarbeiterorientierung**), steht der **personale Aspekt** von Führung im Zentrum (vgl. WUNDERER 1993, S. 73). Unter der Annahme, daß sich Arbeitsprozesse im wesentlichen in Gruppen vollziehen, hat Führung unter personalem Aspekt die Herbeiführung bzw. die Aufrechterhaltung der Gruppenzusammengehörigkeit: **Kohäsion** zum Ziel (vgl. STROEBE/STROEBE [5]1987, S. 14 f.).

Zu den personalen Einflußfaktoren gehören insbesondere die Persönlichkeitsstruktur der Führungskraft, d. h. die Führungsmotivation und die soziale Kompetenz, die Lernfähigkeit der Führungskraft, ihre Führungserfahrung und ihr allgemeiner Reifegrad (vgl. WUNDERER 1993, S. 71). Rein **kognitive Komponenten** der Führungsbefähigung spielen nach Erkenntnissen der Führungsforschung eine **geringere Rolle** als die personalen Einflußfaktoren.

In jüngerer Zeit wird die Persönlichkeit der Führungskraft sowohl seitens der Betriebswirtschaftslehre (vgl. STAEHLE [5]1990) als auch aus der Sicht des Sozialmanagements (vgl. MULLER-SCHÖLL/PRIEPKE [3]1992) ganz-heitlich zu erfassen gesucht. Führung erfährt somit eine Re-Personalisierung (vgl. STAEHLE [5]1990, S. 803). Die Eigenschaften der Führungskraft gelten zwar als »dominante und individuell zugeschriebene, aber nicht alleinige und allgemein gültige Bestimmungsgröße für Führungserfolg« (WUNDE-RER 1993, S. 75).

Beide Aspekte, struktureller und personaler Führungsaspekt, sind Füh-rungsprozessen immanent. Eine Verbindung der beiden Führungsaspekte im Sinne einer gemeinsamen Ausrichtung auf das Ziel des Unternehmens, das Bemühen, nach innen die Mitarbeiter von der gemeinsamen Idee zu überzeugen und gleichzeitig ein eigenes Profil in Form eines einheitlichen Erscheinungsbildes (Unternehmensidentität) nach außen zu zeigen, hat in der freien Wirtschaft zu dem weitverbreiteten Konzept einer »Corporate Identity« geführt.

Ziel von »Corporate Identity« ist es, die Identität und das Image des Unter-nehmens/der Organisation durch **Koordination und Integration** der für das Unternehmen/die Organisation wesentlichen **kommunikativen Maßnah-men** zu verbessern und mit den Mitarbeitern ein »Wir-Gefühl« zu ent-wickeln (vgl. RAUSCHER 1995 a, S. 69; REGENTHAL 1994, S. 14).

Der **personale Führungsaspekt** enthält eine **interaktionelle Komponente**, bei der anerkannt wird, daß Arbeitsprozesse nicht nur durch isoliertes Handeln der Arbeitenden ablaufen, sondern daß die **Mitarbeiter auch untereinander interagieren**. Damit rückt die Gruppe verstärkt ins Blickfeld von Führung. Die Interaktionen unter den Mitarbeitern gelten als grundsätzlich zielge-richtet, d. h. an der **Aufgabe orientiert**.

Führung läßt sich somit auch verstehen als:

»die Beeinflussung der Einstellungen und des Verhaltens von Einzelpersonen sowie der Interaktionen in und zwischen Gruppen, mit dem Zweck, bestimmte Ziele zu erreichen« (STAEHLE [5]1990, S. 303; in Anlehnung an seine Definition von 1973).

Der interaktionelle Aspekt erhielt erst in den 60er Jahren eine empirische Fundierung und damit auch konzeptionelles Gewicht (vgl. WUNDERER 1993, S. 26).

Führung impliziert immer, auch **soziale Macht**[2] über andere zu haben. **Macht** stellt eine weitere Komponente von »Führung« dar. Unter **Macht** wird:

»die Form des Einflusses [verstanden], bei der eine Person, eine Position oder die Organisation über die Chance verfügt, die Verhaltensänderung auch gegen den Willen anderer durchzusetzen« (STAEHLE [5]1990, S. 371).

Diese Betrachtungsweise ist realistisch, wenngleich sie nicht den neuzeitli-chen partizipativen Führungsvorstellungen entspricht. Es erhebt sich die

Frage, ob die Anwendung dieses Machtverständnisses nicht die Mitarbeitermotivation und das Bestreben der Mitarbeiter nach Selbständigkeit und eigenverantwortlichem Handeln stark beeinträchtigt.

Daß die Führungskraft gegenüber den Mitarbeitern immer eine herausgehobene Rolle hat (vgl. THIEL 1994, S. 80), ist einsichtig. THIEL (1994) sieht **Macht** nicht als festes Attribut einer Person, sondern als **typisch für soziale Beziehungen** an, bei denen Macht auch davon abhängig ist, inwiefern man bereit ist, sich beeinflussen zu lassen (vgl. THIEL 1994, S. 86).

Diese Auffassung von Macht stützt das in diesem Teilabschnitt **dargelegte Führungsverständnis**, dem die Vorstellung von **Führung als gegenseitigem Prozeß der Beeinflussung** zugrunde liegt (vgl. STROEBE/STROEBE [5]1987, S. 13; WOLFF/GÖSCHEL 1987, S. 188). Es beruht auf einer Führungsphilosophie, die eine neue Autorität notwendig macht, welche sich in **personaler Autorität** anstelle von Amtsautorität ausdrückt (vgl. DECKER 1988, S. 70).

Die Definitionen und Aspekte von Führung charakterisieren diese als multidimensionales Konstrukt. Als solches beinhaltet Führung unterschiedliche Sachverhalte wie:

● einen Prozeß (eine Tätigkeit),
● dessen Resultat,
● eine Personengruppe an der Spitze einer Hierarchie
(vgl. WUNDERER/GRUNWALD 1980, Bd. 1, S. 53).

Die **Multidimensionalität von Führung** bringt es mit sich, daß Führungskräfte ihr Handeln oftmals auch als widersprüchlich erleben, da Führungshandeln nicht frei von Zwängen, Vorschriften und Pflichten ist. Daraus ergeben sich für die Führungskraft **Dilemmata** (vgl. NEUBERGER 1983, S. 22)[3], die es auszuhalten gilt, da es »keinen eindeutigen und gesicherten Ausweg gibt« (NEUBERGER [4]1994, S. 90).

In jüngerer Zeit sind neue zentrale Einflußfaktoren auf Führung auszumachen, die die Dilemmata, in denen sich Führungskräfte befinden, vermutlich noch verstärken werden.

Zu diesen zentralen Einflußgrößen auf Führung zählen:

● der Qualifikationswandel der Mitarbeiter,
● der Wandel im Organisationsverständnis,
● der technologische Wandel,
● der Wertewandel
(vgl. WUNDERER 1993, S. 93).

Die Berücksichtigung dieser neuen Einflußgrößen bedingen eine **netzförmige Führung**, die aus der traditionellen Führung »von oben« aber künftighin auch aus einer **verstärkten Führung** »von unten« besteht (vgl. DECKER 1988; THIEL 1994, S. 20) und als »**Teamführung**« zu realisieren ist.

Die teamfähige Führungskraft (vgl. WOLFF/GÖSCHEL 1987, S. 105) gesteht bei diesem Führungskonzept den Mitarbeitern Selbstführung zu, indem ihnen Aufgaben zur Selbstorganisation, Selbstentscheidung, Selbstverantwortung und Selbstkontrolle übertragen werden (vgl. DECKER 1988, S. 63).

Zu den wichtigsten Führungsaufgaben, die Führungskräfte auf dem Hintergrund von Lokomotion (struktureller Aspekt) und Kohäsion (personaler Aspekt) wahrzunehmen haben, rechnen STROEBE/STROEBE ([5]1987):

- Auseinandersetzen mit Problemen,
- Zielvereinbarung,
- planen,
- entscheiden,
- Mitarbeiter auswählen, beurteilen und fördern,
- delegieren, organisieren und koordinieren,
- informieren,
- motivieren,
- kontrollieren

(vgl. STROEBE/STROEBE [5]1987, S. 32 f.).

Die letztgenannte **Führungsaufgabe des Kontrollierens** hat in der Praxis von Unternehmen eine interessante Entwicklung genommen. Bedingt durch den verschärften Wettbewerb auf dem Weltmarkt und der sich verändernden Märkte wurde auch in Deutschland, basierend auf den Konzepten und Erfahrungen der Japaner, das **Qualitätswesen** entwickelt.

Während anfänglich der **Qualitätsbegriff** auf **technische Bereiche** und die **operative Ebene** begrenzt blieb, kam Anfang der 80er Jahre eine verstärkte Mitarbeiterorientierung zum Tragen. Qualität bezog sich nicht mehr ausschließlich auf das Produkt, sondern auch auf die **Mitarbeiter**. Die Umsetzung eines stärkeren Qualitätsbewußtseins und einer verbesserten Qualität der Arbeitsprozesse erforderte eine Leitphilosophie – das **Total Quality Management (TQM)** – (vgl. MALORNY 1997, S. 96; OESS 1989, S. 81; ZINK/SCHILDKNECHT 1989, S. 95).

TQM unterscheidet sich durch seinen Anspruch:

»Qualität zum Kern aller Managementziele zu machen, (...) von bisherigen betriebswirtschaftlichen Führungsmodellen, die sie lediglich produktbezogen definieren« (MALORNY 1997, S. 96).

Zu den **allgemeinen Anforderungen** für TQM gehört die grundlegende **Veränderung der Organisationsstruktur** eines Unternehmens, die zunächst auf Führungsebene Einsicht für die Dringlichkeit der organisationellen Veränderung erfordert sowie eine **Führungsphilosophie** (vgl. MALORNY 1997, S. 96 f.), die eine **unternehmerische Vision** beinhaltet. Diese unternehmerische Vision ist Voraussetzung, um die erforderlichen **Veränderungen in** den **Einstellungen** und **Verhaltensweisen** der Mitarbeiter im Sinne eines Qualitätsmanagements herbeizuführen (vgl. SCHILDKNECHT 1992, S. 167).

Für die Realisierung von TQM wird eine **teamorientierte Prozeßorganisation** grundgelegt, in der der einzelne Mitarbeiter bereit ist, Verantwortung zu übernehmen. Dies erfordert konsequenterweise den **Abbau von Hierarchien** zugunsten dezentraler entscheidungskompetenter Teams (vgl. MALORNY 1997, S. 98).

SCHILDKNECHT (1992) fand allerdings im Rahmen einer quantitativen Analyse zu Qualitätskonzeptionen von Unternehmen heraus, daß »die betriebliche Qualitätspolitik einem starken Wandel unterliegt« (SCHILD-KNECHT 1992, S. 370). Eine qualitative Analyse der in den Firmen umgesetzten Qualitätskonzepte zeigte

> »eine sehr heterogene Situation (. . .) Zwischen dem Anspruch einer Umsetzung umfassender Ansätze und den zum Zeitpunkt der Erhebung zu verzeichnenden und realisierten Maßnahmen ergeben sich erhebliche Diskrepanzen« (SCHILD-KNECHT 1992, S. 370).

Die **Realisierung** eines **Qualitätsmanagements** erweist sich offenbar als recht **schwierig**. TQM dürfte deshalb eher als **langfristige Perspektive umfassender Veränderungen** anzusehen sein, bevor es sich positiv sowohl in Erfolgszahlen als auch in einer veränderten Mitarbeiterschaft niederschlägt.

Der Führungsprozeß bestimmt sich nicht nur durch den strukturellen und den personalen Aspekt, sondern auch durch Einflußfaktoren, die sich aus der **Arbeits-** und der **Führungssituation** heraus ergeben (vgl. WUNDERER 1993, S. 71).

Situative Faktoren werden innerhalb eines modernen Führungsverständnisses mittlerweile stärker für das Führungsgeschehen mitbedacht.

Die **allgemeinen Führungsdefinitionen** erfahren wegen der Teilfunktionen der Lokomotion (struktureller Aspekt) und der Kohäsion (personaler Aspekt) unter Berücksichtigung situativer Aspekte nunmehr eine **Erweiterung.**

Führung in Organisationen gilt somit als:

> »zielorientierte soziale Einflußnahme zur Erfüllung gemeinsamer Aufgaben in/mit einer strukturierten Arbeitssituation« (WUNDERER/GRUNWALD 1980, Bd. 1, S. 62; Hervorhbg. RW/WG)

oder als Prozeß:

> »einen Mitarbeiter bzw. eine Gruppe unter Berücksichtigung der jeweiligen Situation auf ein gemeinsames Ziel hin [zu] beeinflussen« (STROEBE/STROEBE ⁵1987, S. 12).

Neben dem Führungsbegriff existieren in der Betriebswirtschaftslehre auch die Termini »Management« und »Leitung«.

Begriffliche Abgrenzung von »Führung«, »Management« und »Leitung«.

»Führung« ist mit den Begriffen »Management« und »Leitung« eng verwandt. Eine klare Abgrenzung zwischen diesen Begriffen ist schwer möglich.

Versucht man dennoch eine gewisse Abgrenzung vorzunehmen, so **akzentuiert** »**Führung**« die **Mitarbeiterorientierung** (vgl. Kapitel 3, 2.1., S. 119) und betont »eher die persönlichkeitszentrierte, kommunikative Perspektive« (THIEL 1994, S. 53).

»**Management**« gilt als **Sammelbegriff** und wird **funktional** als Beschreibung der in Organisationen notwendigen **Funktionen und Prozesse** (planen, organisieren, führen, kontrollieren) oder **institutional** als Beschreibung der **Personen**, die Managementfunktionen ausüben, sowie **deren Rollen und Tätigkeiten** betrachtet (vgl. STAEHLE [5]1990, S. 65; THIEL 1994, S. 53).

Das moderne Führungsverständnis verwendet »Führung« und »Management« synonym (vgl. z. B. ULRICH/PROBST [3]1991; WUNDERER/GRUNWALD 1980, Bd. 1, S. 63). ULRICH/PROBST ([3]1991) beziehen »Management« auf das Führen von zweckgerichteten sozialen Systemen, wobei diese Art des Managements immer auf das Objekt der Führung – auf die jeweilige Institution – bezogen ist.

Wegen der **Komplexität sozialer Systeme** ist es – wie in jeder anderen Institution auch – erforderlich, daß die **Führungsaufgabe von mehreren Führungskräften** getragen wird (vgl. ULRICH/PROBST [3]1991, S. 232).

»Leitung« beschreibt in Unterscheidung zu »Führung«

> »die **Aufgabe** einer Person **aufgrund** einer bestimmten **hierarchischen Position**, die Verantwortung für ihr Handeln nach außen trägt« (DECKER 1988, S. 16; Hervorhbg. EM).

Meist bezieht sich »Leitung« auf »organisatorische Sachprobleme übergeordneter Instanzen« (WUNDERER/GRUNWALD 1980, Bd. 1, S. 63).

Wesensmerkmale von »Leitung« sind:

- die hierarchische Position,
- die Weisungs- und Befehlsbefugnis,
- die Vorgesetztenfunktion und damit verbunden
- die Amtsautorität

(vgl. DECKER 1988, S. 16).

*Auf dem Führungsbegriff basieren unterschiedliche Führungstheorien. Da **Schulleitungen** ihre Führungsaufgabe im **System** Schule mit **Personen und Gruppen** in ständig wechselnden **Situationen** wahrnehmen, sind für die vorliegende Arbeit **verhaltenswissenschaftliche Führungstheorien relevant**, die die genannten **Komponenten: System, Personen, Gruppen und Situationen**, berücksichtigen.*

Diese sind im einzelnen:

1. *Die interaktionistische Führungstheorie*
2. *Die systemische Führungstheorie*
3. *Die situative Führungstheorie*

Diese Führungstheorien werden in den folgenden Abschnitten expliziert.

2.2 Verhaltenswissenschaftlich begründete Führungstheorien

Die **Forschungsstrategien**[4] der einzelnen Disziplinen, die sich mit »Führung« beschäftigen, sind **unterschiedlich**. Sie konzentrieren sich auf das wirtschaftliche Handeln zur Bedürfnisbefriedigung in der Wirtschaftswissenschaft, auf ein ganzheitliches Verständnis sozialer Systeme, insbesondere in der Soziologie und Volkswirtschaftslehre, oder sie favorisieren eine eher individualistische Forschungsstrategie wie in der Psychologie und der Betriebswirtschaftslehre (vgl. STAEHLE [5]1990, S. 131 f.).

Führungstheorien wurden lange Zeit als **eindimensional** verstanden (beispielsweise die FIEDLER'sche Kontingenztheorie; vgl. STROEBE/STROEBE [5]1987, S. 88–94). Die forschungsrelevante Frage nach den **Merkmalen einer Führungspersönlichkeit** erbrachte undeutliche und widersprüchliche Forschungsergebnisse und ließ lediglich geringe und allgemeine Zusammenhänge erkennen.

Es bildete sich zunehmend die Überzeugung heraus, daß die eindimensionalen Theorien das Führungsgeschehen nur bruchstückhaft erfaßten, da sie eine auf Ungleichheit beruhende und damit autokratische Führungsbeziehung darstellten.

Die **neuere Führungsforschung** hat sich deshalb von dem stärker persönlichkeitszentrierten Ansatz weg zu einer **interaktionistischen Theorie** hin entwickelt.

Die monokratische Auffassung von **Führung** weicht einer **polyzentrischen Sichtweise**, da grundsätzlich **jede** Position – also nicht nur Führungspositionen – »sowohl Quelle wie Ziel einer großen Zahl von Einflußlinien ist, die quasi nach allen Seiten gehen: Man beeinflußt und wird beeinflußt (...)« (vgl. NEUBERGER [4]1994, S. 261). Der Akzent liegt nunmehr auf **verhaltenswissenschaftlich** begründeten Führungstheorien, die STAEHLE ([5]1990) sehr ausführlich dargelegt hat.

2.2.1. Die interaktionistische Führungstheorie

Die **interaktionistische Führungstheorie** erklärt das Führungsverhalten aufgrund der Interaktionen zwischen dem Führer und den Geführten (vgl. HERKNER [5]1991, S. 448 f.). Die **Interaktionstheorie**[5] leitet demnach Führung nicht mehr von den Positionen oder Personen her, sondern von der

Qualität der Beziehungen der Personen untereinander, die den Rahmen für die Beschreibung und Erklärung von Führung sowie für deren Ausgestaltung bilden.

Dieser Ansatz versteht Führung

> »als ein Konzept wechselseitiger Einflußnahme von Führern und Geführten, von Strukturen und weiteren situativen Einflüssen, die sich in der Interaktion zwischen Vorgesetzten und Mitarbeitern niederschlagen« (WUNDERER 1993, S. 74).

Führung kann demnach als **Tauschvorgang** verstanden werden, bei der die Austauschbeziehung je nach der **Führungsbeziehung** wechseln kann. Diese Führungsbeziehung kann ungleichberechtigt und eindimensional oder nach dem **Reziprozitätsprinzip** (»Wechselseitigkeit«) **wechselseitig** und **tendenziell gleichberechtigt** ablaufen (vgl. WUNDERER 1993, S. 74).

Führer gelten demnach als Personen, die in einer Gruppenstruktur eine bevorzugte Position einnehmen. Dies impliziert zum einen, daß es zwischen Führern und anderen Gruppenmitgliedern nur graduelle Unterschiede gibt, und zum anderen, daß eine Gruppe mehr als einen Führer haben kann.

In den Kontext der interaktionistischen Führungstheorie gehört auch die **dyadische Führungstheorie.** Diese konzentriert sich auf die **Zweierbeziehung** im Führungsprozeß. Führung wird daher als **Verhandlungsprozeß** **zwischen** dem **Führer und** dem **einzelnen Mitarbeiter** verstanden und variiert ganz individuell nach »Intensität, Umfang, Inhalt und Stil« (WUNDERER 1993, S. 41). Grundgelegt ist die Annahme, die fundamentalen Führungsprozesse in einer Organisation seien dyadische Beziehungen (vgl. WUNDERER 1993, S. 41).

Angloamerikanische Studien sind hierbei zu dem Schluß gekommen,

> »daß eine gute interne Beziehungsqualität (...) die Zufriedenheit des Mitarbeiters und die Einbindung in die Organisation erhöht, wahrgenommene arbeitsbezogene Probleme oder Probleme mit dem Vorgesetzten reduziert und die Einsatzbereitschaft steigert (Cashman et al. 1976; Graen et al. 1977; Rosse/Kraut 1983)« (WUNDERER 1993, S. 41).

Aus neuzeitlicher Sicht einer Mitarbeiterschaft, die sich durch bessere Qualifikationen aber auch durch den Wunsch nach Beteiligung, Gestaltung und Selbstverwirklichung auszeichnet, messe ich den dyadischen Führungsbeziehungen eine wichtige Bedeutung bei. Führung orientiert sich von daher mehr am Individuum; das Führungsverhalten der Führungskraft stellt sich auf die jeweils individuell verschiedenen Gegebenheiten und Bedürfnisse der Mitarbeiter ein.

In die dyadische Führungstheorie reiht sich das Konzept der **delegativen Führung** und der **partizipativen/kooperativen Führung** – dieses wird als zentrale neuzeitliche Führungstheorie in einem eigenen Abschnitt entwickelt – (vgl. Kapitel 3, 3., S. 131) ein.

Delegative Führung läßt sich durch die **Entscheidungs-** und durch die **Beziehungsebene** charakterisieren. Auf der Entscheidungsebene wird der **Entscheidungsinhalt** maßgeblich von den **Geführten** selbst **festgelegt** und vor allem **umgesetzt**. Vorgesetzter und Untergebener arbeiten recht unabhängig voneinander, ihre wechselseitige Interaktion ist deshalb relativ gering. Delegative Führung setzt somit voraus, daß Vorgesetzter und Untergebener aber auch »grundsätzlicher, planmäßiger und systematischer ihre gemeinsamen Entscheidungsaktivitäten durchführen« (WUNDERER 1993, S. 209). Es kommt primär darauf an,

> »eine grundsätzlich positive prosoziale Beziehung zwischen den Betroffenen [aufzubauen]. Erforderlich ist insbesondere hohes Vertrauen des Delegierenden in die Fähigkeiten, die Verantwortungsbereitschaft, die Loyalität und die Motivation zur Aufgabenerfüllung des Mitarbeiters« (WUNDERER 1993, S. 209).

Unter dem Begriff »**prosoziale Beziehung**« wird in der Sozialpsychologie ganz allgemein ein **hilfreiches Verhalten**[6] verstanden.

Die geringeren wechselseitigen Interaktionen führen auch dazu, daß die strukturelle Führung mit den Schwerpunkten Planung, Organisation und institutionelle Kontrolle verstärkt wird (vgl. WUNDERER 1993, S. 209).

Delegative Führung setzt ferner voraus, daß die Führungskräfte prosoziale Beziehungen aufbauen (wollen und können) bzw. diese pflegen, und die Mitarbeiter auch fähig und befähigt sind, selbständig und weitgehend eigenverantwortlich Aufgaben zu übernehmen, und Führungskräfte wie Mitarbeiter hinter diesem Prinzip der Delegation stehen (vgl. WOLFF/GÖSCHEL 1987, S. 106 f.). Dem **fachlichen Reifegrad** des Mitarbeiters kommt bei diesem Führungskonzept eine besondere Bedeutung zu (vgl. auch FISCHER 1990, S. 146 f.).

2.2.2. Die systemische Führungstheorie

Die soziotechnische Systemtheorie analysiert **Organisationen** als **offene** und **zielgerichtete sozio-technische Systeme**. Diese bestehen aus zwei Subsystemen, dem technischen und dem sozialen Subsystem und aus der Beziehung zwischen diesen beiden Systemen (vgl. OESS 1989, S. 82). Sachliche und menschliche Aspekte werden gleichermaßen betont. Damit liefert die soziotechnische Systemtheorie mit Überlegungen zum organisatorischen Gestaltungsspielraum, zur Arbeitsmotivation durch Aufgabenorientierung und zur teilautonomen Gruppenarbeit gute Konzepte. Diese sind wegen ihrer Anwendungsorientierung, ihrer Multidisziplinarität und ihren normativen Vorgaben zur Humanisierung von Arbeit in Organisationen für Theorie und Praxis von großem Wert (vgl. STAEHLE [5]1990, S. 37 f.).

Die neueren soziologischen Ansätze befassen sich insbesondere mit Fragen

> »der Möglichkeit sozialer Ordnung bei Existenz einer Vielzahl von Handlungsmöglichkeiten; der Möglichkeit rationalen Handelns bei einer Überzahl von

Handlungsmöglichkeiten (Handlungsrationalisierung) und der Konstitution bzw. Vermittlung von Sinn« (STAEHLE ⁵1990, S. 45).

Mit dem Ordnungsproblem hat sich PARSONS (1951, 1960 zit. nach STAEHLE ⁵1990, S. 45) eingehender beschäftigt.

Ein zentraler Punkt LUHMANNs (1968), der an PARSONS anknüpft, ist die **Reduktion von Komplexität**, damit es noch möglich ist, bei der Vielzahl von Möglichkeiten vernünftig zu handeln. Er versteht Systeme als Identitäten, die sich in einer komplexen Umwelt durch die Stabilisierung einer Differenz zwischen Innen und Außen erhalten. Die Grenzziehung zwischen dem System einerseits und der Umwelt andererseits oder, anders ausgedrückt, zwischen Innen und Außen wird zur primären Gestaltungsaufgabe (vgl. STAEHLE ⁵1990, S. 45).

Die **systemische Betrachtungsweise** beruht auf einer **ganzheitlichen Sicht**, wobei sich eine dynamische Ganzheit bildet, indem die Teile des Gesamtsystems aufeinander einwirken (vgl. ULRICH/PROBST ³1991, S. 232–234).

Die Autoren zählen zu diesen Bausteinen:

● Ganzheitlichkeit,
● Vernetztheit,
● Offenheit,
● Komplexität,
● Ordnung,
● Lenkfähigkeit,
● Entwicklungsfähigkeit
(vgl. ULRICH/PROBST ³1991, S. 233–259).

Sie akzentuieren aufgrund des von ihnen dargelegten systemischen Ansatzes von Führung nicht mehr die verschiedenen Funktionen und Tätigkeiten, sondern wählen in ihrer

> »auf den Charakter der Führung einer ganzen Institution ausgerichteten Perspektive eine abstraktere Aufgliederung in **Gestalten, Lenken** und **Entwickeln** als **Grundfunktionen der Führung**« (ULRICH/PROBST ³1991, S. 259; Hervorhbg. EM).

Zur gesamtsystemischen Sichtweise gehört auch der Aspekt der »**Organisationskultur**«. Obwohl der Terminus noch keineswegs als vollständig geklärt gilt (vgl. MAAS/SCHULLER 1990, S. 160 f.), wird als Basis angenommen,

> »daß sich Kultur durch menschliche Aktion und Interaktion entwickelt, direkt und indirekt spür- und sichtbar wird und dabei dynamische, nichtkausale Verknüpfungen verschiedener Facetten erlaubt« (MAAS/SCHÜLLER 1990, S. 163).

Die Entstehung dieser Kultur wird durch lerntheoretische Überlegungen erklärt (integrativer Ansatz von Organisationskultur), bei der die Organisation selbst als lernende gilt. Als elementares Prinzip wird angesehen, daß

»erfolgreiche Lösungen wiederholt werden, sich also Erfolgs- und Mißerfolgs-konzepte herausbilden und so ›kulturelles‹ Wissen in Form von Werten und Normen entsteht und an die (neuen) Mitglieder der Organisationen weitergegeben wird (...) [, dadurch] entsteht quasi unbemerkt und ohne bewußte Planung eine Kulturperspektive (oder verschiedene Kulturperspektiven) der Organisation« (MAAS/SCHÜLLER 1990, S. 164).

Die Antwort auf die Frage, wie Organisationen beschaffen sein müssen, damit ein permanentes Lernen stattfindet, scheint für die Gewinnung von Wettbewerbsvorteilen in der freien Wirtschaft von zentraler Bedeutung zu sein (vgl. SENGE 1993, S. 145).

Zu den neuen Aufgaben von Führungskräften zählt nunmehr als **integrierendes Prinzip** die **schöpferische Spannung,** die

»zwischen dem klaren Wissen, wo wir sein wollen, unserer ›Vision‹, und der klaren Feststellung, wo wir sind, unserer ›gegebenen Realität‹ [entsteht]. Die Kluft zwischen den beiden erzeugt eine natürliche Spannung (...) Ohne Vision gibt es keine schöpferische Spannung« (SENGE 1993, S. 149).

Der **Führungskraft** kommen demnach **neue Rollen** zu. Die Führungsperson wird fortan auch als »**Designer**« gesehen, der die **Vision,** die Grundwerte und die wegweisenden Ideen, die für die Mitarbeiter leitend sein sollen, entwirft (vgl. SENGE 1993, S. 150 f.). Darüber hinaus übernimmt die Führungskraft die Funktion des Lehrers bzw. des »Coach«, der die mentalen Modelle von wesentlichen Themen, so wie die Mitarbeiter diese in sich tragen, offenlegt aber auch systemisches Denken bei den Mitarbeitern anregt und unterstützt (vgl. SENGE 1993, S. 154 f.).

Im einzelnen geht es um:

● Vertretung der grundsätzlichen Ziele und die Verwirklichung von Kooperation innerorganisatorisch wie nach außen,
● Hilfestellung zur Aufgabenbewältigung der MitarbeiterInnen sowie deren Motivierung, Durchführungsverantwortung erforderlicher Erfolgskontrollen und
● Konfliktregelung in der Organisation
(vgl. MÜLLER-SCHOLL/PRIEPKE [3]1992, S. 131).

Ihre Vision haben nahezu alle größeren Unternehmen in Form von Unternehmensleitlinien schriftlich formuliert und fixiert. In diesen Leitlinien wird dem Mitarbeiter eine bedeutende Rolle für die Ausgestaltung der Firmenvision zugewiesen. Er wird als der entscheidende Faktor für Produktivität und Qualität wertgeschätzt.[7]

2.2.3. Die situative Führungstheorie

Situative Führungstheorien wurden wegen der mangelnden empirischen Bestätigung eigenschaftstheoretischer Hypothesen und aufgrund sozial-psychologischer Forschungsergebnisse entwickelt. Diese sehen die Wahl eines

Führers und Führungserfolg nicht als eine Funktion von Führungseigenschaften, »sondern nur in Abhängigkeit von einem situativen Kontext, in dem Führer und Geführte interagieren« (STAEHLE ⁵1990, S. 322).

Die mittlerweile weithin akzeptierte situative Führungstheorie analysiert das **Führungsverhalten** in **Abhängigkeit von** der **Gruppe** – den **Geführten** –, der **Aufgabe** und der **Führungssituation**. Hieraus läßt sich folgern, »daß unterschiedliche Gruppen- und Führungssituationen auch unterschiedliche Führungsstile erfordern« (STAEHLE ⁵1990, S. 322). Mit anderen Worten ist eine Führungskraft dann erfolgreich, wenn sie analytische Fähigkeiten in bezug auf die Aufgabe, die Gruppe und die Situation besitzt und ihr Führungsverhalten den vorfindbaren Umständen anzupassen vermag.

In der Industrie ist das Interesse an partizipativer und damit an kooperativer Führung in den letzten Jahren stark gestiegen. Dies läßt sich aus der erhöhten Komplexität der Entscheidungen aufgrund der stärkeren Internationalisierung der Märkte, dem raschen technologischen Wandel, dem höheren Qualifikationsniveau und einer veränderten Wertorientierung der Mitarbeiter, die sich auch in einer neuen Definition von »Autorität« zeigt, begründen (vgl. DECKER 1988, S. 71; FISCHER 1990, S. 132 f.).

»Kooperative Führung« als ein Konzept der interaktionistischen Führungstheorie, soll deshalb eingehend diskutiert werden.

3. »Kooperative Führung« – ein Konzept der interaktionistischen Führungstheorie

»**Kooperative Führung**« hat erst seit den 60er Jahren Eingang in die Betriebswirtschaftslehre des deutschsprachigen Raums gefunden und wurde zuerst von Praktikern thematisiert.

In den 70er Jahren folgten wissenschaftliche Publikationen zu »kooperative Führung« in der Soziologie, in der Psychologie und in der Betriebswirtschaftslehre (vgl. WUNDERER 1993, S. 194).

Kooperative Führung gilt als ein Führungsmodell, das den oben erwähnten Veränderungen von Organisationen und Mitarbeitern entgegenkommt. Damit rücken die »weichen Führungsfaktoren« wie Kommunikation, Teamorientierung und Sinngebung immer stärker ins Blickfeld der Führenden. Neuzeitliche **Führung** ist **auf Kooperation angelegt**.

Kooperative Führung wird auch in schulischen Führungskonzepten als wichtig erkannt (vgl. Kapitel 2, 4.2.2., S. 80).

»Kooperative Führung« beinhaltet zwei voneinander zu unterscheidende Komponenten: »Führung« und »Kooperation«. Der Führungsbegriff wurde in Kapitel 3, 2.1., S. 119 erörtert. In einem ersten Teil soll nunmehr

auch der Kooperationsbegriff genauer expliziert werden. Daran schließt sich die eingehende Darstellung des Konzepts »kooperative Führung« an.

3.1. Begriffsbestimmung von »Kooperation«

Die Bemühungen, den **Kooperationsbegriff** zu fassen, führen in der wissenschaftlichen Literatur zu verschiedenen Definitionen.

Ganz allgemein verstehen WUNDERER/GRUNWALD (1980):

> »Unter Kooperation im weitesten Sinn (...) heute die allgemeine gesellschaftliche Form menschlicher Tätigkeit« (WUNDERER/GRUNWALD 1980, Bd. 2, S. 9).

BATTMANN (1989) spezifiziert Kooperation als Modell einer **Effizienzmaximierung** und definiert Kooperation als

> »das Bemühen um Steigerung der Effizienz durch die Erschließung jener Ressource des Menschen, die zahlreichen Philosophen als seine wertvollste gilt: die soziale Umwelt« (BATTMANN 1989, S. 44).

DEUTSCH (1949) hat zwei Merkmale kooperativen Handelns als prototypisch für kooperative Verhaltensweisen herausgestellt:

1. **Zwischen den Zielen der an Kooperation Beteiligten besteht eine interdependente Beziehung,**
2. **eine gelingende Kooperation bringt individuellen Nutzen**

(vgl. DEUTSCH 1949, S. 132 zit. nach BATTMANN 1989, S. 46).

Aus der großen Zahl verschiedener Auffassungen über Kooperation haben MARWELL/SCHMITT (1975) die folgenden fünf Merkmale herausgearbeitet, die sich in den meisten Definitionen finden:

1. **Zielorientiertes Verhalten,**
2. **Verstärkungen für jeden der an Kooperation Beteiligten,**
3. **verteilte Reaktionen der Beteiligten im Sinne von Arbeitsteilung,**
4. **technische Koordination,**
5. **soziale Koordination**

(MARWELL/SCHMITT 1975, S. 5 f. zit. nach WUNDERER/GRUNWALD 1980, Bd. 2, S. 13).

Die beiden ersten Merkmale werden von fast allen Autoren genannt.

Es wird angenommen, daß Kooperation wegen ihrer Orientierung auf ein Ziel hin unter Nutzung der Kompetenzen der anderen Mitglieder und dem zu erzielenden Konsens langfristig zu besseren Ergebnissen führt, als dies bei Wettbewerbssituationen der Fall ist (vgl. BIERHOFF 1991, S. 22).

Kooperation wird je nach wissenschaftlicher Disziplin aus ökonomischer, aus soziologischer, aus psychologischer und aus organisationspsychologischer Sicht diskutiert.

Die vieldeutige Verwendung des Begriffs in den einzelnen wissenschaftlichen Disziplinen belegen beispielsweise WUNDERER/GRUNWALD (1980).

Die **Psychologie** hat sich am intensivsten mit kooperativem Verhalten auseinandergesetzt und hierbei insbesondere die **Bedingungen für Kooperation** und die aus kooperativem Verhalten sich ergebenden **Konsequenzen** erforscht. Hierzu gehören sozialpsychologische Konzepte, die Kooperation in einem komplementären Verhältnis zu Konkurrenz sehen, oder behavioristische Konzepte, die von lerntheoretischen Erklärungsmodellen ausgehen.[8]

Der **evolutorische Aspekt** von kooperativem Verhalten wird in allen **neueren Ansätzen betont**, wobei das Interesse verstärkt der Gestaltung von Rahmenbedingungen, die kooperatives Verhalten in einem Unternehmen fördern, gilt. Hierbei geht es sowohl um Strukturen der Organisation und die Ausgestaltung der Systeme des Managements als auch um das prinzipielle Verhalten der Führungskräfte.

3.2. Verständnis von »kooperative Führung« und Merkmale des kooperativen Führungsprozesses

»Kooperative Führung« beinhaltet den strukturellen und den personalen Aspekt von Führung. Wegen der Spezifität der Beziehungsgestaltung im Konzept »kooperative Führung« wird der personale Aspekt als **interaktionelle Führung** eingehender dargelegt.

1. »Struktureller« Aspekt

Dieser versteht sich als **indirekte Verhaltensbeeinflussung** durch die Schaffung optimaler Kooperationssituationen und ist durch eine **Kooperationspolitik** oder auch -**philosophie** (»weicher« Führungsfaktor) sowie durch die Gestaltung der Organisationsabläufe, durch Programme und Richtlinien und damit verbundener institutionalisierter Kooperationsinstrumente geprägt.

2. »Interaktioneller« Aspekt

Der interaktionelle Aspekt bezieht sich auf die **direkte Gestaltung der Beziehung** zwischen Vorgesetzten und Mitarbeitern. Die Orientierung an den situativen Aspekten sowie die zwischenmenschliche Beeinflussung des Verhaltens in Form eines Miteinanderarbeitens, das auf echter Partizipation und Gleichwertigkeit beruht, führen zu einer aufgabenadäquaten und kollegengerechten Kooperation.

Die gruppendynamischen Beziehungen unter den Mitarbeitern sowie zwischen Vorgesetztem und Mitarbeitern führen im Rahmen dieser Kooperation manchmal zu **Konflikten**. Es ist primär Aufgabe des Vorgesetzten, diese gruppendynamischen Prozesse zu gestalten, indem er die auftauchenden Konflikte analysiert und am Individuum orientierte Konfliktvermeidungs- und -lösungsstrategien einsetzt.

Wissenschaftler und insbesondere Praktiker gewinnen Konflikten zusehends auch positive Seiten ab. Positive Auswirkungen haben Konflikte und deren Regelungen sowohl auf die Förderung neuer kreativer Gedanken durch den Austausch konträrer Auffassungen als auch auf die Weiterentwicklung der Organisation, wenn Konflikte nicht unterdrückt werden.

Entscheidend ist, wie Konflikte geregelt werden. WUNDERER/GRUNWALD (1980) verstehen solche **Konfliktregelungsmodi** im Rahmen »kooperativer Führung« als **Verhandlungsprozesse**, bei denen

> »Konflikte nicht durch Anordnung, Zwang, Druck, Drohung u. ä., sondern unter Respektierung der legitimen Interessen der Beteiligten durch Aushandeln, Überzeugung u. ä. zu regeln versucht [werden]« (WUNDERER/GRUNWALD 1980, Bd. 2, S. 235).

WUNDERER/GRUNWALD legen ihrem kooperativen Führungsmodell die **teamartige** Kooperationsform zugrunde (vgl. WUNDERER/GRUNWALD 1980, Bd. 2, S. 11).

Aus der strukturellen und der interaktionellen Komponente »kooperativer Führung« wird erkennbar, daß dieses ein **wertfundiertes Konzept** (vgl. WUNDERER/GRUNWALD 1980, Bd. 2, S. 3) darstellt, das auf der normativen Grundlage eines »Ethos« von Kooperation basiert, welches sich durch das Reziprozitätsprinzip (Gegenseitigkeitsprinzip) auszeichnet (vgl. UlRICH 1991, S. 70).

Leitideen eines solchen »Kooperationsethos« sind:

● **Gleichberechtigung,**
d. h. fair verteilte Partizipationschancen am Prozeß wie am Ergebnis (**soziostruktureller** Aspekt) und
● **Partnerschaftlichkeit,**
d. h. vertrauensvolle Interaktionsqualität (**soziokultureller** Aspekt).

Diese **Sozialethik** wird durch eine **kommunikative Ethik** ergänzt, die als Norm die wechselseitige Anerkennung von Menschen als mündige Subjekte zugrundelegt (vgl. ULRICH 1991, S. 71). Im Sinne einer solchen **Kooperationsethik** müssen Führungs- wie Organisationstechniken Freiräume schaffen für Spontaneität zwischen den Menschen und für Eigenwilligkeiten, »um den eigen-sinnigen Voraussetzungen gelingender sozialer Kommunikation und Interaktion »Rechnung« zu tragen« (ULRICH 1991, S. 78).

Voraussetzung für eine in diesem Sinne geradezu als ideal anzusehende Kooperationsethik ist zum einen eine **Führungskraft**, die über genügend **Vertrauen in** die **Mitarbeiter** verfügt, und zum anderen eine **Führungssituation**, die **nicht** primär **durch** permanenten Kosten- und **Effizienzdruck** bei stetem Personalabbau **charakterisiert** ist. Andernfalls ist zu fürchten, daß kooperative Führungsansätze – auch wenn sie aus humaner Sicht wie aus der Perspektive erhöhter Kreativität noch so erstrebenswert erscheinen – unter dem Druck des Führungsalltags wieder sehr schnell in ihr Gegenteil umschlagen.

»Kooperative Führung« ist keine auditive Verbindung der Begriffe »Kooperation« und »Führung«, sondern stellt eine **Teilmenge von Führung** dar und ist als solche **normativ akzentuiert** (vgl. WUNDERER/GRUNWALD 1980, Bd. 2, S. 1). »Kooperative Führung« weist auf nahezu ideale Arbeitszusammenhänge und -beziehungen hin.

Der Begriff selbst steht für eine Vielzahl von oftmals synonym verwendeten Termini und schließt den **Partizipationsaspekt** von Führung mit ein.

WUNDERER/GRUNWALD (1980) verzichten auf die Angabe isolierter Merkmale von »kooperative Führung«[9] zugunsten einer Darlegung von »interdependente[n] **Merkmalskonfigurationen** mit spezifischer Ausprägung« (WUNDERER/GRUNWALD 1980, Bd. 2, S. 1; Hervorhbg. EM).

Sie gehen von **drei Grundwerten** »kooperativer Führung« aus, die auf den philosophischen Wertlehren des Humanismus, des Existentialismus und des Personalismus beruhen.

Diese Grundwerte bzw. Grundprinzipien »kooperativer Führung« sind:

1. **Arbeit und Leistung**
2. **Wechselseitigkeit**
3. **Selbstverwirklichung**
(vgl. WUNDERER/GRUNWALD 1980, Bd. 2, S. 2).

WUNDERER/GRUNWALD verstehen »kooperative Führung« »vornehmlich als präsoziale und partizipative Vorgesetzten-Mitarbeiter-Interaktion« (WUNDERER/GRUNWALD 1980, Bd. 2, S. 65).[10]

Interdependenz ist der Schlüsselbegriff für kooperative Führungsprozesse. WUNDERER/GRUNWALD (1980) sehen im Rahmen ihres kooperativen Führungskonzepts, das auf einer **teamartigen Kooperation** basiert, die oben genannten Grundwerte als konstitutiv.

Sie determinieren »kooperative Führung« durch folgende neun interdependente Merkmale:

»(1) Gemeinsame Einflußausübung
(2) Funktionale Rollendifferenzierung und Sachautorität
(3) Multilaterale Informations- und Kommunikationsbeziehungen
(4) Konfliktregelung durch Aushandeln und Verhandeln
(5) Gruppenorientierung
(6) Vertrauen als Grundlage der Zusammenarbeit
(7) Bedürfnisbefriedigung der Mitarbeiter und Vorgesetzten
(8) Ziel- und Leistungsorientierung
(9) Bedürfnisorientierte Personal- und Organisationsentwicklung«
(WUNDERER/GRUNWALD 1980, Bd. 2, S. 99 f.).

Die **Gruppenorientierung** (**Merkmal 5**) betont die gemeinsame Lösung von Aufgaben. Die **gemeinsame Lösungssuche** trägt wiederum zu größerer Arbeitsleistung und -zufriedenheit bei.

Die **Gruppenarbeit** ist ein wesentliches Merkmal kooperativer Führung. Deren Möglichkeiten wie deren Grenzen sind insbesondere vom Aufgabentypus abhängig; nicht alle Aufgaben lassen eine Bearbeitung in Gruppen zu (vgl. WUNDERER/GRUNWALD 1980, Bd. 2, S. 333 f.). Viele Aufgaben lassen sich erheblich effizienter von einer einzigen Person bewältigen. Dies gilt insbesondere für jene Aufgabenstellungen, die weniger komplex und nur in geringem Umfang spezifische Qualifikationen erfordern, die außerhalb der mit ihr beauftragten Person liegen.

3.3. Aspekte von »kooperative Führung«

Die von WUNDERER/GRUNWALD (1980) vorgelegte umfassende Definition von »kooperative Führung« verdeutlicht in der Darlegung von vier detaillierten Aspekten die bereits erwähnte »strukturelle« und »interaktionelle« Komponente (vgl. Kapitel 3, 3.2., S. 133) dieses Führungskonzepts (vgl. WUNDERER/GRUNWALD 1980, Bd. 2, VI). Die strukturelle Komponente von »kooperative Führung« wird im Konzept der Autoren als »Führung in Organisationen« bezeichnet und erfaßt als:

1. **Ziel-Leistungsaspekt,**
   im Sinne der zielorientierten sozialen Einflußnahme zur gemeinsamen Aufgabenerfüllung;

2. **Organisationsaspekt,**
   im Sinne von Situationsgestaltung durch die zielorientierte Einflußnahme in oder mit einer strukturierten Arbeitssituation.

Die **Qualität** der »kooperativen Führung« zeigt sich in den beiden folgenden Aspekten:

3. **Partizipativer Aspekt,**
   als interpositionale Machtgestaltung mit den Komponenten: **Teilhabe** und **fachlicher Reifegrad** der Mitarbeiter.

   Hier geht es primär um Informations-, Begründungs- und Beratungsrechte und -pflichten, um Mitentscheidung, um kollegiale Entscheidungen sowie um das Vetorecht.

4. **Prosozialer Aspekt,**
   als interpersonale Beziehungsgestaltung mit den Komponenten der »**Teilnahme**« und einem gut ausgeprägten **sozialen Reifegrad** bei Mitarbeitern und Vorgesetzten.

   Hierbei spielen insbesondere Kompetenzen eine Rolle, die sich auf das zwischenmenschliche Verhalten beziehen, wie Offenheit und Vertrauen,

136

Kommunikation, solidarisches und unterstützendes Verhalten, Toleranz und Akzeptanz, Verständnis sowie die Fähigkeit, Kompromisse auszuhandeln und zu einem Konsens zu gelangen. Die **Beziehungsgestaltung** gilt als **zentrale Bedingung** für die **Realisierung** des »kooperativen Führungskonzepts«.

Der partizipative und der prosoziale Aspekt stellen notwendige Bedingungen des Konzepts »kooperative Führung« dar (vgl. WUNDERER 1993, S. 200 f.; WUNDERER/GRUNWALD 1980, S. VII).

Die Führungsbeziehungen einer »kooperativen Führung« unterscheiden WUNDERER/GRUNWALD (1980) in »vertikale«, »horizontale« und »laterale« Führungsbeziehungen.

Sie sehen »vertikale« Führungsbeziehungen gekennzeichnet durch:

● weitgehend eindeutige und nur graduell veränderbare Differenzierung im Status der Personen,
● engen Gruppenzusammenhalt, der die Grundlage kooperativer Führung ist,
● einfachere Verständigung auf gemeinsame Ziele.

»Vertikale« Führungsbeziehungen gelten mit steigender Führungsebene als in der Tendenz weniger problematisch.

»**Horizontale**« Führungsbeziehungen zeichnen sich vor allem dadurch aus, daß es des öfteren zu konfliktären Beziehungen in bzw. zwischen den Abteilungen kommt, die als systemimmanent anzusehen sind.

»**Laterale**« Kooperationsbeziehungen werden

»als eine Form ziel- und ergebnisorientierter Zusammenarbeit zwischen Organisationsmitgliedern oder -einheiten verstanden, bei der die gemeinsamen Arbeitsbeziehungen nicht durch direkte Weisungsbeziehungen gestaltet werden. Statt unmittelbarer (interaktioneller) Führungsbeziehungen bestehen durch generelle (strukturelle) Organisationsentscheidungen definierte Verpflichtungen zur funktionalen Kooperation innerhalb einer Organisation. Grundlage der lateralen Kooperation ist damit die gemeinsame, arbeitsteilig organisierte Aufgabenerfüllung in strukturierten Arbeitssituationen in Form abstimmungs- statt weisungsorientierter Zusammenarbeit zwischen Organisationsmitgliedern/-einheiten mit formal etwa gleichrangiger Positionsmacht« (WUNDERER/GRUNWALD 1980, Bd. 2, S. 316).

Da das gegenseitige Sichabstimmen anstelle von Anweisungen erteilen bzw. annehmen Wesensmerkmal »lateraler« Beziehungen ist, kann der Status der einzelnen Mitglieder dieser Führungsbeziehung durchaus variieren. Die Autoren sprechen in diesem Zusammenhang von einem »höchst ›empfindlichen[s]‹ Gleichgewicht mit teilweise sehr dynamischem Charakter« (WUNDERER/GRUNWALD 1980, Bd. 2, S. 317). Im Gegensatz zur »vertikalen« Führungsbeziehung, bei der ein enger Zusammenhalt der Gruppe herrscht, sind »**laterale**« Kooperationsbeziehungen auch durch **Konkurrenzdruck** und bestehende **Differenzierungsregeln** bestimmt. Laterale Kooperationsanforderungen werden wegen dem Erfordernis, mit mehreren Einheiten der Organisation zusammenzuarbeiten, subjektiv unter Umständen auch als Überlastung empfunden (vgl. WUNDERER/GRUNWALD 1980, Bd. 2, S. 317 und WUNDERER 1993, S. 246–248).

Den sozialen Faktoren, insbesondere der **Beziehungsgestaltung**, kommt eine entscheidende Rolle im kooperativen Führungsprozeß zu. Der personalen Dimension wird gerade in der heutigen Arbeitswelt, die sich durch eine hohe Komplexität, durch rasch veraltendes Wissen und einer stärkeren Kundenorientierung nach außen hin wie gegenüber den internen »Kunden« aus anderen Abteilungen einer Organisation auszeichnet (vgl. Kapitel 3, 2.1., S. 119), sehr große Bedeutung beigemessen. Die Anforderungen der durch diese Merkmale determinierten Berufssituationen erfordert geradezu kooperative Führungs- wie Arbeitsformen.

Die Kommunikation zwischen Vorgesetztem und Mitarbeiter verläuft hierbei nicht mehr primär zweck- und zielbezogen, sondern erfüllt auch emotionale und soziale Funktionen (vgl. WOLFF/GÖSCHEL 1987, S. 169). Dem Bedürfnis der Mitarbeiter nach Anerkennung der erbrachten Leistung, das mit steigendem Lebensalter sogar zunimmt,[11] versucht diese Art Kommunikation gerecht zu werden (vgl. WOLFF/GÖSCHEL 1987, S. 179). Anerkennung verschafft neue Motivation und Arbeitsfreude. Motivierte und selbstbewußte Mitarbeiter sind gegenüber Innovationen offener bzw. selbst innovativ und zeigen sich eher bereit, auch Verantwortung zu übernehmen (vgl. WOLFF/GÖSCHEL 1987, S. 198 f.).

Insbesondere dieses Konzept »kooperative Führung« macht deutlich, daß Führungskräfte heute nicht mehr ausschließlich Fachkompetenz benötigen, um ihre Führungsaufgabe zu erfüllen. Die vielfältigen Anforderungen, die sich Führungskräften allgemein stellen, sowie jene, die sich aus dem Konzept »kooperative Führung« für Führer und Geführte ergeben, sind Thema des folgenden Unterkapitels.

3.4. Anforderungen an Führer und Geführte

Das dargelegte Führungsverhalten im »kooperativen« Führungskonzept stellt insbesondere die **Führungskräfte** vor **hohe Anforderungen**. Sie benötigen eine **Ausbildung in Führung**, die Führungswissen und

»die Begabung, die Eignung, die Eigenschaften, die einen Menschen letztlich dazu befähigen, andere Menschen zu führen (...) Menschenführung als voll anerkannter Beruf wie jeder andere auch« (WOLFF/GÖSCHEL 1987, S. 75).

miteinschließt. Führungspersonen benötigen deshalb zusätzlich zu einer hohen Fachkompetenz hohe **soziale Kompetenz** sowie eine ausgeprägte Kommunikationsfähigkeit, ein gutes Analysevermögen und Flexibilität.

GEIßLER/SOLZBACHER (1991) umschreiben diesen **neuen Führungstypus** mit »**Generalist**«.

»Der Generalist – damit ist nicht der Alleskönner gemeint, sondern einer, der das Insgesamt einer gegebenen Situation in angemessener Weise in Rechnung zu stellen in der Lage ist – [tritt] in den Vordergrund: Der Generalist mit Tiefgang, der teamorientierte, kommunikative Fähigkeiten der Beeinflussungs- und Gestaltungskompetenz besitzt und auf der Grundlage dieser Eigenschaften in der Lage ist, sich das spezialisierte Personal für die jeweiligen Aufgaben zu suchen« (GEIßLER/SOLZBACHER 1991, S. 253).

Die zahllosen Auflistungen über Anforderungen an Führungskräfte[12] sind zum Teil widersprüchlich, in jedem Falle idealistisch und haben normativ-präskriptiven Charakter. Sie beschreiben den Idealtypus einer Führungskraft und sind bei einer realistischen Betrachtungsweise von Menschen und Situationen in diesem Umfang kaum vollständig in ein und demselben Individuum vorfindbar. Gleichwohl werden gute und erfolgreiche Führungspersonen zumindest mehrere dieser Eigenschaften und Fähigkeiten in sich vereinen.

Das neuzeitliche Konzept »**kooperative Führung**« verlangt zwar von den **Führungskräften besondere Qualifikationen,** stellt aber auch an die **Mitarbeiter** entsprechende Anforderungen.

Die Grundwerte bzw. die Grundprinzipien von »kooperative Führung« (vgl. Kapitel 3, 3.2., S. 133) **bedingen neue kommunikative Arbeitstugenden, die für alle am Kooperationsgeschehen Beteiligten gleichermaßen gelten:**

● Kommunikations- und Teamfähigkeit,
● aktive und passive Kritikfähigkeit,
● Verträglichkeit und Offenheit,
● die Fähigkeit, auf andere Menschen einzugehen,
● die Fähigkeit, anderen zuzuhören
(vgl. ULRICH 1991, S. 79).

Diese **Kompetenzen,** die **von** den **Mitarbeitern, insbesondere** jedoch **von** den **Führungskräften,** erwartet werden, sind die eigentlichen **Voraussetzungen** für »**kooperative Führung**«.

4. Bedeutung managementtheoretischer Überlegungen für die Schulleitungsaufgabe

Führen als wechselseitiger Prozeß zwischen Führenden und Geführten charakterisiert ganz allgemein betriebliche wie schulische Führung. Die neuzeitlichen Führungskonzepte und insbesondere das vorstehend explizit dargelegte kooperative Führungsmodell sind somit auf ihre Übertragungsrelevanz für den Arbeitsplatz Schule zu untersuchen.

*Dieser zweite Block des Kapitels setzt sich deshalb mit der **Bedeutung** von **Führungskonzeptionen** der Managementtheorie für die **Leitung** von **Schule** auseinander.*

Vergleichbarkeiten von Führung in Wirtschaft und Schule, insbesondere aber die Grenzen der Übertragbarkeit managementtheoretischer Konzepte, werden herausgearbeitet.

Die grundlegende Vorstellung von **Führung als wechselseitigem sozialem Beeinflussungsprozeß** (vgl. Kapitel 3, 2.1., S. 119) gilt für betriebliche Organisationen wie für die Schule. Die Führungsaufgabe in der Schule ist einerseits wegen der Komplexität der von Schulleitung zu bewältigenden Aufgaben und andererseits wegen der großen Mitarbeiterzahl genauso vielschichtig wie die in der freien Wirtschaft. Unvorhersehbare und komplexe Situationen sind für die Institution Schule geradezu konstitutiv (vgl. Kapitel 2, 5.3.3., S. 99). Sie bestimmen in besonderem Maße den Arbeitsalltag von Schulleitungen.

Schulleitung ist wie Leitung in Betrieben – nach einem neuzeitlichen globalen Führungsverständnis (vgl. Kapitel 3, 2.2., S. 126) – mehr als **ganzheitliche Aufgabe** von hoher Komplexität zu sehen. Sie beinhaltet Managementfunktionen – Schulleiter als Manager planen, organisieren, koordinieren und kontrollieren – ebenso wie Führungsfunktionen – sie motivieren, initiieren und bemühen sich zu innovieren, sie informieren und kooperieren –, dies alles geschieht indem sie **kommunizieren**. Schulleiter führen das gesamte Personal, sie beraten und sie delegieren (vgl. DÖRING 1978, S. 82; RIEGER 1994, S. 14). Der »gute«, weil für die Entwicklung seiner Schule erfolgreiche, Schulleiter schafft zwischen diesen beiden Funktionen ein ausgewogenes Verhältnis (vgl. DUBS 1994, S. 127) und akzeptiert, daß es keine überall gültigen und wirksamen zwischenmenschlichen Qualifikationen gibt,

> »sondern daß auch Schulen in sehr unterschiedlichen sozialen und physischen Umwelten bestehen und daß sich in den Schulen recht unterschiedliche Verhaltensstandards herausgebildet haben, die als situativer Faktor unterschiedliche zwischenmenschliche Qualifikationen verlangen« (HUGHES/BESSOTH 1979, Le 15.24, S. 3).

In **beiden Organisationsarten interagieren** einzelne **Personen** oder Gruppen, um bestimmte **Ziele zu erreichen** (vgl. auch WIRRIES 1986, S. 66 und 69).

Wirtschaftsunternehmen arbeiten zielorientiert, um die von außen gesetzten Ziele (durch Kunden, Konkurrenz, Zertifizierungssysteme, Politiker, Gesetze) aber auch um die selbst gesetzten Ziele (beispielsweise im Rahmen von internem Qualitätsmanagement, Kundenorientierung, Produktivitätssteigerung, Innovativität) zu erreichen.

Schulen sind ebenfalls **Zielen/Vorgaben** von außen unterworfen z. B. durch Schulentwicklungsmaßnahmen der Schulbehörden, des Kultusministeriums, durch Bedürfnisse der Elternschaft, durch die Struktur der Schülerschaft, und sie setzen sich interne, für ihre eigene Schule spezifische Ziele, die sie effizient wie effektiv zu erreichen suchen (vgl. DUBS 1994, S. 20).[13]

Die Aufgaben werden in der Schule ebenfalls nach dem **Delegationsprinzip** verteilt und bearbeitet. Die **Beziehungsebene** scheint für die Alltagsarbeit von Führungskräften in der Schule fast noch wichtiger zu sein als die Entscheidungsebene.

Wenngleich die Einflußfaktoren auf Führung durch den Anspruch von Pädagogik eine hohe Komplexität und Vieldimensionalität bedingen, gestaltet sich Führung im schulischen Kontext entgegen der Annahme von STORCH/WILL (vgl. 1986, S. 26) nicht per se komplizierter als im wirtschaftlichen Bereich.

Nicht zuletzt bedingt durch die schwieriger gewordene wirtschaftliche Lage der letzten Jahre, ist in der Wirtschaft eine stärkere Akzentbildung auf entwicklerische und gestalterische Führungsaktivitäten im Vergleich zu den traditionellen Managementtätigkeiten wie »Planen«, »Organisieren«, »Informieren«, »Entscheiden« und »Kontrollieren« festzustellen (vgl. UlRICH/ PROBST [3]1991, S. 259 und 263).

Der pädagogische Auftrag der Schule, der die Förderung und Hilfestellung zur Entwicklung und zur Persönlichkeitsentfaltung heranwachsender Menschen vorsieht, läßt sich ohne den Willen zu Gestaltung und Entwicklung der Schule nur schwer realisieren.

Dezentralisierung und **Verlagerung** von **Entscheidungen** auf kleinere teilautonome Einheiten mit einem Mehr an Verantwortung und gestalterischer Freiheit (vgl. Kapitel 1, 4.2., S. 44) sind Leitlinien der Reformbestrebungen in der freien Wirtschaft wie in der allgemeinen Verwaltung (vgl. auch BILDUNGSKOMMISSION NRW 1995, S. 62 f.)

Die stark personenbezogene verhaltenswissenschaftliche Komponente, die »Management« neben der sachbezogenen Komponente beinhaltet (vgl. STAEHLE [5]1990, S. 66 und S. 74–82), legitimiert auch für den **schulischen Bereich** die zumindest **gleichrangige Anwendung** der Begriffe »**Führung**«, »**Leitung**« und »**Management**«.

Betriebswirtschaftliche wie pädagogische Sichtweisen von Führung setzen ähnliche Schwerpunkte (vgl. auch WIRRIES 1986, S. 74 und 84 f.). Die betrieblich orientierten Aspekte haben für die Schule und insbesondere für die Entwicklung der Leitungstheorie besondere Bedeutung. Sie werden deshalb näher ausgeführt.

*Unter der Prämisse, daß der Verbesserung des Bildungsprogramms der Schule höchste Priorität beizumessen ist, läßt sich die **pädagogische Führungsaufgabe** neben den vielfältigen anderen Aufgaben der Schulleitung in **zwei zentrale Dimensionen** aufgliedern. Diese werden im nächsten Abschnitt diskutiert.*

4.1. Dimensionen der Managementfunktion von Schulleitung

Die **Managementfunktion** von Schulleitern bestimmt sich durch verwaltungstechnische und sachbezogene Aufgabengebiete sowie insbesondere durch pädagogische Aufgaben (vgl. Kapitel 2, 4.2.2., S. 80), die personenbezogene Entscheidungen evozieren und somit Führungsaufgaben darstellen.

Hierzu gehören u. a. Innovation, Vermittlung und Integration, Fürsorge und Beratung sowie Repräsentation.[14] Diese Führungsaufgaben stellen den sicherlich schwierigeren Teil für die Schulleitung dar. Sie sind im wesentlichen vergleichbar mit Führungsaufgaben in der Wirtschaft und sind ebenfalls **kommunikativ** wahrzunehmen.

Für die Schule lassen sich zwei grundlegende Dimensionen der Schulleitungstätigkeit ausmachen:

1. **Technische Dimension**
2. **Führungsdimension**

4.1.1. Technische Dimension

Im idealen Falle haben Schulleitung wie Kollegium bei allen Überlegungen, Handlungen und Entscheidungen das Wohl und die Entwicklung der ihnen anvertrauten Schülerinnen und Schüler im Blick.

Die Anstrengungen um unterrichtliche und außerunterrichtliche pädagogische Qualität an der Schule setzen voraus, daß der Schulleiter die **arbeitsorganisatorischen Rahmenbedingungen** schafft und das **Funktionieren der Arbeitsorganisation** garantiert. Zu seinen Aufgaben gehört es ferner, organisatorische und verwaltungstechnische Probleme möglichst zielgerichtet und schnell mittels geeigneter Arbeitsmethoden zu lösen, schulrechtliche Fragen unter Berücksichtigung pädagogischer Aspekte zu klären und auch einzelne zu erledigende Aufgaben zu delegieren.

Dies entspricht mit anderen inhaltlichen Zielsetzungen dem **strukturellen Aspekt** (vgl. Kapitel 3, 2.1., S. 119) von Führung, denn die Schule ist wie ein Wirtschaftsbetrieb eine Organisation und bedarf deshalb der Strukturierung der Arbeitsprozesse und der Gewährleistung eines geregelten und funktionierenden betrieblichen Ablaufes.

Zur eher technischen Dimension der Schulleitungstätigkeit gehört es ferner, daß der Schulleiter die **außerunterrichtlichen Einrichtungen koordiniert**, indem er sich ständig über den wechselnden Bedarf an nicht unterrichtsbezogenen Dienstleistungen informiert, um zu gewährleisten, daß die Unterrichtsziele auch erreicht werden können. Er koordiniert die außercurricularen Aktivitäten wie beispielsweise die Regelung der Schulbusfahrzeiten, des Mittagessens in der Schule und der Übermittagbetreuung, um das Erreichen unterrichtlicher Ziele zu optimieren.

Die motivierende **Gestaltung** der **Konferenzen** ist trotz ihrer pädagogischen Dimension auch ein technischer Vorgang.

Deutliche Grenzen in der Übertragbarkeit managementtheoretischer Vorstellungen auf Führung in der Schule ergeben sich aus der **dienenden Funktion** und insofern **sekundären Priorität** der **verwaltungstechnischen Dimension** für den Schulleiter. Sie erstreckt sich insbesondere darauf, die Schulgestaltungs und -entwicklungsprozesse in Gang zu setzen bzw. laufende Projekte entsprechend zu unterstützen.

Entscheidend ist jedoch die Wahrnehmung der Führungsaufgabe durch den Schulleiter mit dem Ziel, ein gemeinsames Verständnis von Schule in Form von Konsens zu erreichen und damit der Schule ein eigenes Profil zu geben.

4.1.2. *Führungsdimension*

Der für eine Profilbildung der Schule dringend notwendige **Konsens** läßt sich nur erzielen, wenn die **Lehrkräfte** untereinander **kooperieren.** Die **Unterstützung** dieser Prozesse ist fundamentale Aufgabe des Schulleiters (vgl. Kapitel 2, 4.2., S. 75) und weist Parallelen zum **personalen Aspekt** (vgl. Kapitel 3, 2.1., S. 119) von Führung in der Betriebswirtschaftslehre auf.

Die Führungsdimension des Schulleiters umfaßt verschiedene Aufgabenfelder, die im Vergleich zu denen in anderen Organisationen zu diskutieren sind.

Aufgabenfelder innerhalb der Führungsdimension von Schulleitung:

1. Unterrichtsqualität und Qualitätskontrolle
2. Lernumwelt
3. Lehr- und Lernmaterial
4. Personalauswahl und Personaleinsatz
5. Personalentwicklung

1. Unterrichtsqualität und Qualitätskontrolle
Die Funktionen eines **Qualitätsmanagement** und **Controlling,** die zunächst als für Wirtschaftsunternehmen charakteristische Funktionen angenommen werden (vgl. Kapitel 3, 2.1., S. 119), gehören selbstverständlich schon immer zur schulischen Führungsaufgabe, wenngleich diese Begriffe bislang in den Schulen weder bei den Lehrern noch bei den Schulleitungen einen hohen Stellenwert zu haben scheinen oder gar »bei der Lehrerschaft auf großen Widerstand« (DUBS 1994, S. 270) stoßen.

Durch eine zunehmende Autonomie von Schule (vgl. Kapitel 1, 4.4., S. 51) wird zukünftig die Entwicklung eines Qualitätsmanagements noch bedeutender. **Controlling** betrifft **alle Maßnahmen,** die **zur Überwachung der Effizienz** der Schule und der Zielerreichung eingesetzt werden (vgl. DUBS 1992, S. 457 f. und 1994, S. 23).

Qualitätsverbesserung und damit auch **Innovation** sind **Kernelemente** einer

neuen Schule, die die Qualität der Ergebnisse ihrer Arbeit gewährleisten (vgl. BILDUNGSKOMMISSION NRW 1995, S. XXVI) und sich dabei an ihrer Zielsetzung – ihrem Schulprofil – orientieren. Qualitätsverbesserung setzt immer schon Qualität voraus. Selbstverständlich leisten die Lehrkräfte an den Schulen pädagogisch qualitative Arbeit. Allerdings ist die **Definition** dessen, was schulische **Qualität** bedeutet, nicht eindeutig festlegbar und nur **von** der **Einzelschule** selbst **präzisierbar.**

Die **Übertragung von Qualitätsmanagementkonzepten** (beispielsweise TQM) aus Wirtschaftsunternehmen (vgl. Kapitel 3, 2.1., S. 119) auf die Schule wirft einerseits **Probleme** auf, weil die Qualitätskonzepte in den Firmen und deren Umsetzung eine sehr hohe **Heterogenität** aufweisen (vgl. SCHILDKNECHT 1992, S. 370).

Andererseits führt die besondere Eigenart der Institution Schule dazu, daß eine Überprüfung erreichter Ziele bzw. die schulinterne Verbesserung des Bildungs- und Erziehungsprogramms im Sinne eines **Qualitätsmanagements** noch immer in den Anfängen steckt. Der Schulleiter muß wie Führungskräfte in Unternehmen auch für Mißerfolge geradestehen. Er trägt zwar die Gesamtverantwortung (vgl. Kapitel 2, 4.1.1., S. 69), verfügt aber nicht über die erforderliche Entscheidungskompetenz, um den vorhandenen Gestaltungsspielraum optimal nutzen zu können.

»Total Quality Management« für die Schule wird erst in jüngster Zeit diskutiert (vgl. beispielsweise BILDUNGSKOMMISSION NRW 1995, S. 60 und S. 155; CREUTZBURG/FISCHER 1995, S. 8–15) und schließt eine **teamartige Kooperation,** die auf gemeinsamen Visionen basiert, mit ein.

Die Förderung und Verbesserung der Unterrichtsqualität an der Schule ist eine Forderung seitens des Schulrechts (vgl. Kapitel 2, 4.2., S. 75) wie der Pädagogik (vgl. Kapitel 2, 4.2.2., S. 80). Dem ist grundsätzlich zuzustimmen. Dennoch setzt dieses Engagement des **Schulleiters** zunächst **klare Vorstellungen** über die Bildungs- und Erziehungsarbeit an seiner Schule voraus. **Zielklarheit** bei der Schulleitung ist Vorbedingung, um gemeinsam mit dem Kollegium Ziele für die pädagogische Arbeit an der Schule zu entwickeln, und sie ist – wie in Wirtschaftsunternehmen – ein entscheidender Faktor für eine erfolgreiche Führung (vgl. Kapitel 3, 2.1., S. 119).

In diesem Sinne Zielklarheit zu gewinnen, erfordert auch die Umwälzung und kritische Hinterfragung der eigenen Gedanken und Vorstellungen im **reflexiven Dialog.** Der für diese Aufgabe **prädestinierte Gesprächspartner** ist der **stellvertretende Schulleiter,** da dieser die Aufgaben des Schulleiters mitzutragen hat (vgl. Kapitel 2, 4.1.2., S. 72).

2. Lernumwelt
Der Schulleiter gestaltet – vergleichbar mit Führungskräften in anderen Organisationen – verantwortlich die Lernumwelt an seiner Schule. Er ermittelt

und erörtert mit dem gesamten Kollegium die Wünsche und Bedürfnisse der Lehrkräfte für den Stundenplan.

Unter Berücksichtigung der berechtigten Anliegen der Lehrerinnen und Lehrer entwickelt er im Schulleitungsteam den pädagogisch sinnvollen Einsatz des Lehrpersonals.

3. Lehr- und Lernmaterial
Der Schulleiter sorgt für geeignete Lehr- und Lernmaterialien, Geräte und Einrichtungen. Sein Einfluß ist wegen der kaum vorhandenen Finanzautonomie allerdings eingeschränkt.

Hier zeigt sich ein **deutlicher Unterschied** zur betrieblichen Führung, bei der die Führungskraft innerhalb der ihr zugewiesenen Kostenstellen eigenverantwortlich verfügen kann und insofern tatsächlichen Einfluß auf das Arbeitsmaterial und auf die Arbeitsplatzgestaltung hat.

Die technische Dimension und die Führungsdimension belegen die Relevanz der **interaktionistischen Führungstheorie** der Managementlehre (vgl. Kapitel 3, 2.2.1., S. 126) auch für schulische Führung.

Die Führungsdimension der Schulleitung konzentriert sich primär auf die Mitarbeiter – die Lehrerinnen und Lehrer – und somit nur indirekt auf die SchülerInnen (vgl. Kapitel 2, 5.1., S. 87).

Die wesentlichen Tätigkeiten innerhalb des personalen Führungsaspekts bieten einerseits viele Parallelen zu den personalen Führungsaufgaben in Unternehmen und Organisationen. Andererseits werden auch **deutliche Unterschiede** erkennbar. Diese sollen schwerpunktmäßig herausgearbeitet werden.

4. Personalauswahl und Personaleinsatz
Der Schulleiter ist bestrebt, für seine Schule Lehrkräfte zu bekommen, die sich bereitwillig und schnell in die Struktur und in die Leitideen dieser Schule einarbeiten, diese übernehmen und in ihr eigenes Unterrichts- und Verhaltenskonzept adaptieren.

Er ist jedoch im Gegensatz zu anderen Organisationen **nicht autorisiert** das Lehrpersonal selbst **einzustellen**, sondern er fordert Lehrkräfte bei der Schulaufsichtsbehörde oder ggf. beim Schulträger an. Der Einfluß des Schulleiters auf die Lehrerzuweisung für seine Schule ist vergleichsweise gering und ihr Wirkungsradius für **schulgestalterische** und **entwicklerische Maßnahmen** unterliegt daher größeren **Einschränkungen**. Auf Versetzungen/Abordnungen und damit auf die **Fluktuation** innerhalb des Lehrerkollegiums hat der Schulleiter ebenfalls nur **geringe Einwirkungsmöglichkeiten**.

Dies steht prinzipiell im Gegensatz zu Führungskräften außerhalb der Schule, bei der die Führungskraft entweder das Personal selbst einstellt, oder zumindest mitentscheidet, welche Mitarbeiter in andere Abteilungen versetzt bzw. aus anderen Abteilungen übernommen werden. Die geringere Fluktuation ermöglicht eine dauerhafte und häufige Zusammenarbeit und schafft somit die Voraussetzung für ein kooperatives Arbeitsverhalten.

Die Führung **institutionalisierter Gespräche** im Rahmen des Lehrerstundendeputats, die in Unternehmen in Form von regelmäßigen Mitarbeiterbesprechungen ein wichtiges **Führungsinstrument** darstellen, haben in der Schule noch keine Tradition (vgl. WIRRIES 1986, S. 96–99). Auch die in periodischen Abständen stattfindenden Beratungsgespräche, die in Unternehmen als regelmäßige Mitarbeitergespräche bekannt sind, bei denen Arbeitsziele mit dem Mitarbeiter vereinbart bzw. die Zielerreichung überprüft werden, nehmen Schulleiter de facto nur in geringem Umfang bislang wahr (vgl. Kapitel 2, 5.3.3., S. 99; vgl. WIRRIES 1986, S. 102 f.).

5. Personalentwicklung

Personalentwicklung in der Schule konzentriert sich vornehmlich auf Maßnahmen zur Fort- und Weiterbildung der Lehrkräfte.

Der Schulleiter regt einzelne Lehrkräfte zur Teilnahme an Fort- und Weiterbildungsveranstaltungen an. Der Begriff »**anregen**« zeigt klar den **Unterschied zur Wirtschaft**, bei der Fortbildungsmaßnahmen gewährt, d. h. genehmigt werden, bzw. bei der der einzelne Mitarbeiter zur Fortbildung verpflichtet wird.

Vom Schulleiter wird hier eher Fingerspitzengefühl erwartet, indem er es geschickt versteht, einzelne Lehrkräfte zum Zwecke ihrer Weiterentwicklung zu Fortbildungsveranstaltungen zu schicken, da die Teilnahme auf Freiwilligkeit beruht.

Er initiiert und arrangiert insbesondere solche Fortbildungsmaßnahmen, die der Entwicklung und Förderung der Schulkultur der Einzelschule dienen, die das gesamte Kollegium einschließen und auf Konsens in zentralen Fragen der Schule abzielen (SCHILF). Auch bei dieser Aufgabe ist er **an das schulische Entscheidungsgremium** der Schulkonferenz **gebunden**, so daß er zwar initiativ werden aber letztlich den Themenbereich der Fortbildungsmaßnahme nicht eigens festlegen kann. Des weiteren liegt es im **Gegensatz zu Wirtschaftsunternehmen** bislang **nicht** in der (**haushaltsrechtlichen**) **Entscheidungskompetenz** des Schulleiters als Führungsperson, über den Tagungsort, die Dauer der Fortbildungsmaßnahme und damit über die erforderlichen Kosten zu befinden.

Der Schulleiter nimmt seine pädagogische Gesamtverantwortung wahr, indem er die Lehrerinnen und Lehrer nach vorausgegangener Unterrichtshospitation mit dem Ziel berät, den Unterricht an seiner Schule zu verbessern oder Lehrerinnen und Lehrer in ihrem methodischen, didaktischen, pädagogischen und psychologischen Unterrichtsverhalten zu bestärken (Feedback).

Betriebliche Führung orientiert sich hingegen mehr am Führungsgrundsatz der Zielvereinbarung und **verzichtet eher auf detalllierte Kontrolle** von Aufgabenprozessen der einzelnen Mitarbeiter.

Ein **großer Unterschied** zu Führung in Unternehmen besteht in der Anzahl der zu führenden Mitarbeiterinnen. Während der Vorgesetzte in Betrieben meist nur eine relativ begrenzte **Anzahl** von **MitarbeiterInnen** zu beaufsichtigen hat, muß der Schulleiter eine vergleichsweise große Zahl von Personen führen. Ferner hat der **Schulleiter** nur eine schwache Position als weisungsberechtigter Vorgesetzter (vgl. Kapitel 2, 4.1.1., S. 70) und wird je nach der Höhe seiner Unterrichtsverpflichtung realiter und **im Bewußtsein der Lehrkräfte** mehr **als Kollege** gesehen. Damit übt der Schulleiter seine Vorgesetztenrolle ganz anders aus als Leitungspersonen von Wirtschaftsorganisationen.

In der Realität des Schulalltags bedeutet dies, daß entgegen der Definition von »Macht« nach STAEHLE (^{5}1990, S. 371; vgl. Kapitel 3, 2.1., S. 119) **Verhaltensänderungen von Mitarbeitern** – insbesondere von Lehrkräften – **kaum gegen deren Willen zu erwirken** sind und es relativ einfach ist, sich den Weisungen des Schulleiters zu widersetzen oder diese zu umgehen.

Schulleiterhandeln beinhaltet demnach **pädagogische Expertise**, die **in sozialen Prozessen** transparent wird. Diese sozialen Prozesse sind von **Einfluß** und **Aushandeln** geprägt sowie durch die **Vorbildwirkung** (vgl. BAUMERT/LESCHINSKY 1986 a, S. 254). Persönliche Autorität

»als das soziale Ansehen, das ein Mensch bei anderen genießt und das im positivem Falle diese befähigt, der Autorität Vertrauen, Engagement und Motivation entgegenzubringen« (MÜLLER-SCHÖLL/PRIEPKE ^{3}1991, S. 143),

gleicht die nur in geringem Maße gegebene Amtsautorität aus.

Schulziele entwickeln und Wege für deren Umsetzung bereiten, Hemmnisse beim Entwicklungsprozeß der Schule aus dem Weg räumen, sind Aufgaben, die ein Schulleiter sicherlich nicht gegen das Vertrauen seiner Lehrkräfte und ohne deren Akzeptanz[15] realisieren kann. Kollegium, Schüler- wie Elternschaft und das sonstige Hilfspersonal werden eher bereit sein, den Schulleiter zu akzeptieren, wenn dieser seine **personale Autorität**: seine Fähigkeit, zu überzeugen, zu kooperieren, Konflikte auszuhalten und zu integrieren, nutzt.

Für **Führungskräfte** in der **Schule** existiert u. a. das Problem, daß sie in weit größerem Umfang **durch Vorgaben determiniert** sind, als dies für Wirtschaftsunternehmen zutrifft. Hierzu zählen:

»Festlegung von Unterrichtsstunden, Stundenplanorganisation, Inhalte« (ROSENBUSCH 1995, S. 41).

Diese

»Reglementierungen (...), die grundsätzlich nicht unbefragt beibehalten werden können, sondern im Blick auf die pädagogische Aufgabe der Schule zu überprüfen und gegebenenfalls auch abzuändern sind« (ROSENBUSCH 1995, S. 41),

behindern die Eigenverantwortlichkeit der in der Schule Tätigen und hemmen damit die Identifikation mit der Aufgabe und der Organisation, die z. B. in Form von »Corporate Identity« (vgl. Kapitel 3, 2.1., S. 119) als Grundvoraussetzung für wirtschaftlichen Erfolg moderner Unternehmen gilt (vgl. ROSENBUSCH 1995, S. 41).

Die Aufgabenbereiche[16] der technischen Dimension und der Führungsdimension der Schulleitungstätigkeit entsprechen den Zielrichtungen einer »pädagogischen Schulleitung«, die mit »pädagogischem Handeln« und »Führungsverhalten« beschrieben wurden (vgl. Kapitel 2, 4.1., S. 69). Die Art und Weise, wie diese Zielrichtungen im täglichen Leitungshandeln realisiert werden, bestimmt die Qualität einer pädagogisch orientierten Führung.

Innerhalb der **Führungsdimension** ist auch die besondere soziale Organisation[17] der **Schule** (vgl. Kapitel 1, 2., S. 33), die sich als »**NonProfit-Organisation**«[18] im Gegensatz zu »Profit-Organisationen« beschreiben läßt (vgl. BURLA, v. 1989, S. 72 und 75), zu bedenken.[19]

Die Schule ist eine Bildungs- und Erziehungseinrichtung, die den LehrerInnen pädagogische Freiheit garantiert und

> »nicht einfach eine ökonomisch-technische Produktionseinheit [ist], deren Ergebnis durch Anwendung des ökonomischen Prinzips mit einem Vergleich von Input und Output saldierbar ist« (ROLFF 1995, S. 29).

Demnach unterscheiden sich Schulen sehr stark von den Zielsystemen marktorientierter Organisationen. **Schulmanagement** orientiert sich nicht wie **unternehmerisches Management** an Marktmechanismen, auf die es schnell zu reagieren gilt. Obgleich auch schulisches Management modern und systematisch zu gestalten ist, muß es

> »jedoch stets den Bildungszielen verpflichtet bleiben und darf der Humanisierung des Lehrens und Lernens und der Persönlichkeitsentfaltung der anvertrauten Schüler nicht im Wege stehen. Insofern kann es immer nur einen adäquaten Transfer von Management-Methoden in das Bildungswesen geben« (BRAUNE 1977, S. 25).

Das **erzieherische Verhältnis** zwischen Erwachsenen und Heranwachsenden ist für die Institution Schule **konstitutiv**. Die damit einhergehenden Erziehungsprozesse sind nur begrenzt zu technologisieren im Gegensatz zu zahlreichen Prozessen in Wirtschaftsunternehmen. In der Schule stehen die **SchülerInnen** eindeutig **im Vordergrund**. LehrerInnen benötigen ein sog. »Fallverstehen« als Grundlage ihres Erziehungshandelns. »**Fallverstehen**« bildet auch die Handlungsgrundlage für den Schulleiter, wenn er Mitarbeitergespräche mit Lehrkräften führt oder eine Leistungsbeurteilung erstellt.

Die Schule zeichnet sich ferner durch ihr **teilprofessionelles Personal** aus. Die Lehrkräfte als deutsche Beamte haben (bislang) nicht die erforderliche Autonomie, um professionell zu handeln. Sie unterliegen als Beamte staatlichen Kontrollen. Der zwischen Autonomiebestreben und staatlicher Kontrolle resultierende Widerspruch führt zu einer immanenten Kontrollunsicherheit. Auch die **Erfolge der Lehrkräfte** lassen sich nur **schwer objektiv feststellen.** Darin unterscheidet sich Führung in der Schule wiederum von Führung in der freien Wirtschaft.

Die eigentliche Arbeit der LehrerInnen vollzieht sich hinter geschlossenen Klassenzimmertüren. Die Lehrkräfte verstehen sich selbst als Einzelkämpfer. Unterricht bleibt – obwohl Kernbereich der beruflichen Praxis – insbesondere den administrativen Einflußmöglichkeiten durch den Schulleiter entzogen (vgl. HALLER/WOLF 1995 a, S. 55). Damit ist ihre **Tätigkeit weder reglementierbar noch standardisierbar.**

Zum Zwecke der Profilbildung der Schule wäre jedoch der Schulleiter gerade auch im Sinne eines Unternehmers stark auf die **Motivation** und **Leistungsbereitschaft seiner MitarbeiterInnen** angewiesen. Diese kann er noch weniger erzwingen als **Führungskräfte** in der **Wirtschaft,** die Motivation über **finanzielle Anreize** oder **Beförderungssysteme** und in schwierigen wirtschaftlichen Zeiten notfalls unter dem **Druck des Arbeitsplatzerhalts** erwirken können. Deshalb muß der Schulleiter

»ein hohes Maß an Überzeugungsarbeit in Anhörungen und Diskussionen [zu] leisten, damit seine Autorität akzeptiert wird« (VOGEL 1990, S. 21).

Das Einzelkämpfertum der Lehrer behindert die dringend erforderliche innerschulische Kooperation, die eine hohe **schulische Qualität** erst gewährleistet, vergleichsweise stark.

Unsicherheit und Ungewißheit bei LehrerInnen wie SchulleiterInnen

»sind nur durch kollegiale Kommunikation und Kooperation zu mildern (...) Nur ist Kooperation für den Lehrerberuf ein besonderes Problem, das von der besonderen Organisationsstruktur der Schule ausgeht« (ROLFF 1995, S. 33).

Eine gefügeartige und teamartige Kooperation, wie sie die Managementlehre beschreibt, sind für die Schule differenziert zu sehen. Fünf von sechs Merkmalen von gefügeartiger Kooperation aus der Betriebswirtschaftslehre treffen auch auf die Schule zu. Die »lose Kopplung« kann für die Schule als Organisationsgefüge jedoch nicht gelten, da diese eher fest gefügt ist.

»**Loose Coupling**« bezieht sich somit **auf** die **teamartige** innerschulische **Kooperation,** die in einer teilweise noch bürokratisch angelegten Schule bislang noch nicht sehr verbreitet ist. So konstatiert ROLFF (1995):

»Nur durch teamartige Kooperation von Lehrern [kann] der Gefahr entgegengewirkt werden (...), daß sich für die Schülerinnen und Schüler der schulische

Erziehungs- und Bildungsprozeß aufzulösen beginnt in eine Reihe isolierter Veranstaltungen, die keinen Sinnzusammenhang erkennen lassen. Für teamartige Kooperation gibt es indes kein innerschulisches Anreizsystem, jedenfalls nicht in der bürokratischen Schule« (ROLFF 1995, S. 35).

»Loose Coupling« ist aber auch positiv zu sehen, da sie wegen ihrer aufgelockerten innerschulischen Gliederung gleichzeitig eine flexible Anpassung an eine instabile Umwelt ermöglicht. Es ist die Stärke der Einzelschule, auf neue Problemkonstellationen ihres eigenen schulischen Umfeldes beweglich zu reagieren. Sollten dann Probleme bei dem Versuch, neue Wege zu gehen, auftreten, dann ist nicht gleich das gesamte System tangiert. Selbstverständlich birgt solche Pluralität auch Risiken, die durch die Identifikationsmöglichkeit der Lehrkräfte mit dem System zu begrenzen sind (vgl. auch BAUMERT/LESCHINSKY 1986 a, S. 248 f.).

Schulische Führung zielt im wesentlichen indirekt – d. h. über die Lehrkräfte – auf die Entwicklung der jungen Menschen. Pädagogik und Management ergänzen einander zu einer neuen Qualität von pädagogischer Führung, der »leadership« (vgl. DUBS 1992 und 1994; FISCHER/ SCHRATZ 1993), die in dieser Form nicht typisch ist für Führung in Betrieben. Der Einfluß der Führungskraft im betrieblichen Management ist weit größer als der von Schulleitern in der Schule.

Für die Arbeitsprozesse zwischen den Erwachsenen in der Schule ist eine viel stärkere wechselseitige Beeinflussung zwischen den Lehrkräften einerseits und zwischen Schulleitung und Kollegium andererseits anzunehmen. Von daher ist die Qualität der Beziehungen gerade in der Schule so wichtig. Schulische Führungskräfte bedürfen deshalb insbesondere personaler Kompetenzen, die zur Beziehungsgestaltung wesentlich beitragen.

Schulen sind ferner Orte großen Beharrungsvermögens. Veränderungen gehen nur recht zögerlich und langsam vonstatten. Die dem einzelnen Lehrer rechtlich zugestandene pädagogische Freiheit macht Veränderungen, die weniger aus individueller denn aus gesamtsystemischer Perspektive die Entwicklung der Einzelschule fördern könnten, nicht gerade einfacher. Hinzukommt, daß echter Konkurrenzdruck weitgehend fehlt.

»Die fehlende Markt- und Kundenorientierung der Schule führt letztlich auch – bei allem pädagogischen Bemühen um Schülerorientierung – zur Dominanz der vorgegebenen Inhalte und ihrer innerschulischen Vermittlung. Schulen bleiben somit stark innenzentriert und öffnen sich häufig nur widerwillig Herausforderungen von außen« (BAUMANN 1993, S. 20).

Das zögerliche Verhalten gegenüber Veränderungen hat aus pädagogischer Perspektive auch eine gewisse Berechtigung. Entwicklungs- und Erziehungsprozesse bedürfen einer gewissen Stabilität und Kontinuität der Situationen wie der diese Prozesse unterstützenden Personen, denn Schule ist – im Gegensatz zum Betrieb – auf Kontinuität und Stabilität zumindest im Bereich der Erziehungsmuster angelegt, ohne dabei auf Innovativität zu ver-

zichten. Dies gerät in der Diskussion um schulische Innovationskraft und um Schulentwicklung und Schulgestaltung gerne in den Hintergrund. Schulleitungen sehen sich deshalb oftmals in ihrem Bemühen, auch Kontinuität zu wahren, überfordert und verunsichert, insbesondere dann, wenn der Schwerpunkt bildungspolitischer Diskussionen auf einem raschen und permanenten Wandel liegt.

Pädagogisch ausgerichtete Schulentwicklung und betriebliches normatives wie strategisches Management sind **nur bedingt vergleichbar,** denn strategisches Management in der Schule bleibt wegen der **wenig effizienten Randbedingungen für Schulleitungen** oftmals auf der Strecke. Die eigene Unterrichtsverpflichtung, die Fragmentierung des Schulleiteralltags durch ständig wechselnde Situationen und durch den häufigen Wechsel der Gesprächspartner und die für Schule typischen zeitlich kurzen Kommunikationsgelegenheiten mit einzelnen schaffen nicht den erforderlichen Raum für strategisches Nachdenken (vgl. Kapitel 2, 5.3.3., S. 99). Insbesondere für die Strategieentwicklung mit einem Team, wie es für die Konsensbildung in der Schule sinnvoll wäre, gibt es auch wegen des permanenten Drucks, Ad-hoc-Entscheidungen zu treffen, nicht die erforderliche Muße.

Des weiteren bestimmt sich der Arbeitsalltag des Schulleiters stärker als in anderen Organisationen weit mehr auf den nonhierarchischen Ebenen. Die hierarchisch geprägte Beziehung zur Schulaufsicht reduziert sich recht häufig auf gelegentliche Telefonate und sporadische Besuche durch den Schulaufsichtsbeamten. Der Kontakt zum Kultusministerium, der allemal auf dem Dienstweg – also über die mittlere Behörde – erfolgt, ist noch seltener, unpersönlicher und beschränkt sich zumeist auf schriftliche Berichterstattungen und Stellungnahmen.

Schulleiter nehmen ihre Führungsaufgaben im Schulalltag im wesentlichen auf den Ebenen der **Unterstützung** und der **Kooperation** wahr und müssen sich gleichermaßen auf den hierarchischen Ebenen – Schulaufsichtsbehörden, Kultusministerium – zurechtfinden. Dies erfordert vielfältige und sehr hohe Kompetenzen und bedarf der Entlastung durch Anwendung des **Delegationsprinzips.**

4.2. Orientierungen im Führungshandeln von Schulleitung

Die Besonderheit der Organisation Schule sowie der Wandel von Gesellschaft und Schule (vgl. Kapitel 1, 3., S. 34 und Kapitel 1, 4., S. 43) mit seinen Auswirkungen auf das Lehrerkollegium implizieren ein Führungshandeln von Schulleitung, das vergleichbare Orientierungen wie das Führungshandeln von betrieblichen Führungskräften aufweist. Schulische wie betriebliche Führungspersonen haben ein Personal zu führen, das Ansprüche auf einen Führungsstil erhebt, der Partizipation gewährt und die Kreativität der Mitarbeiter schätzt und fördert.

Demnach sind die drei innerhalb der managementtheoretischen Überlegungen bereits explizierten neuzeitlichen Führungsansätze auch für Schulleitungen von großer Relevanz. Diese drei Ansätze der systemischen (vgl. Kapitel 3, 2.2.2., S. 128), der kooperativen (vgl. Kapitel 3, 3., S. 131) und der situativen Führung (vgl. Kapitel 3, 2.2.3., S. 130) werden im folgenden als systemische und als kooperativ-situative Orientierung im Führungshandeln von Schulleitung diskutiert.

4.2.1. Systemische Orientierung im Führungshandeln von Schulleitung

Bei der **systemischen Ausrichtung** betrachten die Führenden wie die Geführten die vorhandenen Problemlagen nicht als Individualprobleme, sondern ordnen diese gesamtsystemisch ein.

Dies setzt voraus, daß die LehrerInnen die Sinnhaftigkeit ihres Handelns in bezug auf das System, in dem sie tätig sind, erkennen (vgl. HORSTER 1995, S. 46) und daß sich die Lehrkräfte mit ihrer Schule im Sinne einer sozialen Organisation identifizieren.

Die **systemische Sichtweise** ist **für** die **Schule vergleichsweise neu** und erfordert ein **Abrücken** von der »**pädagogischen Monopolstellung**« des einzelnen Lehrers.

Selbstorganisation, Gestaltung und Entwicklung innerhalb eines Systems (vgl. Kapitel 3, 2.2.2., S. 128) bestimmen ähnlich wie in der Wirtschaft die Führungsfunktion von Schulleitung.

Schule als **sich selbst organisierendes (Lern-) System** (vgl. Kapitel 1, 4.3.2.2., S. 49) benötigt den Willen und die Fähigkeiten zu Gestaltung und Weiterentwicklung, d. h., alle Mitglieder der Organisation akzeptieren ein permanentes Lernen. Selbstorganisation ist gerade für die Schule keine Neuentdeckung. Vielmehr haben Lehrkräfte und Schulleitung schon immer nicht zuletzt aufgrund der konkreten Situation vor Ort sich selbst organisiert. Dies macht auch durchaus Sinn, denn administrative Vorgaben und Regelungen stehen zunächst nur auf dem Papier, die obere Behörde ist weit weg, und die Kontrolle ist gering.

Das eigentlich Neue an dem System der Selbstorganisation ist nun, daß Kollegium und Schulleitung bei all ihrem Handeln nicht nur die jeweiligen individuellen Vorstellungen und Sichtweisen durchzusetzen versuchen, sondern, daß sie ihre Entscheidungen auf dem Hintergrund einer gesamtsystemischen Ausrichtung treffen.

Die systemische Orientierung beinhaltet des weiteren, visionär zu denken. Die **visionäre Rolle der Führungskraft** wird in Unternehmen in der Form eines »Designers« und »Coach«, der die **wegweisenden Ideen** entwirft (vgl. Kapitel 3, 2.2.2., S. 128), gesehen.

Visionen bestimmen in der modernen Industrie heute die Unternehmenskultur. Die visionären Gedanken, die mittlerweile nahezu alle Großunternehmen **auf Hochglanzpapier** verbreiten (vgl. Kapitel 3, 2.2.2., S. 128), **stimmen** allerdings auch **nachdenklich.** Es erhebt sich die Frage, ob diese Visionen tatsächlich mit den Wünschen, Vorstellungen und Hoffnungen der Arbeitnehmer unterschiedlichsten Ausbildungsstandes, verschiedenartigster Motivationslagen und differenzierter Hierarchieebenen übereinstimmen. Es steht ferner die Frage im Raum, wessen Visionen zum Allgemeingut werden sollen und, wenn diese nicht in partizipativen Prozessen erarbeitet wurden, ob diese Unternehmensvisionen glaubwürdig sind und damit vom einzelnen Mitarbeiter auch akzeptiert und umgesetzt werden.

Dieses Problem stellt sich ohne Frage **auch in** der Institution **Schule.**

Es ist prinzipiell anzunehmen, daß die Lehrkräfte selbst unterschiedliche Visionen haben bzw. in der Lage sind, Visionen zu entwickeln.

Unter der **Prämisse,** daß sich die **Visionen** von Schulleitung ebenso wie die eines Kollegiums primär **auf** die jeweilige **Einzelschule** beziehen und dieses **System** vergleichsweise **überschaubar** ist, läßt sich die gemeinsame **Entwicklung von Visionen** und die Ausrichtung auf dieselben **in** einem **Schulkollegium einfacher realisieren** als in großen Unternehmen. Dieser Vorgang bedarf analog zu Unternehmen der Empathiefähigkeit aller Beteiligten, der Bereitschaft zur kritischen Auseinandersetzung, zur Reflexion und zur Konsensfähigkeit. Eine intensive offene Kommunikation ist das Transportmittel visionärer Gedanken.

Gemeinsame Visionen haben, diese kommunizieren und in Schulentwicklungsprozessen zu realisieren, ist eng verknüpft mit dem in Wirtschaftsunternehmen weitverbreiteten Konzept einer »**Corporate Identity**« (vgl. Kapitel 3, 2.1., S. 119).

Der Austausch von Visionen in einem Kollegium und der Konsens über die grundlegende Ausrichtung der Schule können das Kollegium nach innen stärken und ein »Wir-Gefühl«, wie es Ziel des CI-Konzeptes ist, hervorrufen. Auf dieser Basis kann gemeinsam eine Schulidentität entwickelt werden, die in Form eines einheitlichen Erscheinungsbildes auch nach außen zur Profilbildung der Schule beiträgt (vgl. auch RAUSCHER 1995 a, S. 68 f.).

Der Schulleiter ist auch zuständig für die **Innovativität** der an seiner Schule Tätigen. Innovieren heißt nicht am Bestehenden haften bleiben, sondern aufgeschlossen für Neuerungen sein, wobei das jeweils Neue kritisch zu prüfen ist. Der Ist-Stand und die bestehenden Formen der Organisation sind auch in der Schule von Zeit zu Zeit zu analysieren – selbstverständlich im Team – zunächst auf der Ebene der Schulleitung und dann gemeinsam mit dem Kollegium.

Innovationen werden in der Schule nach gründlicher Erörterung gemeinsam zwischen Kollegium und Schulleitung **vereinbart.** Nur so haben Innovationen überhaupt die Chance, auch nur annähernd in die Phase der Realisierung vorzudringen. Innovationsprozesse müssen seitens der Schulleitung ständig begleitet werden, gemeinsam immer wieder hinterfragt, geprüft und auf die Verhältnisse vor Ort adaptiert werden (vgl. auch KLEINSCHMIDT 1993 b, G 6.3, S. 3).

Die Lernprozesse, die bei Schulentwicklung und Innovationen durchlaufen werden, beziehen sich nicht ausschließlich auf den Erwerb von neuen Kompetenzen, sondern

> »genauso wichtig sind einige Überzeugungen und Einstellungen, die Werte und Normen formen und insofern Hinweise für eine Berufsethik abgeben« (DALIN/ROLFF 1990, S. 194).

DALIN/ROLFF (1990) folgern hieraus, daß Entwicklungsprozesse in Schulen – und dies dürfte m. E. in profitorientierten Unternehmen nicht wesentlich anders sein – nur gelingen, wenn alle am Entwicklungsmanagement Mitwirkenden u. a. begreifen und daran glauben, daß

- Offenheit und Vertrauen wesentlich für die (schulische) Entwicklung sind,
- nur durch Kollegiumsentwicklung bleibende Erfolge möglich sind,
- alle Mitwirkenden Unterstützung aber auch Feedback der Kollegen benötigen,
- Kolleginnen und Kollegen sowie Leitung verantwortlich für den Aufbau einer kontinuierlichen Supervision zeichnen,
- die Leitung Verantwortung übernimmt in den Bereichen: Strukturierung des Prozesses, Entwicklung des Arbeitsklimas, Entwicklung der Gruppe, Lösung von Konflikten, Unterstützung bei der Lösung von Problemen, Sichern der notwendigen Ressourcen, Abdecken des Prozesses gegen unangemessene Interventionen von außen und wirksames Darstellen von Projekten und Programmen in der Öffentlichkeit

(vgl. DALIN/ROLFF 1990, S. 194 f.).

Die obigen von DALIN/ROLFF angeführten Bedingungen für Schulentwicklung lassen jedoch, wenn man die teils schwierigen Rahmenbedingungen der Schulen und Schulleitungen bedenkt, Zweifel an einer schnellen und auf breiter Ebene zu realisierenden Schulentwicklung aufkommen.

Schulentwicklung, Schulgestaltung und Selbstorganisation erfordern in **jeder** Organisation auch die Bereitschaft zur **Reflexion** von Führungshandeln und Verhaltens- wie Denkweisen bei allen Beteiligten. Da jegliches Verhalten und alle Aktivitäten in der Institution Schule nicht auf technische, sondern auf menschliche Entwicklungsprozesse – sei es bei SchülerInnen oder bei den Lehrkräften – zielen, ist der Aspekt der Reflexion für alle von größter Bedeutung. Für die **Schulleitung,** die diese Prozesse steuert, ist **Reflexion** aber **unerläßlich.**

4.2.2. *Kooperativ-situative Orientierung im Führungshandeln von Schulleitung*

Der Erfolg schulischer Führungsbemühungen ist vergleichbar mit denen eines Wirtschaftsunternehmens. Der Führungserfolg wird wesentlich, so die Führungstheorie, durch die Persönlichkeit der Führungskraft (vgl. Kapitel 3, 2.1., S. 119) bestimmt. Als oberste Maxime für Schulleitungen gilt, bei all ihren Handlungen Transparenz für alle Beteiligten zu schaffen und gemeinsam mit den Betroffenen nach Handlungsmöglichkeiten und nach Visionen für die Entwicklung der Schule zu suchen (vgl. FISCHER/SCHRATZ 1993, S. 113; SEITZ 1992, S. 486).

Obwohl die Entwicklung einer Schulkultur als gemeinsamer Prozeß aller in der Schule Tätigen zu verstehen ist, kommt dem Schulleiter eine Führungsfunktion zu. Er trägt Sorge dafür, daß Kooperation im und mit dem Kollegium möglich wird und unterstützt die Ansätze zur Konsensbildung. Kommunikative Handlungen in den Bereichen der Vermittlung, Integration und der Fürsorge werden zu zentralen Aspekten im Führungshandeln des Schulleiters.

Dies zeigt sich auch in der empirisch festgestellten Einstellung der Lehrkräfte zum Aufgabenfeld des Schulleiters. Die Untersuchungen AURINS und Mitarbeiter (1993) zur Auffassung von Schule und pädagogischem Konsens erbrachten interessante Ergebnisse, die JERGER (1995) in ihrer Analyse des Objektbereichs »Leitung und Steuerung der Schule« (S. 116) diskutiert. Demnach haben über 60 % der an der Untersuchung beteiligten LehrerInnen ein Schulleiterverständnis,

»das hauptsächlich auf die Integrations-, Vermittlungs- und Fürsorgefunktion ausgerichtet ist. Ein Viertel der Lehrer betont stärker die Aufgaben pädagogischer Führung und nur eine Minderheit (ein Sechstel der Lehrer) sieht den Schulleiter vor allem als ›guten Manager‹« (JERGER 1995, S. 116).

Die von der Mehrheit der Lehrer gewünschte Integrations-, Vermittlungs- und Fürsorgefunktion basiert immer auf der eigentlichen Führungsaufgabe des Schulleiters, die Qualität des Bildungsprogramms der Schule (vgl. BESSOTH 1980, LE 15.02, S. 29; HOLTAPPELS [2]1991, S. 83) und damit den Unterricht an der Schule gleichzeitig zu verbessern (HOLTAPPELS[2] 1991, S. 83).

Diese schwierige Aufgabe erfordert ein angemessenes **Leitungshandeln**, das darauf hinzielt, das Organisations- bzw. das Schulklima zu verbessern, indem es die **innerschulische Kooperation und Konsensbildung** im Rahmen von Pädagogik und Schulentwicklung **fördert** (vgl. AURIN u. a. 1993, S. 416; ROLFF 1983, S. 31; WIRRIES 1986, S. 39).

Dies legt einen **partizipativen Ansatz für** die **schulische Führung** zugrunde, der als »**kooperative Führung**« (vgl. Kapitel 3,3., S. 136) diese Aspekte angemessen berücksichtigt, denn es ist originäre Aufgabe von Schulleitung, die Lehrerkooperation als »Gelenkstück« der innerschulischen Entwicklung (vgl. STEFFENS/BARGEL 1993, S. 98–110) zu unterstützen und zu fördern.

Die die **kooperative Führungstheorie** charakterisierenden **Merkmale** der hohen Teamorientierung und des hohen Anteils an gemeinsamen Problemlösungen (vgl. WUNDERER/GRUNWALD 1980, Bd. 2, S. 113) sind **zur Bewältigung der Bildungs- und Erziehungsaufgaben essentiell.**

Schulischer Führungserfolg ist besonders stark **an** die individuelle **Situation der Einzelschule gekoppelt,** weil auch die jeweiligen Gegebenheiten das Führungsverhalten verursachen bzw. stark beeinflussen und jeweils andere Führungsqualitäten verlangen (vgl. SEITZ 1992, S. 483 f.).

Zu den situativen Faktoren, die die Einzelschule prägen, zählen vor allem:

● die Schülerpopulation,
● die Lehrkräfte,
● das schulische Umfeld,
● die schulische Ausstattung mit Fachräumen, Sachmitteln und Lehr- und Lernmaterialien,
● die materiellen Ressourcen.

Analog zur Managementtheorie ist damit ein kooperativ-situativer Führungsstil vorzuziehen.

Partizipation – die Teilhabe der Mitarbeiter an Führung und damit an Entscheidungs- und Gestaltungsprozessen – und **Reziprozität** – die Wechselseitigkeit der Führungsbeziehungen – kennzeichnen die neuzeitlichen Vorstellungen von Führung (vgl. Kapitel 3, 2.2.1., S. 126).

Der Führungskraft kommt hierbei die wichtige Aufgabe zu, ein »Höchstmaß an Übereinstimmung zwischen Organisations- und Mitarbeiterzielen herzustellen und in einem ständigen Prozeß stets gemeinsam neu zu erarbeiten« (MÜLLER-SCHÖLL/PRIEPKE[3] 1992, S. 132).

Reziprozität bestimmt die Beziehungen zwischen Schulleitung und Kollegium schon deswegen, weil zwischen beiden Personengruppen nur geringe Unterschiede bestehen, die bereits als geringe Amtsmacht des Schulleiters (vgl. Kapitel 2, 4.1.1., S. 70) und als gleichwertige akademische Ausbildung dieser Beteiligten erörtert wurden. Von daher gebietet sich ein kooperatives Führungsverhalten für die Schule noch eher als für Organisationen und Unternehmen, die vielerorts noch immer als lineare Hierarchie operieren.

Die Wahrnehmung der personenbezogenen Führungsfunktion wirft nicht nur in einem Wirtschaftsunternehmen Probleme auf, wie sie bei der Führung von Gruppen, in Konfliktlösungsprozessen, bei der Ausübung von Macht oder bei Motivierungsbemühungen entstehen.

Der **konfliktäre Aspekt von Führung** gilt auch für die Schule und hat vielleicht in diesem System noch mehr Gewicht. Dies mag daran liegen, daß Lehrkräfte über eine hohe fachliche Ausbildung verfügen, die sie vergleichsweise souverän – zumindest in ihrem Fachbereich – macht. Die für Schule noch immer typische Einzelkämpferhaltung der meisten Lehrer, die durch institutionelle Vorgaben und Rahmenbedingungen leider noch immer eher gefördert wird, und die juristisch garantierte »pädagogische Freiheit« des Lehrers tragen zu einer mehr individualistischen Denkhaltung bei. Dies macht die Aufgabe der Schulleitung nicht gerade einfach, und konfliktäre Situationen sind keine Seltenheit. Damit ist der Schulleiter nicht nur in seiner Managementfunktion gefordert, sondern er hat vor allen Dingen eine Führungs- und Leitungsaufgabe wahrzunehmen. Die managementtheoretische Erkenntnis, daß Management immer auch Führung miteinschließt, trifft auch für die Schule zu.

Selbstklärung und kritische **Reflexion** der eigenen Arbeit als wichtige Prozesse innerhalb des kooperativen Führungskonzepts fördern das **Feedback** unter den Lehrkräften und der Schulleitung und enthalten gleichzeitig Anregungspotential für den Unterricht der einzelnen LehrerInnen. Ferner bieten sie dem einzelnen Halt durch die Gruppe. **Zielorientiertes Verhalten** und die als für sich selbst lohnend empfundene Zusammenarbeit charakterisieren auch in der Schule kooperative Prozesse.

Eine kooperative Führung hat damit den Vorteil, daß die **LehrerInnen** sich nicht gegängelt fühlen und eher zu eigenen Gedankengängen motiviert sind, d. h., im wesentlichen kreativer werden bzw. ihr vorhandenes **Kreativitätspotential** auch **nutzen**. Die Akzeptanz von gemeinsam erarbeiteten Zielvorstellungen und von damit einhergehenden Vereinbarungen oder Lösungsideen ist dadurch ungleich höher.

Eine **formelle Schulstruktur** leistet durch klare Regelungen und Maßnahmen, welche die immer komplexer werdenden Arbeitsabläufe vereinfachen, einen entscheidenden Beitrag dazu, daß die **Lehrkräfte sich** nicht bürokratisch eingespannt, sondern in ihrer pädagogischen Arbeit **unterstützt wahrnehmen**. Dies setzt allerdings entsprechende **Verwaltungs- und Mansgementkompetenzen** beim **Schulleiter** voraus, die dieser möglichst vor Übernahme des Schulleiteramtes erwerben sollte. Dem Schulleiter kommt diese Führungsaufgabe nach der monokratischen Sichtweise von Schulleitung (vgl. Kapitel 2, 4.1., S. 69) zu (vgl. auch DUBS 1992, S. 458).

Diese Vorstellung vom **Schulleiter** als **alleinigem Führungsverantwortlichen** wird der **Alltagsrealität** in der Schule **nicht mehr gerecht**. Wenn Konzepte in der Praxis nicht mehr greifen bzw. durch den Alltag zwangsläufig überholt sind, sind auch die theoretischen Fundierungen zu überprüfen. Das in Anlehnung an DUBS (1992) dargelegte **Führungsverhalten** in der Schule im Sinne einer »leadership« **gilt** demnach nicht mehr ausschließlich für den Schulleiter, sondern zumindest auch für seinen engsten Mitarbeiter – den **ständigen Vertreter** des Schulleiters.

Führungskonzepte der Managementlehre implizieren Führungsgrundsätze, die in der freien Wirtschaft in Form von Führungstechniken im wesentlichen auf zwei Ebenen realisiert werden:

1. Zielvereinbarung und Kontrolle
2. Delegation

Während die Zielvereinbarung (»Management by objectives«) als relativ unabhängig vom jeweiligen Führungsstil gilt, stellt **Delegation** (»Management by delegation«) einen **Teilaspekt des kooperativen Führungsstils** dar.

Die genannten Komponenten haben für schulische Führung ebenfalls Gültigkeit. Für ihre Anwendung in der Schule ist es wichtig, daß sie in sich konsistent sind und mit den Prinzipien des allgemeinen Leitbildes[20] der Schule übereinstimmen (vgl. DUBS 1992, S. 465).

1. Zielvereinbarung und Kontrolle

Nach dem Prinzip der Zielvereinbarung wird den Lehrkräften möglichst viel **Gestaltungsspielraum** eingeräumt, d. h., es wird nicht (mehr) vom Schulleiter angeordnet, sondern es werden Ziele vereinbart. Dies geschieht bislang vermutlich eher im Rahmen von (pädagogischen) Konferenzen als in regelmäßig durchgeführten Mitarbeitergesprächen mit einzelnen Lehrkräften.

Die in der freien Wirtschaft üblichen **Mitarbeitergespräche** sind in der Schule noch zu wenig etabliert und schon gar **nicht institutionalisiert**. Gründe sehe ich in der besonderen Arbeitsorganisation der Institution Schule, die den Lehrkräften kontinuierlichen Unterricht am Vormittag und auch der **Schulleitung** vergleichsweise viel Zeit durch Eigenunterricht abverlangt. Damit verfügt die Schulleitung nur über **geringe Leitungszeit**. Die »Einzelkämpferrolle« der LehrerInnen, die ihren Rückhalt in der »pädagogischen Freiheit« findet, sowie die noch weit verbreitete **Abneigung** der Lehrerschaft oder auch der Schulleitung **gegenüber** allen **Methoden des** betrieblichen **Managements** behindern ein »Management by objectives« in der Schule.

Es ist auch zu fragen, ob das Führungsmittel der Zielvereinbarung gerade für die schulischen Arbeitskräfte vergleichbar relevant ist wie für Arbeitnehmer anderer Berufsfelder. LehrerInnen in Deutschland sind Beamte, deren Motivation aufgrund des äußerst **niedrigen Beförderungskegels** nur schwer durch Zielvereinbarung und Zielkontrolle gefördert werden kann. Vielmehr dürfte für Lehrerinnen und Lehrer die Zufriedenheit und die Arbeitsmotivation aus Wertschätzung und Anerkennung sowie aus der Erfahrung erwachsen, daß alle – insbesondere im erzieherischen Bereich – an einem Strang ziehen. **Zielvereinbarung** in der Schule scheint mir deswegen weitaus wirkungsvoller zu sein, wenn sie **als Verständigung des gesamten Kollegiums auf gemeinsam zu verfolgende Ziele** realisiert wird.

Die **Festlegung auf Ziele** ist für die Bildungs- und Erziehungsarbeit ebenso wie für die Profilbildung der Schule **essentiell**, wenngleich diese wegen der Widersprüchlichkeit pädagogischer Ziele nur schwer quantifizierbar oder operationalisierbar sind (vgl. DALIN/ROLFF 1990, S. 114).

Untrennbar mit der Zielvereinbarung ist auch die **Kontrolle** (vgl. Kapitel 3, 4.1.2., S. 143) verbunden, denn gemeinsam vereinbarte Ziele sind auch in der Schule auf ihre Einhaltung hin zu kontrollieren.

Der eigentliche **Unterschied zu** Kontrolle in **Unternehmen** besteht darin, daß sich **Arbeitsabläufe in** der Schule **weniger schematisch** bzw. an eindeutig festgelegten Ablauffolgen vollziehen und demgemäß Kontrolle in der Schule auch mehr punktuell erfolgt.

Die **flache Hierarchie** der Schule legt eine Zusammenarbeit der Lehrkräfte und der Schulleitung nahe, die auf Vertrauen und auf dem Reziprozitätsprinzip beruht und somit den **Kontrollaspekt in** den **Hintergrund** drängt.

2. Delegation
Der Schulleiter delegiert bestimmte Aufgaben an MitarbeiterInnen, deren Entwicklungspotential er einzuschätzen weiß. Eine **kontinuierliche Information** ist Grundvoraussetzung für die Leistungsbereitschaft des einzelnen Lehrers sowie für das tatsächliche Erbringen von Leistung.

Die Delegation von Aufgaben an andere Personen der Schulleitung oder des Kollegiums dienen zum einen dazu, den Schulleiter als Letztverantwortlichen zu **entlasten** und ihm wertvolle **Leitungszeit** für die Erfüllung der pädagogischen Führungsaufgabe zu **verschaffen**. Zum anderen trägt Delegation dazu bei, durch die Übertragung von Aufgaben mit Befugnissen und Verantwortung, die **Eigeninitiative** bei den Mitarbeitern zu **fördern** und dadurch die **Mitarbeiter weiterzuentwickeln**.

Die Anwendung des **Delegationsprinzips** in der Schule ist **stark abhängig** von der **Selbstsicherheit**, der **Persönlichkeitsstruktur des Schulleiters** aber auch der **Fähigkeiten** und dem **Selbstvertrauen der MitarbeiterInnen**.

Nur ein Schulleiter, der sich seiner selbst und seiner Fähigkeiten, insbesondere den Überblick und die große pädagogische Linie zu wahren, sicher ist und Vertrauen in die Fähigkeiten anderer hat, wird einen Teil der Aufgaben, die seine »formale Macht« begründen, zugunsten der Partizipation durch andere aufgeben und dadurch an »personaler Macht« gewinnen.

Des weiteren ist zu bedenken, daß die Übernahme von Delegationsbereichen bei den MitarbeiterInnen gelernt sein will. Insbesondere neu ernannte Schulleiter haben in einem Kollegium, das diese Form der Beteiligung noch nicht kannte, anfangs zu kämpfen bzw. müssen sehr viel Zeit investieren, um den »**Reifegrad**« der MitarbeiterInnen (vgl. Kapitel 3, 2.2.1., S. 126) in dieser Richtung zu erhöhen. So ist es nicht verwunderlich, daß so mancher Schulleiter relativ schnell »monokratisch« handelt.

Auch KLEINSCHMIDT (vgl. 1993 b, G 6.3, S. 3) betont die Führungs-grundsätze »Delegation« und »Kooperation«. Es überrascht jedoch, daß die Schulleitungsmitglieder nicht explizit in diese Überlegungen miteinbezo-gen werden. Der **Begriff** »**Mitarbeiter**« scheint entweder alle an der schuli-schen Arbeit Beteiligten **undifferenziert** zu umfassen oder nimmt eher die Lehrerschaft in den Blick.

Im Gegensatz hierzu messe ich Art, Umfang und den Bereichen der Delega-tion an den **Stellvertreter für** die **Partizipation an** der **Führungsaufgabe große Bedeutung** bei. Die sinnvolle **Nutzung** des **Delegationsprinzips** kann wesentlich zur Entlastung des Schulleiters aber auch zur **Professionalisie-rung des Stellvertreters** beitragen. Freiwerdende Zeit und Energien kann der Schulleiter dadurch erst in echte **Leitungszeit** transformieren.

Für die Schule hat m. E. der Führungsgrundsatz des »Management by wan-dering around« eine besondere Funktion.

3. »Management by wandering around«

Da die Schulleitung wegen ihrer Unterrichtsverpflichtung nur wenig Zeit für die Erledigung von Verwaltungs- und Führungsaufgaben hat, neigen viele Leitungspersonen dazu, die verbleibende Zeit in ihren Büros, im Se-kretariat oder bestenfalls auch im Lehrerzimmer zu verbringen. Jedoch erst das »Umherwandern« ermöglicht der Schulleitung genauere Einblicke in die Gesamtsituation der Schule und auch in das Schüler- wie in das Lehrer-verhalten im Schulalltag.

Ferner erweist sich Schulleitung dadurch für alle – auch für die SchülerIn-nen – als präsent und ansprechbar. Darüber hinaus sind einige LehrerInnen wegen der Stundenplangestaltung oder der Pausenaufsichtsregelung oftmals gar nicht im Lehrerzimmer verfügbar, so daß es oft angebracht ist, den be-treffenden Kollegen vor dem Unterrichtsraum aufzusuchen.

»Kooperative Führung« realisiert sich mittels **Kommunikation**. Kommuni-kation wird verstanden als generelle Gesprächsbereitschaft des Schulleiters, als offene und vertrauensvolle Gesprächsführung, die Interesse, Empathie und Zuwendung für die betreffende Person signalisiert und sich auf alle Per-sonen, die mit der Schule in irgendeiner Form zu tun haben, bezieht. Kom-munizieren heißt ferner, aktiv zuhören, im Gespräch gemeinsam Problemla-gen herauskristallisieren, um dadurch zu Problemlösungen zu kommen (vgl. KLEINSCHMIDT 1993 b, G 6.3, S. 3).

Schulleiter kommunizieren zum Wohle ihrer Schule auch nach außen (Funktion der Außenvertretung) (vgl. Kapitel 2, 4.1.1., S. 70). Sie transpor-tieren die Schulziele, die Schulpolitik ebenso wie Problembereiche der Schu-le und bemühen sich um Unterstützung, indem sie den Kontakt zwischen Schule und Schulumfeld: Gemeinde/Kleinstadt/ Stadtteil pflegen.

»Kooperative Führung« verlangt vielfältige und insbesondere soziale Kom-petenzen bei allen an Kooperation Beteiligten (vgl. Kapitel 3, 3.4., S. 132).

Deshalb stellt das Konzept »kooperative Führung« für Profit- wie für Non-profit-Organisationen ein sehr anspruchsvolles Führungskonzept dar, dessen Realisierung in der Praxis oftmals scheitert oder zumindest in Frage gestellt ist.

4.3. Realisierungsprobleme von »kooperative Führung« in Wirtschaft und Schule

Ursachen für die Realisierungsprobleme des Konzepts »kooperative Führung« in der Wirtschaft sind zum einen in **unrealistischen Vorstellungen** über den **einzig wahren Führungsstil** zu sehen, die extrem hohe und nur schwer erfüllbare Anforderungen an eine Führungskraft bedingen. Zum anderen **dominiert** trotz gegenteiliger Ergebnisse empirischer Untersuchungen die **Annahme**, ein **kooperativer Führungsstil verbessere** ungeachtet der gegebenen Bedingungen gleichermaßen bei allen Betroffenen sowohl die **Leistung** als auch deren **Zufriedenheit**. Hinzu kommt der **Glaube**, die Umsetzung von **Partizipation** im Rahmen von »kooperative Führung« habe **automatisch** auch **positiven Einfluß auf** die zwischenmenschlichen **Beziehungen**. Verschiebungen in der Herrschaftsstruktur sind jedoch nicht unbedingt Garanten für eine Kooperation.

Hieraus ist zu folgern, daß die Beziehungsgestaltung die wichtigste Vorbedingung für dieses anspruchsvolle Führungskonzept ist (vgl. WUNDERER/GRUNWALD 1980, Bd. 2, S. VII).

Weitere Realisierungsprobleme von »kooperative Führung« nennt FISCHER (1990). Die folgenden Ausführungen beziehen sich größtenteils auf diesen Autor.

Schwierigkeiten bei der **Realisierung** von »kooperative Führung« entstehen durch den **Abbau externer Kontrolle** zugunsten einer stärkeren Selbstkontrolle (Autonomie), denn nur intrinsisch motivierte Mitarbeiter werden auf die gewohnte (positive) Fremdverstärkung verzichten wollen.

Die Qualität von Motivation wird auch als abhängig gesehen von der schulischen und/oder schichtspezifischen Sozialisation. Untersuchungsergebnisse belegen, daß offenbar nicht alle Mitarbeiter ein Partizipationsangebot freudig aufgreifen. In Führungssituationen, in denen die Mitarbeiter eine deutlich geschwächte Motivation und wenig Selbstvertrauen aufweisen, haben Führungskräfte mit rein mitarbeiterorientiertem, beziehungsoffenem Führungsverhalten, das nur in geringem Maße die Zielperspektive, die Leistungs- und Selbstverwirklichungsziele betont, offensichtlich eine geringere Effizienz als jene, die »charismatisch«[21] führen.

Oftmals gibt es **bei Vorgesetzten** auch **Widerstand** gegen das Konzept »kooperative Führung«, da sie für sich selbst eine Verringerung des Einflusses befürchten, wenn die Geführten an Einfluß gewinnen. Des weiteren ist **Führungsverhalten** als absichtliche, unmittelbare und zielbezogene Einflußnahme auf Personen **nicht** als **stabiles Merkmal** der Führungskraft zu verstehen, sondern es wird auch entscheidend durch die Erwartungshaltung der Geführten an die Führungskraft geprägt. Führende und Geführte beeinflussen sich demnach wechselseitig, obgleich die Einflußnahme seitens der Geführten auf die Führenden nicht immer sozial erwünscht ist.

Führungskräfte haben auch deshalb oftmals Probleme, die wechselseitigen Prozesse der Beeinflussung bei diesem Führungskonzept zu akzeptieren, da das **Bild,** das sie meist noch immer **von** der **Organisation** in sich tragen, ein **weisungsgebundenes** ist.

Eine **narzistische Persönlichkeitsstruktur** von Führenden steht einer »kooperativen Führung« ebenfalls nicht selten im Wege. Diese zeigt sich in der Neigung zu Verherrlichung oder völliger Abwertung von idealen Situationen oder Figuren, in Phantasien von unbegrenztem Erfolg, übersteigertem Selbstwertgefühl, Voreingenommenheit, großer Gleichgültigkeit etc.

Die seit einigen Jahren in »Profit-Organisationen« eingeführte **Vorgesetztenbeurteilung** ist ein probates Mittel, dagegen vorzubeugen, da durch sie Einfluß und Kontrolle auch von den Geführten her ausgeübt wird. Eine vergleichbare Beurteilungspraxis für Schulleiter durch das Kollegium gibt es in der Schule derzeit noch nicht.

Technologische Sachzwänge und das **Leistungsprinzip** haben in Verwaltung und Industrie oftmals Vorrang vor Aspekten der »kooperativen Führung«, die auch die Bedürfnisbefriedigung der Mitarbeiter im Blick hat und ihren Tendenzen zur Selbstverwirklichung entgegenkommt.

Viele **Arbeitnehmer** haben nur ein geringes Interesse an »kooperativer Führung«, weil sie diese **als** Instrument der **Manipulation auffassen.** Die Durchschaubarkeit der Einflußnahme, die für die prosoziale Dimension einer auf Kooperation angelegten Führung von allen Beteiligten gegeben sein sollte, ist eher eine normative Vorgabe, denn eine realistische Perspektive. Nicht selten eignen sich Führungskräfte ebenso wie die Geführten Führungstricks an, mit deren Hilfe sie ihre Untergebenen oder Führenden auf nicht erkennbare Weise beeinflussen.

Nicht zuletzt nehmen bislang auch die **Arbeitnehmervertreter** noch eine eher **zögerliche Haltung** gegenüber diesem Führungsstil ein, wenngleich sie einräumen, daß der Kooperative Führungsstil« am ehesten einem von ihrer Seite geforderten Abbau vorhandener Autoritätsstrukturen entgegenkommt (vgl. FISCHER 1990, S. 141–145).

Bei all den aufgeführten Schwierigkeiten einer Realisierung des »kooperativen Führungsmodells« scheinen sich **ungünstige organisatorische Bedingungen** vor allem auf den partizipativen Aspekt »kooperativer Führung« hemmend auszuwirken, während **psychologische Hemmnisse** eher Einfluß auf den prosozialen Aspekt nehmen (vgl. WUNDERER/GRUNWALD 1980, Bd. 2, S. 111).

»Kooperative Führung« in der Schule gestaltet sich in der Praxis **nicht** ganz so **einfach**, wie es in der Theorie erscheinen mag. Jahre- oder gar jahrzehntelanges Agieren als einziger Erwachsener in einer Gruppierung junger Menschen fördert nicht unbedingt jene Verhaltensweisen, die für eine gelingende Kooperation erforderlich sind. Das Sich-Öffnen ins Kollegium, das Sprechen über schwierige, negative, als belastend erlebte Situationen fällt nicht jedem leicht und entspricht auch nicht der traditionellen Lehrerrolle des »Einzelkämpfers«.

Die **Lehrerkooperation scheint** vor allen Dingen recht **problematisch** zu sein. Dies läßt sich wie folgt begründen:

LehrerInnen stehen »noch immer vorwiegend in Konkurrenz zu ihren KollegInnen« (DAHLKE 1994, S. 18).

Kooperationsverhalten nimmt in der Lehreraus- und -weiterbildung noch immer keinen oder nicht den gewünschten Raum ein, entsprechende Fähigkeiten sind deshalb nur wenig vorhanden (vgl. auch STEFFENS 1991 b, S. 34).

Die organisationsstrukturellen Bedingungen für Schule und Unterricht machen die Lehrkräfte zu »Einzelkämpfern« (vgl. AURIN 1991 b, S. 87), deren Sicht sich im Laufe der Zeit auf den pädagogischen Umgang mit Jugendlichen, die der Lenkung, Erziehung bedürfen, verengt.

Das System »Schule« bietet kein echtes »innerschulisches Anreizsystem« (ROLFF 1995, S. 35) für eine teamartige Kooperation.

Ansätze einer Lehrerkooperation, die über die sporadischen Kontakte einzelner KollegInnen hinausgehen, scheitern oftmals an der eher unbewußten Übertragung der mit der Lehrerrolle verbundenen pädagogischen Grundprinzipien und Verhaltensmuster auf den Umgang mit Kollegen.

Das vor der Klasse gezeigte Unterrichtsverhalten erfährt nur selten eine Korrektur, Feedback durch die Schulleitung erfolgt sporadisch oder gar nicht, und die meisten Schulleiter haben keine Zeit für Unterrichtsbesuche, die der Evaluation von Unterricht dienen könnten.

Unterrichtshospitationen unter den Lehrern, die einerseits als Korrektiv und andererseits als Basis für kooperative Unterrichtsvor- und -nachbereitungen genutzt werden könnten, sind selten. Die Reaktionsmöglichkeiten der SchülerInnen auf Lehrerverhalten sind vergleichsweise gering, da ihr Verhalten sehr schnell »sanktioniert« werden kann, weswegen Lehrerinnen und Lehrer nicht immer eine realistische oder gar objektive Einschätzung ihrer eigenen Unterrichtssituation haben – die ihrer KollegInnen unterliegt noch mehr der Spekulation.

Das für unterrichtliche Situationen typische Ungleichgewicht im Machtverhältnis zwischen LehrerInnen und SchülerInnen prägt die Lehrkräfte, und es erschwert die auf Gleichwertigkeit beruhenden kooperativen Verhaltensweisen unter den KollegInnen.

Die Organisationsstruktur als Halbtagsschule, bei der die KollegInnen am Vormittag in der Schule präsent, jedoch aufgrund ihrer unterrichtlichen Tätigkeit nicht für Kooperation miteinander zur Verfügung stehen, trägt wesentlich dazu bei, daß sich die Lehrkräfte im restlichen Verlauf des Tages individuell an ihrem heimischen Arbeitsplatz und damit ohne Gedanken- und Erfahrungsaustausch mit anderen LehrInnen auf den Unterricht vorbereiten.

Die räumlichen Bedingungen der heutigen Schule berücksichtigen noch nicht ausreichend die Bedürfnisse, die für eine Lehrerkooperation förderlich wären. In der Regel gibt es nur ein Lehrerzimmer, das sich wegen des Platzangebotes und der Sitzordnung wenig für eine Arbeit in kleineren Erwachsenengruppen eignet, weiterhin fehlen kleinere auch technisch entsprechend ausgestattete Räume.

Das Bedürfnis vieler belasteter Lehrkräfte nach Freisein von Druck und Verpflichtung am Nachmittag schränkt Kooperationsbemühungen weiter ein.

Gerade für eine »kooperative Führung« in der Schule ist die Beziehungsgestaltung zwischen den LehrerInnen aber auch zwischen Schulleitung und Kollegium fundamental, wenn Konsens über die Gestaltung einer Schule und die in ihr zu realisierenden Erziehungsprozesse erzielt werden soll. Ausgangspunkte hierfür bilden Grundelemente prosozialen Verhaltens, wie beispielsweise Offenheit, Akzeptanz, Vertrauensbildung und wechselseitige Unterstützung. Diese sind jedoch sehr viel schwieriger zu erreichen und sind langfristiger anzulegen als Veränderungen von Machtstrukturen durch Anordnungen (vgl. WUNDERER/GRUNWALD 1980, Bd. 2, S. VII). Die beiden Autoren konstatieren hieraus:

»Die Wege zu einer auch nur befriedigenden Erfüllung dieses Konzepts führen wohl vor allem über realistisch formulierte Anspruchsniveaus, schrittweise Verbesserung der situationalen Bedingungen und schwierige wie langwierige Lernprozesse aller Beteiligten« (WUNDERER/GRUNWALD 1980, Bd. 2, S. VII).

Insgesamt ist »kooperative Führung« wohl dann eine erfolgreiche Führungsform, wenn ihre Möglichkeiten und Grenzen realistisch eingeschätzt werden (vgl. auch WUNDERER/GRUNWALD 1980, Bd. 2, S. 9) und somit die Fähigkeiten und die Persönlichkeitsstruktur der Führungskraft, die Mitarbeiter, die Arbeitssituation und die Struktur der jeweiligen Organisation gleichermaßen mitbedacht werden.[22]

5. Zusammenfassung

In diesem Kapitel sollte zunächst Führung unter managementtheoretischen Aspekten beleuchtet werden. Hierbei ging es in einem ersten Teil im wesentlichen darum, den Führungsbegriff zu klären, ein neuzeitliches Führungsverständnis der Betriebswirtschaftslehre, das auf verhaltenswissenschaftlichen Führungstheorien basiert, darzulegen.

In einem zweiten Teil dieses Kapitels sollten die Theorien des ersten Teils auf ihre Relevanz bzw. Übertragbarkeit auf Führungskonzepte in der Schule hinterfragt werden.

Unter der Prämisse, daß die heutige **Schule** einem den **Wirtschaftsunternehmen** durchaus **vergleichbaren Wandel** unterliegt, obwohl sie sich nicht an Marktmechanismen orientiert und echter Konkurrenzdruck weitgehend fehlt, hat die Diskussion zunächst erbracht, daß die im ersten Teil des Kapitels dargestellten Aspekte Gültigkeit für die gewandelte Schule haben.

Wegen der Spezifität der Schule mit ihrem **originären pädagogischen Auftrag** lassen sich jedoch **nicht alle managementtheoretischen Überlegungen unreflektiert** auf schulische Führung **übertragen.**

Wesentliche Unterschiede, so konnte in diesem Kapitel aufgezeigt werden, bestehen darin, daß die **technische Dimension** der Führungstätigkeit in der Schule nur von **sekundärer** Bedeutung ist, Kontinuität und Stabilität für **Erziehungsprozesse** notwendig, jedoch **kaum technologisierbar** sind und daß Schulleitung und Kollegium in der Schule räumlich, ausbildungs- und besoldungsmäßig einander erheblich näher stehen, als dies bei den Funktionsträgern in Wirtschaftsunternehmen der Fall ist.

Des weiteren sind **Erfolge** der **Lehrkräfte nicht** objektiv **meßbar,** ihre Tätigkeit ist nicht standardisierbar, und die direkte **Einflußnahme** von Schulleitung ist nicht zuletzt deshalb auch relativ **gering.**

Die geringe Macht des Schulleiters bedingt auch eine **begrenzte Entscheidungsbefugnis,** die insbesondere auf dem Sektor des **Personals** (Auswahl und Qualifizierung der Lehrkräfte), der **Finanzen** (die Schule stellt keine eigene Kostenstelle dar) und des **Kontroll-** und **Qualitätswesens** (geringer Stellenwert von Qualitätskonzepten in der Schule) ungünstige Auswirkungen hat.

Schulleiter handeln als Führungskräfte in ihrem **eigenen Wirkungskreis** eher **nonhierarchisch** auf der **unterstützenden** und der **kooperativen Ebene.**

Unter der Prämisse daß, **dyadische Beziehungen fundamental** für Führungsprozesse in Organisationen ebenso wie für Führung in der Schule sind, ist es m. E. essentiell eine auf der Theorie »kooperative Führung« basierende **Leitungstheorie** für die Schule als **Schulleiter-Stellvertreter-Kooperation** zu präzisieren.

Anmerkungen zu KAPITEL 3

1. Im Kontext verhaltenswissenschaftlicher Ansätze beschäftigen sich die Sozialwissenschaften mit dem Verhalten in und von Organisationen. Hierbei sind die führungsrelevanten Forschungsansätze der Psychologie und speziell der Sozialpsychologie, bei denen empirische Arbeiten dominieren, und der Soziologie (vgl. STAEHLE[5] 1990, S. 35 f.) hervorzuheben.

   Die traditionellen Ansätze der Managementtheorie sind für die vorliegende Arbeit nicht von originärem Interesse und werden deshalb nicht näher behandelt. Auch die formalwissenschaftlichen Ansätze bleiben in dieser Arbeit außer acht.

2. Die verschiedenen Definitionen und Klassifikationssysteme von Macht werden von WUNDERER/GRUNWALD (1980, Bd. 1) auf S. 66 f. kritisch dargelegt.

3. NEUBERGER erläutert 14 Dilemmata der Führung, deren antagonistische Ansprüche nicht aufzulösen sind (vgl. S. 23–26).

4. Eine sehr detaillierte Darstellung und kritische Würdigung der verschiedenen Ansätze von Führung findet sich bei STAEHLE (vgl. [5]1990, S. 322 ff. und auf S. 772 ff.) und beispielsweise auch bei STROEBE/STROEBE (vgl. [5]1987, S. 79–105).

5. Eine ausführliche Diskussion interaktionistischer Führungstheorien und ihrer Analyseverfahren findet sich bei STAEHLE[5] 1990, S. 283–303.

6. BIERHOFF (1980) hat folgende zwei Bedingungen spezifiziert, die prosoziale Reaktionen kennzeichnen: a) die Absicht, einem anderen etwas Gutes zu tun, b) die Freiheit der Wahl (beispielsweise das Fehlen von beruflicher Verpflichtung) (vgl. BIERHOFF 1980 zit. nach BIERHOFF/KLEIN 1992, S. 258).

7. Vergleiche hierzu beispielsweise die »Vision 2010« der BASF AKTIENGESELLSCHAFT o. J.

8. Zu Erörterungen der verschiedenen Erklärungsansätze von Kooperation sowie zu einigen früheren Definitionen von Kooperation siehe WUNDERER/GRUNWALD 1980, Bd. 2, S. 9–14.

9. Eine nähere Erläuterung der verschiedenen Sichtweisen von kooperativer Führung finden sich zusammengefaßt in WUNDERER/GRUNWALD 1980, Bd. 2, S. 3 f.

10. Zu Bedeutung, Begründung, Geltungsbereich dieser Grundwerte sowie zu den historisch-philosophischen Wertlehren siehe WUNDERER/GRUNWALD 1980, Bd. 2, S. 66–77.

11. WOLFF/GÖSCHEL (1987) beziehen sich auf Untersuchungen des bayerischen Arbeitsministeriums aus den Jahren 1976, 1979 und 1986.

12. beispielsweise nachzulesen bei: WOLFF/GÖSCHEL 1987, S. 79 und bei WISWEDE 1990, S. 30–34.

13. Zur betriebswirtschaftlichen Unterscheidung zwischen »Effektivität« und »Effizienz« siehe DUBS 1994, S. 20.

14. Die genannten Aufgabenschwerpunkte finden sich auch bei JERGER 1993, S. 119. Diese wurden für die Durchführung einer empirischen Untersuchung zu Kooperation in der Schule als Bereiche eines Kategoriensystems auf Einzelaussagenebene erfaßt.

15. Autorität bedarf »eines Mindestmaßes an Zustimmung von seiten der zu Beeinflussenden« (STAEHLE ⁵1990, S. 371). STAEHLE erläutert dies in Anlehnung an die erstmals von BARNARD (1938, S. 163) aufgestellte Akzeptanztheorie der Autorität. Demnach hat »in formalen Organisationen (...) ein Auftrag erst dann Autorität, wenn er von dem Adressaten des Auftrags akzeptiert wird« (STAEHLE ⁵1990, S. 371).

16. Die Aufgabenbereiche finden sich beispielsweise bei: MCINTYRE/BESSOTH 1979, LE 15.23, S. 3–14; KLEINSCHMIDT 1993 b, G 6.3, S. 3; SZCZEPANEK/ CONNEMANN 1993, S. 181.

17. Nähere Ausführungen zu den Besonderheiten der Schule als soziale Organisation finden sich bei BAUMERT/LESCHINSKY 1986 a, S. 248 f.; HALLER/ WOLF 1995 a, S. 55 und insbesondere bei ROLFF 1992 b, S. 308–316 und 1995, S. 29–36.

18. Merkmale der Schule als »NonProfit-Organisation« zeigt BAUMANN auf (vgl. 1993, S. 19 f.).

19. Auf die verschiedenen Definitionen von »NonProfit-Organisationen« geht v. BURLA (1989) ein. Er nimmt eine Begriffsabgrenzung vor und kommt zu einer Minimaldefinition.

20. DUBS (1992) meint mit dem allgemeinen Leitbild die in allgemeiner Form zusammengefaßte Charakterisierung der Schule, wobei es Ziel ist, die wichtigsten Merkmale über die künftige Entwicklung der Schule herauszuarbeiten. Dieses Leitbild soll dazu dienen, »(1) die Charakterisierung der Schule allen Systemangehörigen immer wieder deutlich zu machen, (2) die Grundlage für Evaluation und Feedback zur Weiterentwicklung abzugeben, (3) die Kommunikation zu erleichtern, indem nicht immer wieder Grundsatzdiskussionen über gleiche Fragen geführt werden müssen, und (4) die Konsistenz in der Schulentwicklung herbeizuführen« (S. 461).

21. Charismatische Führer betonen ein hochgestecktes Ziel mit entsprechend hohen Leistungserwartungen. Sie artikulieren ihre Zuversicht in die Mitarbeiter, diese Ziele auch zu erreichen. Sie versprechen eine vertrauenerweckende, dynamische wie machtvolle Kooperation und ziehen durch das in ihrer Stimmlage ausgedrückte Engagement die Aufmerksamkeit auf sich (vgl. FISCHER 1990, S. 142).

22. WUNDERER/GRUNWALD haben diese Auffassung theoretisch wie empirisch fundiert (vgl. 1980, Bd. 1 und 2).

KAPITEL 4

Kooperation der Schulleitung als ein Führungskonzept für eine gewandelte Schule

1. Einführung

Der bisherige Diskussionsstand hat ergeben, daß die neuen Herausforde-
rungen, die sich durch die aufgezeigten globalen Veränderungen, und die
Teilautonomisierung der Schulen ergeben (vgl. Kapitel 1, S. 32), mit dem
bisherigen Leitungsverständnis (vgl. Kapitel 2, S. 66) weder schülergerecht
noch an den Bedürfnissen der LehrerInnen orientiert zu meistern sind.

In diesem Kapitel ist zu klären, wie **Kooperation** *zu gestalten ist, damit sie*
als **erfolgversprechender Führungsansatz für die zukünftige Schule gelten**
kann.

Das zu entwickelnde Leitungsverständnis soll die Besonderheiten der schu-
lischen Organisation und ihre spezifischen Rahmenbedingungen unter ge-
samtsystemischer und **situativer** *Perspektive (vgl. Kapitel 3, 2.2.2., S. 128*
und Kapitel 3, 2.2.3., S. 130) mit einbeziehen.

Somit ist zu erörtern, wie »**kooperative Führung**« *zu* **definieren** *ist, bzw.*
welche **Komponenten** *sie beinhaltet, wenn sie die für die Schule typische Be-*
ziehungsstruktur zwischen Schulleitung und Kollegium und die pädagogi-
sche Orientierung berücksichtigen und Konsens im Sinne einer erfolgrei-
chen Weiterentwicklung der Schule erwirken will.

Kooperationsansätze für die Schule, so wird in einem kurzen Aufriß der
Schulleiterforschung zu zeigen sein, haben bisher primär das Kollegium
bzw. Kollegium und Schulleiter in den Blick genommen.

Eine **besondere Verantwortung** *für die Entwicklungsprozesse der Schule*
und damit auch für die Herausbildung einer Kooperationskultur trägt die
Schulleitung.

Der Schulleiter bedarf der Unterstützung des ständigen Vertreters aber auch
des Rückhalts im Kollegium. Unter der Prämisse, daß sich der Schulleiter
beides nur sichern kann, wenn es ihm gelingt, auf der innerschulischen, eher
nonhierarchischen Ebene *unterstützend und* **kooperativ zu agieren,** *kommt*
der **Zweier-Beziehung** *auf* **Leitungsebene** *eine besondere Bedeutung zu.*

Die Ausgestaltung einer **kooperativen Führung zwischen diesen Leitungs-**
personen läßt Kooperation für LehrerInnen als Basis ihrer Arbeit erst
glaubwürdig und damit erstrebenswert erscheinen.

2. Der Kooperationsbegriff aus pädagogischer Sicht

Kooperation ist erziehungs- wie bildungstheoretisch tradiert in der Forderung nach dem »Miteinander« im Gegensatz zu einem »Gegeneinander« von Schule, SchülerInnen und Elternhaus. Das bei den Klassikern der Pädagogik, wie z. B. bei HERBART ebenso wie in heutigen Bildungsvorstellungen verankerte Ziel von Pädagogik, den jungen Menschen zu Mündigkeit und Autonomie, zur Mitarbeit und zur Partizipation zu erziehen, erfordert, »daß Erziehung durch Kooperation bestimmt sein muß« (KÖNIG 1991, S. 7).

Die heutigen Bildungsvorstellungen akzentuieren die Befähigung zu sozialverantwortlichem Handeln (vgl. BREZINKA 1991, S. 561), das als ein Lernen durch Beteiligung (vgl. von HENTIG 1991, S. 448), das über gemeinschaftliches Handeln zu Schlüsselqualifikationen wie Selbstbestimmung, Mitbestimmung und Solidarität erzieht (vgl. KLAFKI 1993; vgl. auch Kapitel 1, 3.2., S. 36), verstanden wird. Dies impliziert, daß die SchülerInnen im Unterricht mit der kooperativen Arbeitsweise vertraut zu machen sind, indem sie die Fähigkeit zusammenzuarbeiten handelnd erlernen und erleben (vgl. ZÖLLNER 1989, S. 7).

Für die Lehrkräfte bedeutet dies ein neues Aufgabenverständnis mit den Kernaufgaben, den Lernenden jene Unterstützungen zu geben, die diese für eine eigenverantwortliche Steuerung ihrer Lernprozesse benötigen (vgl. HACKL 1993, S. 50).

Unsere pluralistische, spezialisierte und technisierte Industriegesellschaft bedarf permanent der Verständigung und Konsensbildung durch Kooperation (vgl. MAUERMANN 1992, S. 55; WISSINGER 1996, S. 65). Kooperation als notwendiges Verhaltensrepertoire von Erwachsenen muß deswegen bereits in der Schule erlebt, praktiziert und trainiert werden.

Ein kooperativer Führungsstil ist Voraussetzung, damit die SchülerInnen kooperatives Verhalten erlernen (vgl. KÖNIG 1991, S. 9), und Bedingung dafür, daß ein bedeutsames Ziel, die Bildungs- und Erziehungsprozesse der SchülerInnen auf der Basis eines Grundkonsenses in den Werthaltungen sowie in der Leistungskonzeption zu gestalten, effektiver erreicht werden kann. Ein kooperativer Führungsstil wird auch von einer großen Zahl der Lehrkräfte gewünscht (vgl. AURIN u. a. 1993, S. 120).

Im folgenden Abschnitt wird »kooperative Führung« als Orientierungsrahmen für das Handeln in der Schule expliziert und der Terminus »kooperative Führung« speziell für die Schule definiert.

Meine Definition von »kooperative Führung« in der Schule *bezieht die Erkenntnisse der Managementlehre mit ein und berücksichtigt die für die Schule typischen Faktoren.*

3. »Kooperative Führung« als Ansatz für schulisches (Führungs-)Handeln

Die administrative Struktur der Organisation Schule (vgl. Kapitel 1, 2., S. 33), die Spezifik der Zieltätigkeit von Schule (vgl. Kapitel 2, 5.1., S. 87 und Kapitel 2, 5.2., S. 88) und das pädagogisch legitimierte Bildungsziel der Kooperationsfähigkeit machen **Kooperation** zum leitenden Handlungsprinzip **aller** am Schulleben Beteiligten. Für die Schulleitung ist Kooperation **fundamentale Führungsaufgabe** (vgl. auch ROSENBUSCH 1991, S. 69) und rechtlich verankert (vgl. Kapitel 2, 4.2.1., S. 77).

Die Weiterentwicklung von Schule ist heute weniger quantitativ durch personelle und finanzielle Ressourcen determiniert als durch strukturelle Bedingungen der Einzelschule (vgl. WISSINGER 1996, S. 51). Die Arbeitsorganisation der Schule gilt einerseits als »anachronistisch«, andererseits bedingt ihre stark individualisierte Arbeitsteilung Kooperation als Voraussetzung für »individuelles« wie für »organisationelles Lernen« (vgl. WISSINGER 1996, S. 65), denn »organisationelles Lernen« beinhaltet, **gemeinsam** nach Lösungen zu suchen und diese gemeinsam zu finden (vgl. HOFER 1994, S. 245). **Ohne Kooperation** ist, vergleichbar mit »Profit-Organisationen«, auch die **Arbeit** in der Schule **nicht mehr optimal und effizient zu bewältigen** (vgl. DAHLKE 1994, S. 92).

In Kapitel 3, 4.2.2., S. 155 wurde ausgeführt, daß Arbeitsorganisation und Führungsverhalten neuzeitlich sowohl **systemisch** an der Einzelschule – an der jeweiligen schulischen Situation und ihrer Umweltbedingungen (vgl. DUBS 1994, S. 37) – als auch an den Bedürfnissen der Lehrkräfte als **Individuen** zu orientieren sind. Der Schulleiter soll die Persönlichkeit der einzelnen Lehrperson akzeptieren und anerkennen (vgl. DAHLKE 1994, S. 17) .

Schulleiter sind demnach einem **kooperativ-situativen Führungsverhalten** (vgl. Kapitel 3, 4.2.2., S. 155) verpflichtet, das alle Betroffenen zur Zusammenarbeit motiviert.

»**Kooperative Führung**« entspricht dem Wandel von Gesellschaft und Schule (vgl. auch AURIN u. a. 1993, S. 125) und kann gerade in der Schule trotz ihrer Besonderheiten recht gut praktiziert werden; denn im Gegensatz zu Wirtschaftsunternehmen kommt es beim staatlichen Schulwesen, das auf dem Beamtenstatus gründet, nicht zu Entlassungen. Dieses Faktum der nicht einseitig aufkündbaren Vertragsbindung gewährt ein **Gleichgewicht** im **Machtverhältnis** (vgl. FISCHER 1990, S. 135) und begünstigt die Realisierung eines kooperativen Führungskonzeptes für die Schule.

Anderen Menschen zugewandt sein, diese mögen, schätzen und deren Leistungen anerkennen (vgl. WOLFF/GÖSCHEL 1987, S. 65), sind Voraussetzungen für Führungskräfte in Wirtschaftsunternehmen wie in der Schule. Die »kooperative« Führungskraft braucht des weiteren Ausdauer für die ausgeprägten und möglichst dauerhaften Teambildungen und deren Erhaltung und sie darf den hohen Zeitaufwand, den sie für sich selbst aber auch für alle an der Kooperation Beteiligten sehen und akzeptieren muß, nicht scheuen (vgl. WUNDERER 1993, S. 122).

Obwohl der Schulleiter auf mehreren Ebenen kooperiert (vgl. Kapitel 3, 4.1.2., S. 143), hat er an erster Stelle **die Kooperationsbereitschaft der LehrerInnen zu unterstützen** und »ein Klima der Zugewandtheit [zu] pflegen« (DASCHNER 1989, S. 9).

Was Kooperation in der Schule ausmacht, hat ADAMSKI (1983) ausführlich dargelegt:

> »Der Begriff Kooperation meint in seiner Wortbedeutung soviel wie die Zusammenarbeit wenigstens zweier Personen, deren selbständige Handlungen zumindest teilweise aufeinander bezogen sind. Der Sinn von Kooperation liegt in der gegenseitigen Nutzbarmachung von Erkenntnissen und der gemeinsamen Entwicklung oder Durchführung von Vorhaben, die für einen allein nicht zu bewältigen sind.

> Der Vorgang der *Kooperation* besteht in regelmäßiger Kommunikation, gegenseitiger Information, wechselseitigem Erfahrungsaustausch, arbeitsteiligen Verfahrensweisen und kreativer Anregung – sowohl im Gespräch als auch in schriftlichem Gedankenaustausch. Entscheidend für kooperative Vorgänge ist, daß die Kooperationspartner in bezug auf den Gegenstand ihrer Zusammenarbeit funktional gleichwertig sind und daß sie selbständig handeln« (ADAMSKI 1983, S. 49; Hervorhbg. K-HA).

Ein echtes Kooperationsverhalten basiert auf Gleichheit (Reziprozität) und Partnerschaftlichkeit, auf Offenheit in der Diskussion und setzt unter den Lehrkräften eines Kollegiums das Gewähren von Einblicken in den eigenen Unterricht voraus sowie die Bereitschaft am Unterricht anderer KollegInnen teilzunehmen, um die Wahrnehmungen als Basis für kooperative Schulgestaltung zu nutzen.

Im Rahmen des Kooperationsprozesses erfährt der einzelne Unterstützung und Halt durch die Gruppe (vgl. HAENISCH 1991, S. 30). Der Interaktionsprozeß dient der **Selbstklärung** der eigenen Arbeit sowie der kritischen **Reflexion** des eigenen pädagogischen Handelns (vgl. auch DAHLKE 1994, S. 14 f.) und fördert die gegenseitigen Rückmeldungen (vgl. AURIN 1993 u. a., S. 416). Des weiteren enthält er Anregungspotential und Kontrollmöglichkeit für die eigene Unterrichtstätigkeit (vgl. AURIN 1993 u. a., S. 242).

Kooperation kann auch ein **psychohygienischer Faktor** für die in der Schule Tätigen sein und durch die Bildung **sozialer Netzwerke** in der Schule zur Entlastung der oft streßgeplagten LehrerInnen beitragen (vgl. MAUERMANN 1992, S. 57). Es ist anzunehmen, daß dies positive Auswirkungen auf die unterrichtsfachliche wie erzieherische Qualität der Einzelschule haben dürfte.

Für die **Steuerung, Lenkung** und **Unterstützung** der **kooperativen Prozesse** bedarf es einer kompetenten und in hohem Maße **auch auf schulischer Führungsebene kooperativen Schulleitung**, denn die Zielvorstellung von Mündigkeit verlangt nach einer Schule, die selbst mündig handelt (vgl. BILDUNGSKOMMISSION NRW 1995, S. 62).

Der **kohäsive Aspekt von Führung** (vgl. Kapitel 3, 2.1., S. 119): die Beziehungsgestaltung, das Zusammengehörigkeitsgefühl der Gruppe respektive des Kollegiums, das als Schulklima bezeichnet wird, ist **für** das **Gelingen des kooperativen Führungskonzepts essentiell.**

Der **Schulleiter** nimmt im Rahmen der Lehrerkooperation eine weniger hierarchische Position denn eine **Vermittlerrolle** (vgl. DAHLKE 1994, S. 64) ein.

Innerschulische Kooperation findet auf drei Ebenen statt:

1. **Ebene der Organisation**
2. **Ebene der Gruppe/Dyade**
3. **Ebene des Individuums**

1. Ebene der Organisation
Die Sichtweise von der Schule als soziales auf Zielorientierung angelegtes System (vgl. FLEISCHER 1990, S. 68) **zentriert** die pädagogische **Leistungsfähigkeit von Schule** nicht mehr ausschließlich im einzelnen Lehrer (vgl. WISSINGER 1996, S. 18), sondern **im System** der Einzelschule. Hierbei handeln Lehrer wie Schulleiter nicht als Privatpersonen, sondern als Mitglieder des Systems »Schule«. Das **professionelle Handeln** wird der allgemeinen **Zielorientierung untergeordnet**, die Systemperspektive wird zur obersten Norm (vgl. FLEISCHER 1990, S. 69).

2. Ebene der Gruppe/Dyade
Auf der Ebene der Gruppe – **horizontal** zwischen den Lehrern – und – **vertikal** zwischen Schulleitung und Kollegium – sowie auf der Ebene der **Dyade – lateral**, insbesondere als Schulleiter-Stellvertreter-Dyade – stellt das Team den Ort von **koaktiver Zusammenarbeit** oder auch von **Kompetition** und Rivalität dar. Dieser vom einzelnen als widersprüchlich erlebte Aspekt kooperativen Verhaltens (vgl. OESTERREICH 1988, S, 21) löst sich in der persönlichen Entscheidung für Koaktion oder Kompetition durch die Einstellung, die die Kooperationspartner für Kooperation mitbringen (vgl. LIEBEL 1991, S. 49), auf.

Es ist eine wichtige Aufgabe des **Schulleiters** diese **Prozesse** zu **unterstützen**, damit sich eine **partnerschaftliche** und **problembearbeitende Interaktionskultur** entwickelt (vgl. FLEISCHER 1990, S. 70) und der koaktive Umgang zwischen den Beteiligten gefördert wird.

Die bei Kooperation **in der Gruppe ablaufenden Prozesse** sind denen in **Dyaden ähnlich**. Die Gruppe wie auch der einzelne streben nach Autonomie, Kompetenz und Macht. Diese »Motive individuell erlebter Freiheit (Kontrolle des Individuums über sich und seine Umwelt)« (LIEBEL 1991, S. 50) werden bei deren Begrenzung als **Freiheitseinengung (Reaktanz)** empfunden. Reaktanz als motivationaler Zustand strebt danach, diese Freiheit wieder herzustellen. Diese Reaktionen treten allerdings dann **kaum auf, wenn** die Gruppenmitglieder **an Entscheidungen beteiligt** werden, auch wenn die getroffenen Entscheidungen für sie selbst größere Einschränkungen bedeuten (vgl. LIEBEL 1991, S. 50).

Entscheidungen, die in der Schule zu treffen sind und über den rein rechtlich fixierten oder administrativen Rahmen hinausgehen, implizieren in der Regel Veränderungen, die zumeist mehrere LehrerInnen betreffen. Deshalb ist die von NEUBAUER ([4]1992) explizierte **Methode der kooperativen Entscheidungsfindung** ein probates Verfahren, um die erläuterte Reaktanz bei den Betroffenen zu vermeiden. Vorrangiges Ziel der kooperativen Entscheidungsfindung ist ein **hoher Akzeptierungsgrad** der Beteiligten verbunden mit einem **hohen Grad an Identifikation mit** der **gemeinsam erzielten Lösung** (vgl. NEUBAUER [4]1992, S. 39 f.).

Kooperationsbeziehungen zwischen Lehrerinnen und der Schulleitung erscheinen auf den ersten Blick **vertikaler** Natur zu sein. Damit kommt die Vorgesetzten-Mitarbeiter-Beziehung zum Ausdruck, wie sie für das betriebliche Management typisch ist. Für die Schule ist für diese Kooperationsebene eine Einschränkung zu machen. Die für schulische Führungsverhältnisse typische flache Hierarchie, die gleiche Ausbildung von Lehrkräften und Schulleitung und die bei allen zumindest theoretisch gegebene fachliche und pädagogische Expertise schwächen die **vertikale Kooperationsbeziehung in Richtung einer horizontalen** ab. Wie in Kapitel 2, 5.3.3., S. 99 dargelegt wurde, pflegen Schulleiter – und das gilt gleichermaßen auch für den Stellvertreter – am häufigsten Einzelkontakte zu LehrerInnen. Damit stellen sich die meisten Kooperationsbeziehungen auf der LehrerInnen-Schulleitungsebene auch als **dyadische** Beziehungen dar. Innerhalb dieser dyadischen Kooperationsgestaltung ist die formale Machtstellung des Schulleiters in aller Regel von sehr geringer Bedeutung für die Qualität der Beziehung. Etwas anders mag es sich verhalten, wenn sich Schulleiter gegenüber einer größeren Gruppe – beispielsweise der Gesamtkonferenz – unter Druck gesetzt fühlen.

Die für schulische Beziehungen fundamentale Partnerschaftlichkeit fordert von der Schulleitung Fingerspitzengefühl, eine hohe Sensibiliät sowie **soziale Kompetenzen** (vgl. auch DAHLKE 1994, S. 14 f. und 31) als **Voraussetzung für** die **Amtsführung**, die gegenüber den LehrerInnen nur ein Weisungsrecht zubilligt.

3. Ebene des Individuums
Die Ebene des Individuums wird zunehmend als wichtig erkannt, denn letztlich ist das **Individuum** selbst Träger seiner Träume, Visionen, Wünsche, Bedürfnisse und Ziele.

Die wechselseitigen Beziehungen in der Schule, wie beispielsweise zwischen Lehrern, zwischen Schulleiter und Lehrer oder zwischen Schulleiter und Stellvertreter, sind deshalb individuell zu organisieren (vgl. LIEBEL 1991, S. 50), wobei das Individuum – z. B. der Schulleiter, Lehrer, Stellvertreter – das jeweils eigene im konkreten Fall wahrnehmbare Interaktionsverhalten selbst wählt (vgl. FLEISCHER 1990, S. 70).

In der Konsequenz muß sich die Führungskraft sowohl an den Organisationszielen als auch an jedem einzelnen Mitarbeiter ausrichten, so daß ein gleichmäßiges oder gar konstantes Vorgesetztenverhalten nicht möglich ist (vgl. LIEBEL 1991, S. 50 f.).

Dennoch ist ein Kollegium auf ein berechenbares konsistentes **Führungsverhalten** des **Schulleiters** angewiesen, das, basierend auf dem Orientierungsrahmen der »kooperativen Führung«, die Ebene der Organisation und die Ebene des Individuums in der Praxis integriert und mit dem Kollegium kontinuierlich die Balance zwischen den beiden Strukturprinzipien der Formalität und der Individualität herzustellen und zu wahren sucht (vgl. WISSINGER 1996, S. 63).

Die Berücksichtigung der individuellen Ebene scheint mir für die Schule nicht zuletzt wegen des Ziels, das traditionell bedingte Einzelkämpfertum der LehrerInnen mit ihren weitgehend isolierten Entscheidungen und Handlungen im Bildungs- und Erziehungsprozeß zu überwinden, besonders wichtig zu sein.

3.1. Begriffsklärung von »kooperative Führung«

Prinzipiell liegen einer »kooperativen Führung« in der Schule die von WUNDERER/GRUNWALD (1980) explizierten Aspekte: Ziel-Leistungs-Aspekt, Organisationsaspekt, partizipativer Aspekt und prosozialer Aspekt zugrunde (vgl. Kapitel 3, 3.3., S. 136).

Wegen der Besonderheit der Organisationsziele der Schule – pädagogische Orientierung – ist »**kooperative Führung**« für die **Schule** zu **spezifizieren**.

»Kooperative Führung« in der Schule orientiert sich **pädagogisch** am **Ziel**, den jungen Menschen zur Selbstentfaltung und zum **Mündigwerden** zu verhelfen. Sie berücksichtigt diesen Aspekt auch **führungstheoretisch**, indem das kooperative Führungskonzept die **Mündigkeit** der an Kooperation **Beteiligten** voraussetzt.

Analog der Komplexität des kooperativen Führungskonzepts der Managementtheorie läßt sich »kooperative Führung« auch für die Schule nicht in einem Satz fassen.

»**Kooperative Führung**« in der Schule definiere ich als eine spezifische Form der Interaktion, in der alle am Schulleben Beteiligten zielgerichtet zur

Erfüllung des pädagogischen Auftrags in wechselseitiger Einflußnahme agieren.

Im einzelnen bestimme ich die inhaltliche Qualität von »kooperative Führung« in der Schule wie folgt:

1. Lehrerkollegium und Schulleitung zeigen generelle Bereitschaft, gemeinsam auf als richtig und sinnvoll festgelegte Ziele hinzuarbeiten.

2. Die festgelegten Ziele berücksichtigen gleichermaßen die eigenen Ziele wie die der Organisation der Einzelschule.

3. Die Zusammenarbeit basiert auf akzeptierter Aufgabenverteilung.

4. Sie erfolgt auf verschiedenen Ebenen zwischen gleichen und unterschiedlichen Personen in offener Kommunikation, in wechselseitiger Beeinflussung (alle führen!) und in strukturierten und ritualisierten Arbeitssituationen.

5. Entscheidungen werden gemeinsam nach breiter Information und nach argumentativem Austausch getroffen.

6. Deren nachfolgende Aktivitäten in Richtung des gemeinsamen Ziels sind aufeinander bezogen und ergänzen einander, so daß sie zu einer Wert- und Normbildung in der Schule führen.

7. Durch die kontinuierliche und partnerschaftliche Zusammenarbeit werden im Sinne eines Entwicklungsprozesses sowohl die Personen als auch die Organisation weiterentwickelt.

8. Das Zusammengehörigkeitsgefühl von Schulleitung und Kollegium wird herbeigeführt bzw. aufrechterhalten.

9. Alle kooperativen Prozesse werden verantwortlich durch die Schulleitung unterstützt.

Diese Definition von »kooperative Führung« in der Schule beinhaltet, daß alle Lehrkräfte ebenso wie die Schulleitung sowohl **sich selbst** als auch **einander führen**. Es bedeutet ferner, daß jeder einzelne auf den Dialog, auf die Kooperationsbereitschaft des/der anderen in der Schule Tätigen angewiesen ist, wenn das jeweilige auf Schüler bezogene Handeln, das ebenfalls als Führungshandeln zu charakterisieren ist, erfolgreich, weil vergleichbar bzw. konsistent, sein soll. Erst diese Zusammenarbeit bringt die verschiedenartigen Vorstellungen über pädagogisches (Führungs-)Verhalten in der Schule an die Oberfläche, fördert deren Diskussion und kann so zu dem für Erziehung notwendigen **Konsens** in Grundsatzfragen (vgl. AURIN 1991 b, S. 87; AURIN u. a. 1993) führen.

Kooperation in der Schule ist ein Prozeß mit einer eigenen Dynamik, für den es auch keine Patentrezepte gibt (vgl. KREIE 1985, S. 115).

Die Definition von »kooperative Führung« in der Schule wird in den nächsten Unterkapiteln weiter ausgeführt.

3.2. Dimensionen von »kooperative Führung« in der Schule

Die in der Definition enthaltenen Komponenten von »kooperative Führung« in der Schule lassen sich in folgenden drei Dimensionen fassen:

1. *Zieldimension*
2. *Bedingungsdimension*
3. *Beziehungsdimension*

3.2.1. Zieldimension

Das **Ziel der Schule** ist eher ein **globales** und als solches auf die Optimierung der Bildungs- und Erziehungsarbeit an der Einzelschule mit einem anzustrebenden **Konsens in Grundsatzfragen** ausgerichtet.

Jeder **einzelne** strebt dieses globale **Ziel** weitgehend **selbstverantwortlich** an, er plant und steuert seine Arbeitsprozesse eigenverantwortlich.

Die Unterrichtsziele sind zwar im Curriculum für die Fächer der jeweiligen Schulart operationalisiert. Die Schulsituation vor Ort, die eine Adaptation des offiziellen Curriculums in Form schulinterner Arbeitspläne verlangt, und die den Lehrkräften garantierte pädagogische Freiheit gestalten Zielvereinbarungen in der Schule jedoch vergleichsweise schwierig (vgl. Kapitel 3, 4.2.2., S. 155).

Einer »kooperativen Führung« in der Schule liegt wegen ihrer Orientierung an der Mündigkeit des Individuums dieses Prinzip der **Eigenverantwortlichkeit** zugrunde. Eine kooperativ führende Schulleitung traut und gesteht den LehrerInnen zu, daß sie ihre Lernprozesse selbst- und eigenverantwortlich (vgl. auch DUBS 1994, S. 38; HACKL 1993, S. 50) steuern. Konsequenterweise ist jeder einzelne auch für erfolgreiche Kooperationsprozesse selbst verantwortlich.

Hauptziel einer »kooperativen« Schulführung ist es, **beim Kollegium Akzeptanz** zu **erzielen**, daß die **pädagogische Qualität oberste Priorität** hat. Dies ist bei dem Anspruch einer »kooperativen Führung« keine leichte Aufgabe für die Schulleitung.

Ferner versteht sich »kooperative Führung« selbst als **Entwicklungsprozeß**, bei dem **alle Beteiligten** – die Geführten als auch die Führenden – **beständig dazulernen** (vgl. auch DAHLKE 1994, S. 14).

Für die Arbeit in der Schule ist eine stete **Weiterentwicklung** für alle unerläßlich. Eine aktive und selbstgesteuerte Weiterentwicklung **der Lehrkräfte** ist in der Praxis aber eher die Ausnahme denn die Regel. Auch bei Lehrern kann nicht immer eine starke intrinsische Motivation angenommen werden – und darin unterscheiden sich Lehrkräfte nicht von anderen Arbeitnehmern –, dennoch ist deren Entwicklung auch im Hinblick auf ihre Professionalisierung und auf die Aktualisierung von Wissen und Kompetenzen

notwendig. Diese Personalentwicklung ist im Rahmen von Fortbildungsmaßnahmen freiwillig und setzt demgemäß die Einsicht der Betreffenden in
die Notwendigkeit von Fortbildung voraus.

Es gehört zu den Aufgaben der kooperativ führenden Schulleitung, einzelne
LehrerInnen zur Wahrnehmung von Fortbildungsmaßnahmen zu motivieren.

Eine intensive Lehrerkooperation trägt dazu bei, daß Wissen vertieft, Fähigkeiten erworben und Einsichten gewonnen werden. Die Kompetenzen der
Kooperationspartner dienen allen an Kooperation Beteiligten und erweitern
den eigenen Horizont.

Bei diesen Kooperationsprozessen kristallisiert sich der **Entwicklungsbedarf
des gesamten Kollegiums** heraus, der sich durch schulinterne Fortbildung
(SCHILF), die Kollegium und Schulleitung miteinschließt und sich an den
Problemlagen der Einzelschule orientiert, decken läßt.

3.2.2. Bedingungsdimension

Die Zusammenarbeit in der Schule erfolgt partnerschaftlich, häufig und
kontinuierlich. Nur so kann sich eine Kooperationskultur herausbilden.
Partnerschaftlichkeit, Frequenz, Kommunikation (vgl. STROEBE u. a.
[2]1992, S. 314) und **Kontinuität** – auch Kontinuität in der Zusammensetzung des Lehrerkollegiums bzw. des Leitungsgremiums – **gewährleisten** erst
eine **erfolgreiche Kooperation.**

Grundbedingung für alle **kooperativen Arbeitsprozesse** ist die **kommunikative Kompetenz** (vgl. beispielsweise DAHLKE 1994, S. 14 f., 63; EUGSTER
1990, S. 221; KÖNIG 1991, S. 24 ff.) der einzelnen Kooperationspartner
und deren **Fähigkeit zur Konsensbildung.** Diese beruhen in entscheidendem
Maße auf

- der Fähigkeit, auf andere Menschen einzugehen,
- einer kontinuierlichen und umfassenden Information mittels einer offenen und vertrauensvollen Kommunikation,
- der Fähigkeit Problemlöseprozesse einzuleiten,
- Aushandlungsprozessen in Konfliktsituationen oder bei unterschiedlichen Sichtweisen und Standpunkten,
- persönlicher Festigkeit,
- reflektierendem Rollenverständnis,
- einem Selbstverständnis als Vorbild

(vgl. auch AURIN u. a. 1993, S. 417; EUGSTER 1990, S. 221; FLEISCHER
1990, S. 9; MILLER 1991, S. 370 f.; ULRICH 1991, S. 79; WOLFF/
GÖSCHEL 1987, S. 79).

Alle kommunikativen Prozesse sind jedoch sehr sensibel und äußerst
störanfällig. Demnach treten im Arbeitsfeld der Schule und in Zusammenarbeit mit den zahlreichen außerschulischen Stellen, mit denen der Schullei-

ter kooperieren muß, notwendigerweise immer auch Spannungen und **Konflikte** auf.

Es ist für die gedeihliche Zusammenarbeit weniger bedeutsam, warum und wie die Konflikte entstanden sind bzw. wodurch sie ausgelöst wurden, als vielmehr die Art und Weise, wie die einzelnen Konfliktparteien mit kritischen Situationen umgehen. Konflikte, die in »lateralen« Führungsbeziehungen entstehen, können nur über Abstimmung der Partner und erzielten Konsens gelöst werden, da eine Konfliktlösung durch direkte Weisung eine Hierarchisierung der Führungsbeziehung darstellen würde (vgl. WUNDERER 1991, S. 206).

Das **Konfliktverhalten** insbesondere **des Schulleiters** wird **maßgeblich für** die Entwicklung einer **Streitkultur** in der Schule sein. Es liegt an ihm, konfliktträchtige Situationen als solche zu erkennen, sich anbahnende Konflikte wahrzunehmen und zwischen den einzelnen Personen/Gruppen zu vermitteln.

Da die Arbeit der Lehrkräfte und der Schulleitung in der Schule primär als Einzelarbeit zu definieren ist, bedarf es der Gelegenheiten (vgl. STEFFENS 1991 b, S. 35), **die es mehreren Kollegen ermöglichen:**

- ohne Störungen,
- für einen festgelegten Zeitraum,
- in einer adäquaten Arbeitsumgebung,
- mit dem erforderlichen technischen Instrumentarium

zusammenzuarbeiten.

Dies erfordert wegen der verschiedenen Unterrichtszeiten, wegen der weitgehend frei verfügbaren Zeit an Nachmittagen, die von einzelnen Lehrkräften oftmals bereits außerdienstlich verplant ist, **Kooperationswillen** (vgl. DAHLKE 1994, S. 83; DALIN/ROLFF 1990, S. 83) und **Disziplin**. Eine partnerschaftliche Einflußnahme und eine gute Beziehungsgestaltung unter den Kollegen sind hierfür bereits entscheidende Faktoren.

Eine gute Unterstützung der Kooperationsbemühungen von Lehrern und Lehrerinnen in strukturierten Arbeitssituationen stellt die **Ritualisierung** spezieller Arbeitssituationen dar. Hierunter verstehe ich, daß beispielsweise Klassen- und Fachlehrer einer Klasse oder einer Jahrgangsstufe nach einem bestimmten zeitlichen Rhythmus zusammenkommen, um Probleme erzieherischer oder didaktischer Art sowie Fragen der allgemeinen Verhaltens- und Umgangsformen mit Schülerinnen und Schülern zu erörtern und konsensuell zu regeln.

Teile eines solchen Rituals können sein:

- ein zeitlich festgelegter Rhythmus für die Treffen,
- eine in Übereinstimmung getroffene Tagesordnung,
- ein genau miteinander vereinbarter Ablauf: z. B., der Klassenlehrer be-

richtet über die jüngsten Ereignisse in der Klasse und seine Feststellungen zum allgemeinen Leistungs- und Entwicklungsstand, oder ein Fachlehrer schildert Beobachtungen aus seinem Fachunterricht,

- ein bestimmter Zeitrahmen,
- ein geeigneter Raum,
- die atmosphärische Gestaltung des Raumes,
- die Einplanung eines Arbeitsessens (Schulküche) oder die Organisation einer Kaffeetafel.

Weitere Möglichkeiten, strukturierte Arbeitssituationen zu ritualisieren, sehe ich beispielsweise auch in:

- Gesprächskreisen zu aktuellen pädagogischen Fragen der Schule,
- Gesprächskreisen zu Schulentwicklungs- und Schulprofilfragen,
- Experimentiergruppen im naturwissenschaftlichen Bereich, bei der die Lehrkräfte (neue) Schülerversuche miteinander ausprobieren oder Versuchsanordnungen variieren bzw. simplifizieren,
- Lehrerarbeitsgemeinschaften von Fremdsprachenlehrern, die wechselseitig Schülerlektüren vorstellen und gemeinsam hierzu didaktische Unterrichtsreihen erstellen,
- fächerübergreifenden Arbeitsgemeinschaften, bei denen sich die LehrerInnen gegenseitig im Umgang mit und in der Nutzbarmachung von neuen technischen Medien (PC, Videokamera etc.) unterstützen.

Diese Aufzählung ist keinesfalls erschöpfend und läßt sich je nach Schulsituation und den Befindlichkeiten der Kooperierenden beliebig erweitern bzw. variieren. Die Organisation und Ermöglichung solcher kooperativen Prozesse ist Aufgabe der Schulleitung (vgl. DAHLKE 1994, S. 47; WISSINGER 1991, S. 27).

Eine weitere Bedingung für »kooperative Führung« in der Schule ist, LehrerInnen und andere am schulischen Bildungs- und Erziehungsprozeß Mitarbeitende an den Entscheidungen zu beteiligen (**Partizipationsprinzip**).

Partizipation, Teilhabe an der schulischen Entwicklung, ist allen Beteiligten jedoch nur möglich, wenn sie genügend **Informationen** durch den Schulleiter erhalten und wenn ihnen Aufgabenbereiche oder bestimmte Einzelaufgaben zur eigenständigen und verantwortlichen Bearbeitung übertragen werden (**Delegationsprinzip**).

Der kooperativ führende Schulleiter ist bereit im Sinne der Weiterentwicklung der Lehrkräfte und damit der Schule, an alle KollegInnen zu delegieren. Hierfür braucht der **Schulleiter** nicht nur **soziale Kompetenz**, sondern auch Fähigkeiten, die verschiedenen Aktivitäten so zu bündeln, daß diese auf die Qualität der Schule im Bereich Bildung und Erziehung ihrer SchülerInnen hin orientiert sind und zu einem **stimmigen pädagogischen Gesamtkonzept** beitragen. Mit dem Führungsmittel der Delegation kann der Schulleiter eine **produktive Kooperation** in Gang setzen, die für ihn **weder Macht- noch Kompetenzverlust** bedeutet.

Die Führungstheorie differenziert zwischen dem Prinzip der Unteilbarkeit von Verantwortung und dem Prinzip der Delegation der Handlungsverantwortung beim Verbleib der Führungsverantwortung bei der Führungskraft (vgl. DUBS 1994, S. 99 f.).

Dem letzteren Modell schließe ich mich an. Nur wenn der Schulleiter Aufgaben mit Handlungsverantwortung überträgt, ist die Wahrnehmung von Aufgaben für LehrerInnen wie für stellvertretende Schulleiter auch attraktiv. Ständige Rückfragen vor der tatsächlichen Ausführung legten gerade in einer größeren Schule mit entsprechend vielen Lehrkräften den Schulleiter in seiner Arbeit lahm. Darüber hinaus bestünde die Gefahr der Rückdelegation bei als unbefriedigend wahrgenommener Delegation, die keine eigenen Entscheidungen zuließe. Dies ergibt sich aus der flachen Hierarchie der Schule und dem individuell als autonom erlebten Arbeitsbereich der einzelnen Lehrkräfte.

Das Prinzip der **Delegation mit Handlungsverantwortung** kennzeichnet den kooperativen Führungsstil in der Schule ohne die Gesamtverantwortung des Schulleiters (vgl. Kapitel 2, 4.1.1., S. 70) oder die Kompetenzen der Konferenzen als Organe neben dem Schulleiter zu beschneiden.

Die bei jeder Delegation unbedingt erforderliche Kontrolle (vgl. DUBS 1994, S. 100 f.) beansprucht überdies genügend Leitungszeit des Schulleiters; dennoch kann auf diese Funktion nicht verzichtet werden.

Zur strukturellen Führung gehört das Schaffen **optimaler Kooperationsbedingungen** sowie die **Institutionalisierung von Kooperationsinstrumenten**, zu denen die Erstellung von Programmen und Richtlinien zu zählen sind. In der Schule sind jedoch die meisten **Rahmenbedingungen** wie Räumlichkeiten, Mobiliar, technische Ausstattung, finanzielle Mittel aber auch die Zusammensetzung des Lehrpersonals weitgehend **ohne Einflußnahme der Schulleitung** vorgegeben und nicht auf Kooperation angelegt.

Die **institutionalisierten Kooperationsinstrumente** sind in der Regel **durch gesetzliche Vorgaben** oder Verwaltungsvorschriften **definiert**. Der Handlungsspielraum für Lehrkräfte wie für Schulleitung ist gering, eine Partizipation bei der Erstellung dieser Regelungen seitens der individuellen Schule ist nicht vorgesehen.

Schulleitungen und Kollegium müssen zunächst diese Ausführungsbestimmungen akzeptieren. Dennoch haben sie schulintern die Möglichkeit, diese durch ihr pädagogisches Handeln auf die schulspezifische Situation zu adaptieren. Die praktische Umsetzung dieser Bemühungen vollzieht sich am besten in Kooperationsprozessen, da nur so die Gesamtsituation der Einzelschule Berücksichtigung findet und das Lehrerhandeln stimmig und damit erzieherisch wirkungsvoll ist.

3.2.3. Beziehungsdimension

Die für die Schule typische flache Hierarchie, die gleichwertige Ausbildung von LehrerInnen wie Schulleitungen ohne Qualifikationsabstufung (vgl. ROSENBUSCH 1991, S. 70) und der Aufstieg in ein Leitungsamt ohne Qualifizierung lassen eher auf **horizontale Beziehungen** zwischen **Schulleitung** und **Kollegium** schließen.

Partnerschaftliche Einflußnahme in den dargelegten strukturierten und ritualisierten Arbeitskontexten wird nur gelingen, wenn sich alle Beteiligten hierauf einlassen, d. h., wenn **in** einem **Kollegium, mit** der **Schulleitung** (vgl. beispielsweise auch DASCHNER 1989, S. 9) und **innerhalb** der **Schulleitung** ein **gutes Klima** herrscht. Dieses bestimmt sich wesentlich durch die Art und Weise, wie die in dieser Schule Agierenden miteinander umgehen, wie sie einander zugewandt sind, welche Beziehungen sie pflegen. Die Gestaltung der Beziehungen und des Schulklimas fördert zumindest mittel- bis langfristig auch die Beziehungspflege unter den SchülerInnen (vgl. BESSOTH 1989 a, b).

»**Kooperative Führung**« basiert des weiteren auf **Vertrauen** (vgl. STROEBE u. a. ²1992, S. 329) **in** die **Personen,** auf deren **Kompetenzen und Kreativität,** die vor allem in der Gruppe wahrgenommen werden.

Die einzelnen **Komponenten der** dargelegten **Dimensionen** von »**kooperative Führung« in der Schule** sind eng miteinander verbunden. Ihre Übergänge sind fließend, sie bedingen einander bzw. wirken aufeinander zurück, d. h., sie sind **interdependent.**

Die Bedeutung des Schulleiters für die Weiterentwicklung des Kollegiums und die Förderung der Lehrerkooperation ist seit einigen Jahren verstärkt in das Forschungsinteresse der Schulentwicklungsforschung gerückt. Lehrerkooperation gilt als bedeutsamer Faktor für die Qualität einer Schule.

Zu Kooperation auf Schulleitungsebene gibt es nach meinem Kenntnisstand bislang keine theoretische Fundierung. Dies ist im Kontext der Entwicklung einer innerschulischen Kooperationskultur nicht nur eine Lücke, sondern verdeutlicht die Notwendigkeit, sich dieser Frage zu nähern.

*In meinem für die schulische Perspektive **modifizierten Konzept** einer »kooperativen Führung«, wie ich es in Kapitel 4, 3.1., S. 176 und Kapitel 4, 3.2., S. 178 expliziert habe, sehe ich einen realistischen Ansatz, die Qualität der Schule, ihre Weiterentwicklung als Organisation sowie die Entwicklung der in ihr Tätigen wirkungsvoll zu initiieren und dauerhaft zu sichern.*

*Untersuchungen zur Schulgüte haben zu der Erkenntnis geführt, daß Schule ein Ganzes darstellt mit konkretem Gestaltungsbedarf, insbesondere im Bereich der **Lehrerkooperation**. Damit ist es eine zentrale Aufgabe vom Schulleiter und m. E. auch vom ständigen Vertreter, die Lehrerkooperation zu fördern oder in Gang zu setzen. Ihr **kooperatives Verhalten gegenüber*** *den Lehrkräften aber auch auf Ebene der Schulleitung hat Vorbildcharakter und motiviert zu einer im Kollegium breit angelegten Kooperation.*

Der im folgenden zu entwickelnde Ansatz einer Schulleiter-Stellvertreter-Kooperation will hierzu einen Beitrag leisten.

Vorab sollen die Gründe für eine Schulleiter-Stellvertreter-Kooperation, die sich aus dem bisherigen Diskussionsstand der Kapitel 1–3 ergeben, dargelegt werden.

4. Begründung für eine Schulleiter-Stellvertreter-Kooperation

Die **Handlungsfelder** »pädagogischer Führung« bedürfen einer **kompetenten Schulleitung**, die sich als **Team** (vgl. auch DALIN/ROLFF 1990; FISCHER/SCHRATZ 1993; PHILIPP 1995 a, b; ROLFF 1983) versteht, die einander nach Möglichkeit wegen der von ihnen vertretenen unterschiedlichen Fachrichtungen, der verschiedenartigen Denkweisen und Gefühlslagen ergänzen.

Eine enge Zusammenarbeit zwischen Schulleiter und Stellvertreter ergibt sich zunächst **aus der juristischen Perspektive.**

Da der **stellvertretende Schulleiter** als »erster Mann an zweiter Stelle« (VOGELSANG 1979, S. 17) steht, hat er auch Anteil an der pädagogischen Führungsaufgabe. Führungstheoretisch gesehen hat der Stellvertreter einen dem Schulleiter vergleichbaren Blickwinkel und Kenntnisstand und kann letztlich auch wegen seiner im Vergleich zum Schulleiter noch größeren Nähe zum Kollegium wesentlich zu einer für alle dienlichen Entscheidungsfindung beitragen (vgl. Kapitel 2, 4.1.2., S. 72).

Aus **pädagogischischer Sicht** (vgl. Kapitel 2, 5., S. 86) läßt sich die Schulleiter-Stellvertreter-Kooperation ebenfalls begründen.

Kooperation wird **von allen** in der Schule Tätigen **gefordert.** Sie gilt als **Schlüsselqualifikation** für LehrerInnen und Schulleitungen.

Mündigkeit, Autonomie und Partizipation sind nicht nur Erziehungsziele, sondern auch den Lehrkräften zuzugestehen bzw. von diesen zu entwickeln. Die Schulleitung selbst kann sich hiervon nicht ausnehmen. **Das Kooperationsverhalten und eine gemeinsam entwickelte Arbeitskultur von Schulleiter und Stellvertreter ist für das kooperative Verhalten des Kollegiums modellhaft und glaubwürdig** (vgl. auch DAHLKE 1994, S. 75; THIES 1994, S. 35).

So betonen AURIN und Mitarbeiter (1993) die Bedeutung einer gelingenden und kontinuierlichen Kooperation auf der Ebene der Schulleitung:

»Dabei ist die Art und Weise, wie Schulleiter und andere Funktionsträger oder Schlüsselpersonen vorgehen und miteinander kooperieren, für Konsensbildung und -förderung von entscheidender Bedeutung (...) Das gilt ebenso für die Förderung des Berufsethos von Lehrern. Dieses wird weit mehr durch Vorbild und Vorleben, offenen und unvoreingenommenen Austausch über erzieherische und unterrichtlich-fachliche Probleme gefördert, (...) als durch Formen überwiegend theoretischer Aufklärung im Sinne von Referaten und Vorträgen« (AURIN u. a. 1993, S. 417).

Wie diese Kooperation zwischen den Leitungspersonen zu gestalten sei, lassen die Autoren allerdings offen.

Eine Kooperation zwischen Schulleiter und Stellvertreter ist aus **managementtheoretischer Sicht** (vgl. Kapitel 3, S. 118) vom Führungsverständnis abzuleiten: Führung als zielgerichtete soziale Einflußnahme im Umgang mit anderen zum Erreichen eines Ziels bedeutet, daß der Schulleiter mit dem Stellvertreter die Lehrerkooperation und die Schulentwicklung fördert und unterstützt (Aufgabenorientierung) und durch die Förderung des Schulklimas (Menschenorientierung) zur Erreichung der Bildungs- und Erziehungsziele hinführt.

Die Komplexität des schulischen Alltags erfordert die verantwortliche Mitgestaltung durch weitere Schulleitungsmitglieder, die den Schulleiter bei seinen vielfältigen Aufgaben unterstützen. Hierbei übt der stellvertretende Schulleiter eine besondere Funktion aus:

»Er ist, mehr als andere Koordinatoren, Fachkonferenzleiter, Fachbereichskonferenzleiter usw. für das Gelingen und Gestalten von Schule von unschätzbarem Wert und großer Bedeutung« (DRÖGE/PFEFFER/THIES 1994, S. 6).

Der Stellvertreter betreut Aufgabengebiete eigenverantwortlich und übernimmt im Verhinderungsfalle des Schulleiters dessen Aufgaben in vollem Umfang. Da nahezu alle Aufgaben in der Schulleitung interaktionell meist mit den LehrerInnen zu erfüllen sind, gilt der Führungsanspruch auch für den Stellvertreter. Das bedeutet, Schulleiter wie Stellvertreter nehmen beide die Führungsfunktion wahr.

Für die Geführten – das Kollegium – ist diese Führung darin erkennbar, daß je nach Sachverhalt einmal der Schulleiter und ein andermal der Stellvertreter als Führungskraft auftreten. **Beide teilen sich die Führung.**

Da aber nicht nur der Stellvertreter im Verhinderungsfalle die Aufgaben des Schulleiters übernehmen muß, sondern auch der umgekehrte Fall denkbar ist, erfordert dies auch vom Schulleiter eine genaue Kenntnis der Arbeit des Vertreters. Dies ist alleine deshalb unabdingbar, weil im Verhinderungsfalle des Stellvertreters dessen Funktion nicht so ohne weiteres auf einen Lehrer zu übertragen ist, da Leitungsaufgaben kaum ohne Einarbeitungszeit sofort übernommen und adäquat erfüllt werden können.

Auch **aus dem Wandel von Gesellschaft, Jugend und Schule** (vgl. Kapitel 1,

S. 32) läßt sich eine Schulleiter-Stellvertreter-Kooperation **begründen**. Der erhöhte Anforderungsdruck an LehrerInnen und Schulleitungen durch eine individualistische Gesellschaft und der Veränderungsdruck durch die rasante Weiterentwicklung der Technik, durch neue Anforderungen der Arbeitswelt an Schulabgänger, durch die Ökologie und durch die Bevölkerungsentwicklung bringen für die in der Schule Tätigen enorme Belastungen mit sich.

Um den entstehenden Dauerstreß zu bewältigen und gleichzeitig die für den Lehrerberuf typische Vereinzelung zu überwinden, bedarf es einer Schulleitung, die eine Kooperationskultur fördert und die KollegInnen und damit die Schule weiterentwickelt im Sinne einer professionellen Organisation.

Der vorhandene Gestaltungsspielraum und eine künftig zu erwartende höhere Autonomie der Einzelschule unterstützen die Bemühungen der Schulleitung wesentlich, lassen aber auch erkennen, daß das monokratische Leitungsverständnis dem Wandel nicht mehr adäquat ist. Es steht auch dem »Organisationslernen« in der Schule entgegen, denn Lernprozesse in Organisationen lassen sich nicht verordnen oder durch eine charismatische Führungskraft auf Dauer aufrechterhalten (vgl. STRITTMATTER 1992 zit. nach SEITZ 1992, S. 485).

Der Schulleiter bedarf demnach der Unterstützung durch den Stellvertreter. Die gegenseitige Vertretungsfähigkeit und die gemeinsame Wahrnehmung der Führungsaufgabe sind die entscheidenden Gründe für eine Schulleiter-Stellvertreter-Kooperation.

Es gibt weitere wichtige Gründe für eine Schulleiter-Stellvertreter-Kooperation, welche die obigen Grundannahmen stützen:

● Die geforderte Loyalität des Stellvertreters gegenüber dem Schulleiter bedingt dessen konsequente Partizipation in allen grundsätzlichen und bedeutungsvollen Fragen;

● die Organisationsstruktur der heutigen Schule erlaubt eine schnelle und damit effiziente Entscheidungsfindung auf breiter Basis mit dem gesamten Lehrerkollegium nur in zentralen Fragen;

● die enge Kooperation zwischen Schulleiter und Stellvertreter bietet vor allem dem Stellvertreter beste Möglichkeiten, sich in einem breitangelegten Arbeitsfeld, das über Organisation und Administration hinausgeht, zu entwickeln und zu entfalten.

Das neue Leitungskonzept der Schulleiter-Stellvertreter-Kooperation orientiert sich an neuzeitlichen Führungskonzeptionen, die u. a. der Komplexität des Führungsprozesses selbst wie der immer komplexer werdenden Organisationen und Arbeitssituationen dadurch gerecht zu werden versuchen, daß sie **Führungsverantwortung** und damit auch Führungshandeln auf **mehrere Personen** verteilen, wobei grundsätzlich jede Position, also nicht nur Führungspositionen,

»sowohl Quelle wie Ziel einer großen Zahl von Einflußlinien ist, die quasi nach allen Seiten gehen: Man beeinflußt und wird beeinflußt« (vgl. NEUBERGER ⁴1994, S. 261).

Für die Schule halte ich es somit für sinnvoll, von einem Leitungsteam aus-zugehen, das kollegial – also in gutem Einvernehmen – und kooperativ die Führungsaufgaben wahrnimmt und sich gegenseitig unterstützt. Diese enge und dringend gebotene Zusammenarbeit sollte zumindest zwischen dem Schulleiter und seinem engsten Vertrauten – dem Stellvertreter – initiiert und kontinuierlich weiterentwickelt werden.

5. Konzept der Schulleiter-Stellvertreter-Kooperation

Das neue Leitungsverständnis **rückt ab vom Schulleiter und** seinem **Stellver-treter als**»**Lehrer mit besonderen Aufgaben**«, als »Manager« und »Verwal-ter«, als »pädagogische Experten« und »charismatische Führer«. Die Schul-leitungsaufgabe ist eine eigenständige, die nicht identisch ist mit dem Aufgabenspektrum des Lehrers. Management und Verwaltung sind Teilas-pekte der Führungsaufgabe aber nicht die Führungsaufgabe per se.

Wie in Kapitel 3, 3.1., S. 132 dargelegt, wird Kooperation dann angestrebt, wenn die Beteiligten Kooperation als sinnvoll erfahren oder wahrnehmen. In diesem Sinne ist es sehr bedeutend, wie **Schulleiter** und **Stellvertreter** ihr **Kooperationsverhältnis** untereinander gestalten, mit anderen Worten, wie vorbildhaft ihre Kooperation abläuft und als »Organisations-Lernen« (vgl. auch WISSINGER 1993 b, S. 69) nutzbar gemacht wird.

Mit Blick auf die Alltagspraxis in der Schule läßt sich folgern, daß Lehr-kräfte nur dann um Kooperation auf gleicher Ebene (horizontal) bemüht sind, wenn sie erleben, daß eine Kooperation auf ebenfalls horizontaler Stufe zwischen Schulleiter und Stellvertreter erfolgreich – weil lohnend für beide Seiten – funktioniert. Diesem Aspekt ist bislang in der Schulleitungs-forschung noch kaum Beachtung geschenkt worden.

Im übrigen kann nicht als selbstverständlich angenommen werden, daß Schulleiter und Stellvertreter, die sich zumindest im staatlichen Schulwesen einander nicht aussuchen können, erfolgreich miteinander kooperieren. Aber gerade das eigene Bemühen um und die beiderseitigen Anstrengungen für eine echte Kooperation auf der Leitungsebene wecken auch das Ver-ständnis für die Hemmnisse und Probleme, die mit kooperativen Prozessen insgesamt verbunden sind (vgl. Kapitel 3, 4.3., S. 161). Zudem wird der Blick von Schulleiter und Stellvertreter im Hinblick auf die Aspekte einer wünschenswerten Kooperation geschärft.

Daß es bei der Kooperation auf Schulleitungsebene sicherlich auch Paralle-len zur Lehrerkooperation gibt, sei unbestritten. Dennoch kann nicht ohne weiteres angenommen werden, daß Art und Weise der praktizierten Kooperation zwischen zwei Führungsverantwortlichen so verläuft oder zu verlaufen hat, wie dies für das Lehrerkollegium[1] einer Schule angenommen werden kann. Schulleitern und Stellvertretern sind nicht nur andere Aufgaben zugeschrieben (vgl. Kapitel 2, 4.2., S. 75), sondern sie sollten demgemäß auch ein anderes berufliches Selbstverständnis als LehrerInnen haben.

Die jüngste Untersuchung zum Selbstverständnis von Schulleitern hat erbracht, daß Schulleiter ihrer Berufsrollenidentität als Lehrer verhaftet bleiben (vgl. WISSINGER 1996, S. 169). Um jedoch die Leitungsaufgaben, die sich in der modernen Schule stellen auf Dauer zum Nutzen der SchülerInnen auszuführen und dabei den physischen wie insbesondere den psychischen Streß auszuhalten, brauchen **Schulleiter** eine **neue Berufsrollenidentität.**

Diese ist die Berufsrolle als für das Gesamtsystem der Einzelschule verantwortlicher Leiter, der **in enger Kooperation** zumindest mit dem Stellvertreter diese Aufgabe wahrnimmt. Aspekte einer **erwachsenenpädagogischen Führung** werden als zentrale Aufgaben **von beiden Leitungspersonen** gesehen und **wahrgenommen.** Durch die bewußte Thematisierung von Führungsfragen und -problemen mit dem Stellvertreter erweitert sich der Blickwinkel beider Leitungsmitglieder.

Der Schulleiter ist zur **Teilung der Gesamtverantwortung** mit einem loyalen und loyal zu behandelnden Partner bereit. Dies dokumentiert sich in Zugewandtheit, Vertrauen und Offenheit.

In der Schulpraxis scheint es zunächst weniger wichtig zu sein, was der Stellvertreter konkret tut, als vielmehr **wie** ihm der Schulleiter gegenübertritt. Es ist eine wichtige Aufgabe des Schulleiters einen neuen **Stellvertreter** so im Kollegium einzuführen und zu präsentieren, daß dieser durch die Wertschätzung, die sich auch in der **Qualität der Delegationsbereiche** mit Gestaltungspotential ausdrückt, ebenso wie durch die vom Schulleiter in der Öffentlichkeit dokumentierte Anerkennung **im Bewußtsein des Kollegiums** als »**Mit-Leitender**« und nicht als »administrativer Handlanger« verankert wird.

Dies setzt auch ein anderes **Selbstverständnis des Stellvertreters** voraus, der sich nicht in sein Los als »administrativer Zuarbeiter« des Schulleiters in der Hoffnung einschickt, sich irgendwann einmal selbst in der Rolle des Schulleiters von den zahlreichen rein verwaltungstechnischen Aufgaben über den Stellvertreter entledigen zu können.

Stellvertreter sehen sich in vielen Schulen mehr als:

> »Organisatoren des täglichen Betriebes (...) Ihre Entfaltungsmöglichkeiten hängen von der Persönlichkeit des Schulleiters ab (...) Sie – die Stellvertreter – gelten als Spezialisten der schulinternen Verwaltung, während die Schulleiter als ›Generalisten‹ auftreten. Die Vorgaben setzt der Schulleiter, und die Stellvertreter haben die Räume auszufüllen, die von den Leitern freigelassen werden« (RITTERBACH 1991, S. 12).

Mit dem neuen Selbstverständnis dagegen nimmt sich der Stellvertreter als **gleichwertigen Partner** wahr, der gemeinsam in enger Kooperationsbeziehung mit dem Schulleiter die Führungsfunktion ausübt. Nur in dieser an der konkreten Einzelschule gestaltbaren kooperativen Beziehung kann eine neue Berufsrollenidentität entstehen, die dem Gesamt der Schulleitungsfunktion auch tatsächlich entspricht.

Die Gestaltung einer **Schulleiter-Stellvertreter-Kooperation** ist in den sozialen Kontext der jeweiligen Schule eingebettet und muß die institutionellen Faktoren schulischen Führungshandelns bedenken (vgl. auch WISSINGER 1996, S. 31 f.). Sie ist geleitet vom Grundsatz der Gleichheit und Partnerschaftlichkeit zwischen den Kooperierenden und **transformiert** die **monokratische Sichtweise** von Schulleitung in eine **teamartige**, bei der verschiedene Aufgaben gemeinsam gelöst werden.

Kooperation zwischen Schulleiter und Stellvertreter basiert auf Gleichberechtigung und Partnerschaftlichkeit. Beide nehmen Führung im Rahmen der Delegationsaufgaben wahr. Kooperative Führung ist folglich nicht hierarchisch ausgelegt und kann, auf die Arbeitsbeziehung zwischen **Schulleiter** und **Stellvertreter** angewandt, als **»laterale Kooperation«** (vgl. WUNDERER/GRUNWALD 1980, Bd. 2, S. 316; vgl. Kapitel 3, 3.3., S. 136) beschrieben werden; denn:

- **»kooperative Führung«** stellt eine ziel- und ergebnisorientierte Zusammenarbeit zwischen Mitgliedern einer Organisation dar, deren Arbeitsbeziehungen nicht durch direkte Weisungen geprägt sind;
- es gibt eine rechtlich definierte Verpflichtung zur Kooperation;
- diese beinhaltet die gemeinsame und arbeitsteilig organisierte Aufgabenerfüllung (Delegationsbereiche des Stellvertreters);
- die ohnehin nicht allzu große Positionsmacht der Funktionsstelleninhaber kann durchaus als in etwa gleichrangig angenommen werden, da der Stellvertreter bei Abwesenheit des Schulleiters alle Amtsgeschäfte übernimmt;
- der vergleichbar geringe Unterschied in der hierarchischen Stellung von Schulleiter und Stellvertreter (vgl. Kapitel 2, 4.1.1., S. 70 und Kapitel 2, 4.1.2., S. 72) sowie das für die tägliche Arbeit erforderliche enge und vertrauensvolle Verhältnis tragen zu Konfliktlösungsstrategien bei, die sich durch Aushandlung im Gegensatz zu direkter Weisung auszeichnen.

Da diese Kooperation auf einer Zweierbeziehung fußt, stellt sie eine typische **Dyade** dar.

Unter Bezugnahme auf die bisher geführte Diskussion beschreibe ich in Erweiterung der Definition »kooperative Führung« (vgl. Kapitel 4, 3.1., S. 176) die Schulleiter-Stellvertreter-Kooperation im folgenden Abschnitt.

5.1. Definition von Kooperation zwischen Schulleiter und Stellvertreter

Auch für die Schulleiter-Stellvertreter-Kooperation ist die in Kapitel 4, 3.1., S. 176 festgelegte Definition gültig, da Schulleiter und Stellvertreter in das Arbeits- und Beziehungsgeflecht der Schule – auch als Unterrichtende mit der gleichen Verpflichtung zur Kooperation – eingebunden sind.

Wegen der exponierten Stellung von Schulleiter und Stellvertreter und deren spezifischen Aufgabenstellungen, die administrative, pädagogische und Führungsaufgaben beinhalten, ist der Begriff »Kooperation« für ihre Belange zu spezifizieren.

Demnach verstehe ich Kooperation zwischen Schulleiter und Stellvertreter als:

1. Den bewußten Prozeß der Zusammenarbeit als gleichwertige und gleichberechtigte Partner, der von beiden Beteiligten freiwillig eingegangen und kontinuierlich fortgeführt wird;
2. die aktive Beteiligung der beiden Kooperationspartner auf das gemeinsame Ziel, einen Grundkonsens in den Handlungsfeldern von Pädagogik und Führung mittels eines kontinuierlichen Verständigungs- und Aushandlungsprozesses zu erzielen;
3. die Bewältigung der anstehenden Aufgaben
   a) **arbeitsteilig** nach der auf einem Aushandlungsprozeß beruhenden Delegation mit Entscheidungsbefugnis (vgl. Kapitel 3, 4., S. 139) und insbesondere
   b) **teamartig** in Form von **gemeinsamer** und **gleichgestellter Bearbeitung** von komplexen Aufgabenstellungen bei **gemeinsamer Verantwortlichkeit;**
4. breites Wirkungsfeld für jeden Partner, so daß **beide** vielseitige und umfassende Beiträge leisten können;
5. die Erweiterung pädagogischer wie führungsrelevanter Gestaltungsspielräume der Schulleitung durch gemeinsame Anstrengungen und in gemeinsamen Lernprozessen;
6. Form der Zusammenarbeit, die in strukturierten und institutionalisierten Arbeitssituationen stattfindet und damit effizientes Arbeiten ermöglicht;
7. ein glaubwürdiges Modell für die Kooperationsbemühungen der Lehrkräfte, das damit entscheidend zur Entwicklung einer innerschulischen Kooperationskultur beiträgt.

Eine intensive Schulleiter-Stellvertreter-Kooperation wirkt sowohl sehr stark nach innen – auf Kollegium und Schülerschaft – als auch nach außen – auf Eltern, außerschulische Institutionen, Behörden und andere Gesprächspartner von Schule und Schulleitung.

*Sie erfüllt insgesamt wichtige **Funktionen**, die im folgenden diskutiert werden.*

5.2. Funktionen der Schulleiter-Stellvertreter-Kooperation

Die kooperative Wahrnehmung der Leitungsaufgaben mittels einer vertrauensvollen Delegation entlastet den Schulleiter (**Entlastungsfunktion**), der dadurch häufiger für andere präsent sein und in Form des »Management by wandering around« (vgl. EUGSTER 1990, S. 221; Kapitel 3, 4.2.2., S. *155*) seine Gesprächsbereitschaft gegenüber den KollegInnen zeigen kann. Dadurch gewinnt der Schulleiter erst wertvolle Leitungszeit.

Für den **Stellvertreter** hat sie **Qualifizierungsfunktion**[2], denn seine Delegationsbereiche lassen ihm nun den nötigen Gestaltungsfreiraum, so daß er nicht mehr primär Administrator, Stundenplanmacher, Vertretungsplaner, Schulstatistiker und formaler Organisator sein muß.

Die der Schulleiter-Stellvertreter-Kooperation immanente Gleichrangigkeit zieht unbedingt Gleichbehandlung des Stellvertreters nach sich und bestimmt sich durch einen partnerschaftlichen Umgang. Der Stellvertreter muß deshalb sowohl in den Augen des Lehrerkollegiums als auch seiner selbst vertretungsfähig sein, Wertschätzung erfahren und Leitungsaufgaben wahrnehmen dürfen. Nur so kann er seine Vertretungsfunktion im Verhinderungsfalle des Schulleiters uneingeschränkt und kompetent wahrnehmen. Außerdem kann er sich dadurch viel besser in die Rolle des Schulleiters eindenken und sich auf die mögliche Übernahme eines Schulleiteramtes vorbereiten (vgl. Kapitel 2, 4.1.2., S. 72). Die Zusammenarbeit im Team enthält vor allem für den Stellvertreter aber auch für den Schulleiter wesentliche qualifizierende Momente (vgl. OESTERREICH 1988, S. 22).

Im Hinblick auf eine Weiterentwicklung der kooperativen Beziehungsgestaltung zwischen beiden Leitungspersonen werden sie diese in ihren Analyseprozeß mitaufnehmen und sich um professionelle Unterstützung durch Schulpsychologen, Schulmoderatoren, die es beispielsweise in Nordrhein-Westfalen gibt, und Organisationsentwicklungsberater bemühen.

Die Schulleiter-Stellvertreter-Kooperation hat auch eine Klärungsfunktion, die sich auf mehrere Teilaspekte bezieht:

● **Gewinnung von Zielklarheit**
   Die enge und offene Kooperation zwischen Schulleiter und Stellvertreter trägt bei beiden zur Klärung ihrer jeweils eigenen Zielvorstellungen, die sie von der Entwicklung der Schule haben, bei. Diese im permanenten Dialog und Gedankenaustausch herauszukristallisierende Zielklarheit ist insbesondere für den Schulleiter von unschätzbarem Wert, da er für Kollegen, Eltern, Behörden und seine Vorgesetzten als der erste Entscheidungsträger der Schule gilt.

● **Selbstverständigung**
   Für den Schulleiter ist es sehr wichtig auch Rückkopplung, **Feedback**, auf sein Leitungsverhalten zu erhalten. Nur so kann er ggf. sein Verhalten weiterentwickeln oder versuchen, es entsprechend zu ändern.

Hierbei darf nicht übersehen werden, daß die Reaktionen auf das Schulleiterverhalten seitens der Schüler, Eltern, Lehrer und der Gesprächspartner in schulischen wie außerschulischen Institutionen immer eine jeweils selbstbezogene Interessenslage widerspiegeln. In der Regel handelt es sich weniger um Feedback, das dem Selbsterkenntnisprozeß des Schulleiters dient, als vielmehr um das Bemühen, die jeweils subjektiven Ziele zu erreichen bzw. die eigene Position beim Schulleiter durchzusetzen. Zudem kann von dem erwähnten Personenkreis nur begrenzt ein Eindenkungs- und Einfühlungsvermögen in die Situation des Schulleiters der jeweiligen Einzelschule erwartet werden.

Das für den **Selbstverständigungsprozeß** des Schulleiters jedoch so wichtige Feedback, das Aspekte der Reflexion und der Selbsterkenntnis des eigenen Führungshandelns **auf** einer **Metaebene** beinhaltet, kann am ehesten **durch** den **Stellvertreter** und im Dialog mit diesem erfolgen. Der stellvertretende Schulleiter hat zumindest einen ähnlichen Blickwinkel – die Leitungsperspektive. Er befindet sich in einer vergleichbaren Situation; er kennt den situativen Kontext der Schule und die damit einhergehenden (Sach-)Zwänge sowie die personellen Konstellationen. Von daher hat er ein gründlicheres Verständnis für die Handlungs- und Verhaltensweisen des Schulleiters. Auf der Basis dieser Kenntnislage kann der Stellvertreter, der Führungsverhalten aus seiner Persönlichkeitsperspektive durchaus auch anders sehen mag, beim Schulleiter selbstreflexive Prozesse anregen.

Aber auch für den Stellvertreter ist im Rahmen der Entwicklung seiner Führungskompetenzen diese Art Rückmeldung durch den Schulleiter von essentieller Bedeutung. Von anderer Seite kann er wohl kaum das Feedback erwarten, das auf einem angemessenen Verständnis der spezifischen Leitungssituation an seiner Schule beruht.

● **Reflexion**

Schule als lernende Organisation stellt hohe und neue Anforderungen an die Lehrkräfte und verlangt eine systemische Sichtweise (vgl. Kapitel 3, 2.2.2., S. 128), die über das bisherige an individuellem Lernen orientierte Verständnis von LehrerInnen hinausgeht.

Diese neue Aufgabe stellt Schulleitungen vermutlich vor noch größere Probleme als LehrerInnen. Schulleiter und Stellvertreter haben auch für diese Aufgabe keine bessere Vorbildung als die Lehrkräfte und sind dennoch für diese Prozesse verantwortlich. Sie gelten entweder als Vorbild oder aber als Negativmodell für organisationelles Lernen.

Konsequenterweise bedarf es eines gewissen **Schonraums,** damit visionäres Denken, das Analysieren schulischer Vorgänge aus gesamtsystemischer Perspektive seine Gestaltungskraft entwickeln kann.

Die Schulleiter-Stellvertreter-Beziehung erweist sich als geeignete Plattform, sich neuen Gedankenansätzen diskursiv und reflexiv zu nähern, die jeweils eigenen Gedanken genauer zu prüfen, weitaus mehr Argumente, welche die Vision oder den Innovationsgedanken stützen, parat zu haben und den Prozeß der Konsensfindung im Zweier-Team zu erproben, ohne gleich auf breiter Front – im Lehrerkollegium – Vagheiten oder gar Ungereimtheiten zu verbreiten. Dadurch erhöht sich die **selbstempfundene Sicherheit** der Schulleitung, die Leitungspartner stützen einander durch die gegenseitige Argumentation, die stimmig ist, und für das Kollegium wird Kooperation und Konsensbildung wahrnehmbar.

In der täglichen Praxis dürften diese Prozesse sicher auch Probleme aufwerfen. Die Wahrnehmung von LehrerInnen in Bezug auf das Verhalten, die Beziehungsgestaltung zwischen Schulleiter und Stellvertreter ist eine sehr feine. Ein Kollegium spürt sehr schnell Divergenzen und nimmt geradezu seismographisch Beziehungsstörungen auf der Schulleitungsebene wahr. Wenn Lehrerinnen und Lehrer im Schulalltag erleben, daß Schulleiter und Stellvertreter nicht allzu gut miteinander auskommen und offenkundig größere Probleme haben, Konsens zu finden, dann fühlen sie sich wenig motiviert, sich selbst den Anstrengungen zu unterziehen, auch mit jenen KollegInnen mittels Kooperation und Kommunikation einen Konsens zu erzielen, mit denen sie entweder rein fachlich seltener zu tun haben oder die sie als Persönlichkeit weniger schätzen.

Im Zuge einer künftig größeren Autonomie für die Einzelschule (vgl. Kapitel 1, 4.4., S. 51) werden den Leitungskräften auch **neue Kompetenzen** abverlangt. Unter Berücksichtigung der vielfältigen Aspekte einer verstärkten schulischen Autonomie ist offensichtlich, daß mehr zugestandene und geforderte Selbständigkeit, insbesondere für die Schulleitung, gleichzeitig ein **geringeres Maß an Sicherheit** mit sich bringt.

Die teilautonome Schule trifft ihre Entscheidungen weitestgehend selbst, d.h., die Schulleitung kann sich nur noch in ganz grundlegenden Fragen durch (Rück-)Delegation der Entscheidung an die obere Behörde absichern und damit notfalls auch der Verantwortung entziehen. Der zunehmende Entscheidungszwang kann zur **Verunsicherung** vieler Schulleiter führen. Dieser kann am wirkungsvollsten begegnet werden, wenn Schulleiter und Stellvertreter alle Entscheidungen konsequent und nicht erst in der Endphase, in der sich der Schulleiter innerlich bereits sehr fest auf eine Lösung/Entscheidung fixiert hat, miteinander erörtern und im gemeinsamen Ringen Konsens über die bestmögliche Entscheidung erzielen. Damit erhöht sich zum einen die Qualität der Entscheidungen (**Qualitätsfunktion**). Zum anderen wirkt das im Dialog gemeinsam erzielte Problemverständnis und die dadurch von beiden Leitungspersonen auch im Kollegium gleichermaßen getragene Entscheidung unterstützend auf die Konsensbildungsprozesse in der Schule.

Kooperatives Arbeitsverhalten zwischen Schulleiter und Stellvertreter trägt auch zu einer gewissen für schulische Arbeit prinzipiell notwendigen Kontinuität und Stabilität bei (**Stabilisierungsfunktion**). Dies bezieht sich sowohl auf die Art und Weise der Entscheidungsfindung innerhalb der Schulleitung als auch auf die notwendige Konsistenz im Führungshandeln. Besonders wichtig wird die Stabilisierungsfunktion immer dann, wenn in der Schulleitung ein Wechsel erfolgt. Die Bemühungen seitens des Schulleiters mit dem neuen Stellvertreter oder auch umgekehrt möglichst schnell in enger Kooperation zu agieren, trägt zu der für die erste Zeit der neuen Führungskonstellation so wichtigen Bewahrung bisheriger Abläufe und Verhaltensmuster bei.

Der Wert der angeführten Bewahrungsfunktion steht außer Frage, dennoch kann das Beibehalten tradierter Handlungen und Führungsweisen nicht das wichtigste Prinzip für die Schulleiter-Stellvertreter-Kooperation sein. Vielmehr wird eine erfolgreiche Kooperation auch wesentlich zur Erneuerung von Denk- und Verhaltensweisen der Schulleitung beitragen und somit verkrustetem Denken auf beiden Seiten vorbeugen. So erst kann Schulleitung zur Innovativität im Kollegium anregen und ihren lenkenden Einfluß wahrnehmen.

Eine durch eine enge Kooperation gestärkte und selbstsichere Schulleitung wird eher den Mut haben, nach eigenen auch unkonventionellen Lösungen für die Probleme der heutigen Schule zu suchen und damit ihr Gestaltungspotential zur Weiterentwicklung der Schule zu nutzen (**Innovationsfunktion**).

Die Schulleiter-Stellvertreter-Kooperation führt dazu, daß beide nicht nur einander erheblich besser kennenlernen, sondern auch in strittigen Fragen oder in Konfliktsituationen mit den vielfältigen Partnern einer Schule eine bessere Chance haben, vermittelnd zu wirken (**Vermittlungsfunktion**), weil sie den vergleichbaren sachlichen wie emotionalen Hintergrund für Sachverhalte bzw. für personelle Konstellationen mitbringen.

Die auf Dauer angelegte, als erfolgreich, entlastend und bereichernd erlebte Kooperation hat für Schulleiter und Stellvertreter in hohem Maße eine identitätsstiftende Funktion. Denn trotz der flachen schulischen Hierarchie haben sie eine herausgehobene Position inne, die es mit sich bringt, daß sie nicht mehr wie als Lehrer an allen Gedanken und Wertungen der »Basis« teilhaben. Dies trägt dazu bei, die oftmals auch als schwierig wahrgenommene Führungsfunktion zu akzeptieren und sich mit dieser Rolle voll zu identifizieren (**Identifizierungsfunktion**).

Ein Gemeinschaftsgefühl und damit die Bereitschaft zu teamartiger Kooperation unter den Lehrkräften einer Schule entwickelt sich nur dann, wenn es möglich ist, Erfolge wie Mißerfolge von einzelnen unbefangen zu diskutieren. Dies setzt Kompetenzen bei den Lehrkräften voraus, die dazu beitragen ein **Klima der Offenheit**, des Vertrauens und der Wertschätzung zu schaffen. Die Leitungspersonen der Schule haben hierbei in ihrem Führungsverhalten wegweisende Funktion (**Vorbildfunktion**).

Schulleitung ist der Kritik eines Kollegiums ausgesetzt. Diese bezieht sich nicht nur auf das Verwaltungs- oder Führungshandeln, sondern auch auf die pädagogische Funktion als Unterrichtende. Deshalb hat sie nicht nur generell, sondern ganz speziell in der Fähigkeit zu echter Kooperation eine Vorbildfunktion zu erfüllen.

Es ist sicher, daß dem Schulleiter hierbei zumindest Initialwirkung zukommt.

Die tägliche Leitungsaufgabe vor Ort verlangt Substanz im Führungskönnen und Konsistenz im Führungsverhalten. Dies sollte sich bei mindestens zwei Personen, die explizit die Verantwortung für die pädagogische Arbeit der Schule tragen, deutlich zeigen. Eine konsequente gemeinsame Linie von Schulleiter und Stellvertreter bietet dem Kollegium Orientierungshilfe und Unterstützung bei ihren erzieherischen Bemühungen und ist insbesondere für die erzieherische Einflußnahme auf Schüler und Schülerinnen von großem Wert.

Zur Schlüsselfunktion der Schulleitung gehört es, Visionen im Kollegium zu unterstützen, gegebenenfalls eigene Visionen ins Kollegium zu tragen und mit den Lehrkräften diese gemeinsam weiterzuentwickeln (vgl. Kapitel 3, 4.2.1., S. 152). Eine gelingende Kooperation zwischen Schulleiter und Stellvertreter stärkt somit die Position innerhalb des Lehrerkollegiums, sie hilft die Visionen besser zu transportieren, sie trägt dazu bei, daß die Wirkung bei Überzeugungs- und Aushandlungsprozessen mit LehrerInnen, Eltern und anderen erwachsenen Personen eine Verstärkung erfährt.

Die Rahmenbedingungen für eine kooperative Beziehungsgestaltung zwischen Schulleiter und Stellvertreter, die vorbildhaft für die Entwicklung einer Kooperationskultur an der Schule sein kann, sind derzeit immer noch eher einschränkend. Schulleiter wie Stellvertreter haben insgesamt eine zu hohe Unterrichtsverpflichtung[3] und damit viel zu wenig Zeit für Kooperation. Sie sind in der Regel darauf angewiesen die Nachmittage hierfür zu nutzen mit dem Nachteil, daß ihr kooperatives Verhalten nicht unmittelbar von den pädagogischen wie nichtpädagogischen Mitarbeitern wahrgenommen werden kann. Die Vorbildwirkung erfährt von daher eine Abschwächung.

Mit den Bedingungen der Schulleiter-Stellvertreter-Kooperation setzen sich die nächsten Teilkapitel auseinander.

5.3. Bedingungen der Schulleiter-Stellvertreter-Kooperation

Die Rahmenbedingungen zur Erfüllung der vielfältigen Aufgaben dieser zukünftigen Schulleitung, so die BILDUNGSKOMMISSION NRW (1995), sind denkbar schlecht.

Die BILDUNGSKOMMISSION sieht zwingenden Handlungsbedarf in Fragen der Rechtsstellung des Schulleiters und damit seiner Entscheidungskompetenzen, der Ausstattung im Verwaltungsbereich und der Zeit, die für die Leitung der Schule erforderlich ist (vgl. Kapitel 1, 4.2., S. 44).

Gleichwohl können Schulleiter und Stellvertreter organisatorische Bedingungen an ihrer Schule dergestalt beeinflussen, daß diese für ihre kooperative Arbeit hilfreich sind.

5.3.1. Grundvoraussetzungen

Grundvoraussetzung für eine erfolgreiche Kooperation zwischen Schulleiter und Stellvertreter ist die normative Orientierung (vgl. ROEDER/SCHÜMER 1986, S. 56). Hierunter verstehe ich die gemeinsamen Zielvorstellungen – »Visionen« – über die Entwicklung der Schule. Diese sind im kontinuierlichen Dialog zu entwickeln und setzen die Kenntnis sowohl der eigenen Fähigkeiten als auch der des Schulleitungspartners und vergleichbare Auffassungen von zwischenmenschlichem Miteinander voraus. Erst dies ermöglicht es, die Aufgaben der Schulleitung sinnvoll aufzuteilen und in den verschiedenen Bereichen zu Arbeitsergebnissen und Werthaltungen zu gelangen.

Eine weitere Basis für ein Kooperationsverhalten ist die **Bereitschaft** miteinander zu kooperieren, und das **Verständnis**, das die beiden Leitungsverantwortlichen **von** einer beiderseitigen **Kooperation** haben. Beide Kooperationspartner agieren jedoch nicht in einem völlig von ihnen frei zu gestaltenden Raum, sondern sie sind an den **situativen Kontext** ihrer Schule mit den spezifischen Besonderheiten von Kollegium, Schülerschaft, Eltern und sozialem Umfeld gebunden.

Partizipation und prosoziales Verhalten sind, wie in Kapitel 3, 3.3., S. 131 dargelegt, fundamental für kooperative Führungsbeziehungen und deswegen auch für die Schulleiter-Stellvertreter-Kooperation relevant. Nur wenn Schulleiter wie Stellvertreter einander prosozial zugewandt sind, lassen sich die komplexen (Führungs-)Aufgaben von Schulleitung zum Wohle der SchülerInnen wie des Kollegiums effektiv und effizient bewältigen. Eine auf Dauer angelegte Schulleiter-Stellvertreter-Kooperation setzt Partizipation und vor allem ein gutes Miteinander (»prosoziale Dimension«) voraus. Diese Aspekte werden in den beiden folgenden Teilkapiteln ausgeführt.

5.3.2. Entscheidungsbeteiligung

Partizipation, Teilhabe an der Machtgestaltung, schließt die Prozeßvariablen der klaren Ziele und der hohen Erwartungen (vgl. PURKEY/SMITH ²1991), die innerhalb der Schulleitung von beiden Partnern geteilt werden (sollten), ebenso wie die Variablen Ordnung und Disziplin mit ein.

Kooperation in bestimmten und festgelegten Feldern (**Kooperationsinhalte**), die **Entscheidungsbefugnis** in delegierten Bereichen, die effiziente Zeiteinteilung sind letztlich Ausdruck von **klaren Zielvorstellungen** bei beiden Schulleitungsmitgliedern. In diesem Kontext sind auch der **fachliche Reifegrad** (vgl. Kapitel 3, 2.2.1., S. 126) des Mitarbeiters – die fachlichen Fähigkeiten des Schulleiters oder des Stellvertreters – von Bedeutung und bestimmen sehr stark die Intensität und die Qualität ihrer kooperativen Arbeitsbeziehung.

Die in beiderseitigem Einvernehmen aufgeteilten Kooperationsbereiche orientieren sich an den **fachlichen und persönlichen Neigungen** der beiden Kooperationspartner.

Die dargelegte Kooperationsbeziehung, die auf der gemeinsamen Wahrnehmung der Führungsaufgabe beruht, bei der Schulleiter wie Stellvertreter als Führende auftreten, setzt die **Übertragung interessanter, verantwortungsvoller wie führungsrelevanter Aufgabenfelder** an den Stellvertreter voraus (vgl. DRÖGE 1992 b, S. 68).

In der Literatur wird die Zusammenarbeit in der Schulleitung hauptsächlich als delegatives Führungsprinzip verstanden, bei dem der Stellvertreter primär Verwaltungstätigkeiten ausübt und insbesondere die verschiedenen Pläne einer Schule erstellt.

Unter einer echten Kooperation zwischen Schulleiter und Stellvertreter verstehe ich jedoch mehr als die Delegation von Routinearbeiten an den Stellvertreter. Die Aufgabenteilung durch Anwendung des Delegationsprinzips sollte allerdings nicht dazu führen, daß Schulleiter wie Stellvertreter weitgehend ohne Rückbindung arbeiten. Gemeinsames Planen und vor allem die Entwicklung einer gemeinsamen »konzeptionellen Linie«, mit der die Schulleitung in den weiteren schulischen Gremien argumentiert, halte ich für einen wesentlichen Bestandteil einer gelingenden Kooperation innerhalb der Schulleitung.

Da der ständige Vertreter des Schulleiters an der Führungsaufgabe teilhat (vgl. Kapitel 4, 5., S. 187), ergibt sich zwingend, daß beide Leitungspersonen **bestimmte Aufgaben** *gemeinsam* erledigen.

5.3.3. Personale Kompetenzen

»Kooperative Führung« so wurde in Kapitel 3, 3.4., S. 138 ausgeführt, stellt hohe Anforderungen an Führungskräfte und Mitarbeiter.

An eine echte **Kooperation innerhalb der Schulleitung** werden gewisse **Voraussetzungen** gekoppelt, die in der Literatur entweder dem Schulleiter (vgl. ADAMSKI 1983, S. 49; DRÖGE 1992 a, S. 55; DUBS 1994, S. 113) oder dem Stellvertreter (vgl. DRÖGE 1992 a, S. 46; SPIES/HEITZER 1986) zugeschrieben werden.

Fachliche Kompetenzen sind jedoch für »kooperative Führung« nicht ausreichend und vermutlich auch nicht ausschlaggebend (vgl. Kapitel 3, 3.4., S. 138).

Für eine gelingende Kooperation brauchen **beide** Kooperationspartner zusätzliche Kompetenzen, die im wesentlichen in der jeweiligen **Persönlichkeit** begründet sind (vgl. auch STAEHLE [5]1990, S. 75-77).

Die Kooperierenden selbst haben gewisse Erwartungen an die **personalen Kompetenzen** des anderen, sowohl den rein fachlichen als insbesondere auch den intrapsychischen und interpsychischen Bereich betreffend.

Zu diesen personalen Kompetenzen von Schulleiter und Stellvertreter gehören:

- **Interaktionsfähigkeit;**
- **Aufbau emotionaler Beziehungen** untereinander;
- **Umstellungs-** und **Anpassungsfähigkeit** gegenüber einem neuen Kooperationspartner;
- **Flexibilität;**
- eine prinzipiell **positive und offen gezeigte Einstellung** gegenüber dem Kooperationspartner;
- **grundsätzliches Vertrauen** zueinander und **Vertrauen in die Fähigkeiten** des anderen;
- **Offenheit** in allen Angelegenheiten, auch was die zwischenmenschliche Ebene anbetrifft;
- **Loyalität** gegenüber dem anderen, die sich auch darin dokumentiert, daß sich jeder auf die Aussagen des Partners im Kollegium verlassen kann;
- **Ehrlichkeit** im Umgang miteinander;
- die Fähigkeit zu gegenseitiger **Empathie;**
- gegenseitige **Akzeptanz** der Persönlichkeit;
- **Toleranz** gegenüber dem Partner auch in Fragen unterschiedlicher pädagogischer Sichtweisen und Einstellungen bei gleichzeitigem Bemühen um Annäherung der Standpunkte, so daß sich eine nach außen vertretbare und glaubwürdige pädagogische Haltung der Schulleitung herauskristallisiert;
- **Mitwirkung** und **Mitbestimmung ermöglichen** bzw. diese **wahrnehmen,** indem **Aufgaben** einvernehmlich **delegiert** bzw. **erfüllt** werden;
- erreichte **Ziele als Erfolge** des Teams (vgl. SPIES/HEITZER 1986, S. 49) – der **Schulleiter-Stellvertreter-Kooperation** – bewerten und **anerkennen,** denn Teilhabe am Erfolg ist ein entscheidender motivationaler Faktor;
- **Offenlegung** der Gedankengänge zur **Ergreifung** von **Maßnahmen** und zur **Entscheidungsfindung;**
- **Konflikte aushalten** und Konflikte **lösen.** Beide Konfliktaspekte weisen auf die verschiedenen Komponenten von Konfliktfähigkeit hin: Zum einen müssen Schulleiter und Stellvertreter nicht zuletzt aufgrund ihrer zum Teil auch ambivalent erlebten Rollen Konflikte in sich selbst – intrapsychisch – aushalten können. Und zum anderen sollten sie Konflikte zwischen ihnen frühzeitig erkennen und diese mildern können;
- **Kompromißfähigkeit** und **Konsensfähigkeit;**
- **Situationsgespür** und **Sensibilität** für Stimmungen und seelische Notlagen des anderen;
- **Selbstkritik** in bezug auf das eigene (Führungs-)Verhalten.

Nur so wird es gerade dem Stellvertreter möglich, im Verstehen des Führungsprozesses am konkreten Ort dazuzulernen und damit das Repertoire seines Führungshandelns zu erweitern. In ähnlicher Form trifft dies auch auf den Schulleiter zu; denn auch nach etlichen Jahren der Führungserfahrung lassen sich durch eine enge Zusammenarbeit mit dem Stellvertreter neue Erkenntnisse hinzugewinnen. Die Fähigkeit zur Empathie und zu emotionalem Bewegtsein sehe ich als konstitutiv an.

Die in Kapitel 4, 5.3., S. 195 genannten Bedingungen bieten die Ausgangsbasis für eine gelingende Schulleiter-Stellvertreter-Kooperation. Damit sind jedoch noch keine inhaltlichen Festlegungen für die Kooperation getroffen. Mit den Inhalten der Schulleiter-Stellvertreter-Kooperation befassen sich die nächsten Teilkapitel.

5.4. Inhalte der Schulleiter-Stellvertreter-Kooperation

Im Rahmen des juristisch vorgegebenen **Kooperationsgebots für Schulleiter und Stellvertreter** ist das Delegationsprinzip vorherrschend. Es ist wichtiger Bestandteil einer Schulleiter-Stellvertreter-Kooperation und dokumentiert sich in einer festgeschriebenen **Geschäftsverteilung**.

Eine Geschäftsverteilung ist insbesondere für größere Schulen bzw. für größere Leitungsgremien notwendig (vgl. THIES 1994, S. 50), da sie die **Zuständigkeiten** und die **Entscheidungsbefugnisse** für die vielfältigen Aufgabenbereiche der Schule für die Schulleitung selbst wie für das Kollegium **klärt** (vgl. THIES 1994, S. 50).

Aber auch bei kleineren Schulen bzw. bei einem Leitungsgremium, bestehend aus Schulleiter und Stellvertreter, erhält die Schulleitungstätigkeit durch einen Geschäftsverteilungsplan eine gewisse Struktur, deren vorgegebene Ordnung auch den Lehrkräften die Zusammenarbeit mit der Schulleitung erleichtert. Zudem können sich die Schulleitungsmitglieder so besser auf bestimmte Arbeitsgebiete konzentrieren.

Dem Kollegium werden dadurch **Orientierungshilfen** gegeben, gleichzeitig fundierte Einblicke in die Schulleitungstätigkeit ermöglicht (gl. THIES 1994, S. 50) und somit **Transparenz** nicht nur nach innen – innerhalb der Schulleitung – sondern auch nach außen – in das Kollegium – geschaffen (vgl. RITTERBACH 1991, S. 13).

Die in der Literatur beschriebenen Geschäftsverteilungspläne basieren in der Regel auf einem **Grobraster** mit markanten Aufgabenzuschreibungen (vgl. bei NECKRITZ 1983, S. 33-35; RITTERBACH 1991, S. 12 f.; STRASSER 1984, S. 28), bei denen die Delegationsbereiche für den Stellvertreter mehr oder minder vom Schulleiter »vorbereitet« und mit dem Stellvertreter »zu besprechen« sind. Sodann kann darüber diskutiert werden, welche »höherwertigen« Aufgaben der Stellvertreter nach seiner Einschätzung wahrnehmen möchte, um sich beispielsweise bei einem größeren Leitungsgremium in seiner Position hervorzuheben (vgl. beispielsweise STRASSER 1984, S. 28 f.).

In aller Regel werden im Rahmen dieser Funktionskataloge dem Schulleiter gemäß dem monokratischen Verständnis, das ihm die Gesamtverantwortung (vgl. Kapitel 2, 4.1.1., S. 70) zuweist, die pädagogischen und führungs-relevanten Aufgaben mit Gestaltungspotential zugeschrieben, während dem Stellvertreter fast ausschließlich technisch/administrative Aufgabenfelder zukommen mit den Kernfunktionen: Organisation – Koordination – Administration. Dem Stellvertreter wird wenig Gestaltungschance gegeben.

Wichtige Aufgaben, an denen auch ein Stellvertreter seine Führungsfähigkeiten und seine Leitungsfähigkeit erproben und erweitern könnte, bleiben vermutlich wegen der juristischen Regelung dem Schulleiter vorbehalten. Dies sind: Außenvertretung der Schule – Bewirtschaftung des Schuletats – Konferenzleitung (vgl. RITTERBACH 1991, S. 14; vgl. auch Kapitel 2, 4.2.1., S. 77).

Nach dem in diesem Kapitel entwickelten kooperativen Leitungsansatz erhebt sich die Frage, ob die Gesamtverantwortung des Schulleiters nicht auch vom Stellvertreter mitgetragen werden könnte. Im Sinne einer teamartigen Kooperationspraxis ist es m. E. nicht mehr plausibel, wieso die oben genannten für die schulische Profilbildung und die schulische Weiterentwicklung so wichtigen Bereiche wie Konferenzvorsitz und Außenvertretung nur einer einzigen Leitungsperson vorbehalten sein sollen. Die Übertragung auch von Entscheidungsverantwortung gilt als motivationaler Faktor für die Wahrnehmung von Aufgaben (vgl. beispielsweise FISCHER/SCHRATZ 1993, S. 120). Nur indem auch der Stellvertreter in den genannten Kernbereichen seinen Part einbringt, wird der Gedanke und das Modell einer teamartigen Kooperation inner- wie außerschulisch transparent.

Die Aufgabenzuschreibung in einem **Geschäftsverteilungsplan** beruht auf dem Prinzip der delegativen Führung, bei der **Arbeitsgebiete** und **Zuständigkeiten klar geregelt** sind und die **Bearbeitung selbständig** und unabhängig voneinander erfolgt. Diese delegative Sichtweise von Führung stellt jedoch, wie in Kapitel 3, 2.2.1., S. 126 und Kapitel 3, 4.2.2., S. 155 erläutert, lediglich einen Teilaspekt von Kooperation dar.

Kooperation bedeutet vielmehr auch **an** einer **Aufgabe gemeinsam** zu **arbeiten**, um möglichst viele verschiedene Sichtweisen und Ideen zu integrieren. Eine in diesem Sinne **teamartige** Kooperation entwickelt ihren Wert vor allem in **konfliktären Situationen** und bei den vielfältigen **Problemlöseprozessen** in der Schule.

*Da es an einer innerschulischen **teamartigen Kooperation** noch weitgehend mangelt und die Schulleiter-Stellvertreter-Kooperation als Vorbild fungieren soll, erscheint es sinnvoll und zweckmäßig gerade auch die **Inhalte** dieser **teamartigen Kooperation** in einer schulinternen **Geschäftsverteilung** festzuschreiben.*

Dies wird in den folgenden Teilabschnitten näher ausgeführt.

5.4.1. Geschäftsverteilungsplan im Rahmen der Schulleiter-Stellvertreter-Kooperation

Der schulinterne Geschäftsverteilungsplan soll möglichst allgemeingültig sein, so daß er von den an der Kooperation Beteiligten der jeweiligen Einzelschule unter Beachtung systemischer (z. B. Schulart, Schulgröße) (vgl. auch STRASSER 1984, S. 28), situativer (z. B. außerunterrichtliche Einflüsse und Aktivitäten) wie individueller Komponenten (z. B. persönliche Wünsche, Neigungen, Fähigkeiten) spezifiziert und präzisiert werden kann.

Für diesen Geschäftsverteilungsplan lege ich folgende Grundsätze fest:

● Aufgabenbereiche und Zuständigkeiten werden einvernehmlich nach Aushandlungsprozessen von Schulleiter und Stellvertreter vereinbart;
● der Geschäftsverteilungsplan wird in zwei große Bereiche aufgeteilt: Der erste Teil regelt die nach dem bisherigen Delegationsverständnis eigenverantwortliche Aufgabenwahrnehmung,
ein zweiter Teil regelt die in teamartiger Kooperation wahrzunehmenden Aufgaben;
● die Grundsätze der Kooperation zwischen Schulleiter und Stellvertreter, wie sie in der Definition der Schulleiter-Stellvertreter-Kooperation niedergelegt sind (vgl. Kapitel 4, 5.1., S. 190), werden als Präambel dem Geschäftsverteilungsplan vorangestellt.

Teamartige Aufgabenbewältigung als Spezifikum eines schulinternen Geschäftsverteilungsplans ist bislang nach meinem Kenntnisstand in der Literatur nicht beschrieben. Die bereits erwähnten Geschäftsverteilungspläne regeln lediglich die Aufgabengebiete, die unabhängig voneinander selbständig zu bewältigen sind. Dies ist jedoch nach dem neuen Verständnis einer kooperativen Schule, die eine kooperative Schulleitung insbesondere als Modell für eine teamartige Kooperation braucht, nicht mehr zufriedenstellend.

Da sich aus der schulrechtlichen Aufgabenbestimmung (vgl. Kapitel 2, 4.2.1., S. 77 und Kapitel 2, 4.2.2., S. 80) zahlreiche Kooperationsanlässe, die eine gemeinschaftliche Arbeit an einer Aufgabe für Schulleiter und Stellvertreter zulassen oder diese ggf. notwendig machen, ableiten lassen, diese jedoch bislang noch nicht Gegenstand von Geschäftsverteilungsplänen waren, wird der Akzent der weiteren Überlegungen auf die teamartige Aufgabenbewältigung gelegt.

5.4.2. Kooperationsinhalte einer teamartigen Kooperation: Festschreibung in einem Geschäftsverteilungsplan

Ein Geschäftsverteilungsplan basiert auf Hintergründen und Absichtserklärungen, die analog einem Vertrag in einer Präambel offengelegt werden können.

Diese dient dazu, die Hintergründe, den Wunsch und Willen und die Absichtserklärungen der (Kooperations-)Partner zu erhellen (vgl. KAUFF-MANN [13]1996, S. 952) und somit zur erhöhten Transparenz der Aufteilung der Schulleitungsaufgaben für das Leitungsgremium selbst wie für das Lehrerkollegium beizutragen.

PRÄAMBEL zum Geschäftsverteilungsplan zwischen Schulleiter und Stellvertreter einer Schule:

Schulleiter und Stellvertreter wollen zur Weiterentwicklung dieser Schule beitragen. Zu diesem Zweck wollen sie im pädagogischen Grundverständnis und in den Führungsgrundsätzen einen breiten Konsens erzielen. Außerdem wollen sie Entscheidungen auf Basis des Schulrechts unter Berücksichtigung der konkreten pädagogischen Situation (vgl. NEUBAUER u. a. [4]1992, S. 123) in hoher Übereinstimmung treffen und sich in Konfliktsituationen prinzipiell austauschen, um hierdurch eine objektivere Einschätzung von Konfliktlagen und eine breitere Basis für Konfliktlösungsstrategien zu gewinnen.

Sie sind sich bewußt, daß sie diese Ziele vor allem durch eine kontinuierliche Kooperation erreichen, die auf der Gleichwertigkeit und der Gleichberechtigung von Schulleiter und Stellvertreter beruht.

Sie stimmen des weiteren darin überein, daß die an der Schule anfallenden Schulleitungtätigkeiten entweder von einem Mitglied allein oder gemeinsam, d. h. teamartig, wahrgenommen und gemeinsam verantwortet werden können.

Schulleiter und Stellvertreter sind der Überzeugung, daß diese Tätigkeiten so aufgeteilt werden sollen, daß sie die Weiterentwicklung der Schule optimal fördern.

Sie wollen deshalb unter Berücksichtigung der o. g. Prinzipien eine Geschäftsverteilung vornehmen, die alle Delegationsbereiche festlegt, welche selbständig von einem Mitglied und welche teamartig bearbeitet werden.

Schulleiter und Stellvertreter beschließen daher folgenden Geschäftsverteilungsplan:

Teil A: Delegationsbereiche, die selbständig und eigenverantwortlich bearbeitet werden.
Teil B: Aufgabenbereiche, die teamartig wahrgenommen werden.

Die möglichen Kooperationsinhalte[4] lassen sich aus den Funktionen, die sich aus dem Schulrecht für den Schulleiter ergeben, bestimmen. Diese habe ich in Kapitel 2, 4.2., S. 75 beschrieben als:

1. Verwaltungsfunktionen
2. Leitungsfunktionen
  ● *Vorgesetztenfunktion*
  ● *Kontrollfunktion*
  ● *Kooperationsfunktion*

- Pädagogische Führungsfunktionen
- Unterrichtsfunktion

*Die Kooperationsinhalte, die zusammen den Teil B einer Geschäftsvertei-
lung zwischen Schulleiter und Stellvertreter ausmachen, werden im folgenden diskutiert.*

1. **Kooperationsinhalte im Rahmen der Verwaltungsfunktionen**
Sie umfassen **schulorganisatorische Aufgaben** und sind primär zur dele-
gativen Bearbeitung geeignet.
Zu den Inhalten, die sich für eine teamartige Kooperation eignen, zählen
im wesentlichen die Absprachen über **Termine,** die **Vereinbarungen über
Konferenzen und Besprechungen,** die Festsetzung von **Tagesordnungen,**
die **Planung, Durchführung** und **Nachbereitung** dieser Sitzungen.
Im **schulverwaltungsrechtlichen Bereich** ist die enge Zusammenarbeit allein schon deshalb so wichtig, weil Schulleiter wie Stellvertreter bei der
Gestaltung ihrer Aufgabenfelder immer auch auf der Basis des Schulrechts Entscheidungen treffen müssen, deren Interpretation sich primär
am Schüler – an der konkreten pädagogischen Situation – zu orientieren
hat. Die Führungsverantwortlichen verständigen sich im Hinblick auf ein
konsistentes Leitungsverhalten auf juristische Sachverhalte und treffen
somit ihre jeweiligen **Entscheidungen in hoher Übereinstimmung.** Dies
wird auch in der Präambel zu diesem Geschäftsverteilungsplan deutlich
herausgestellt.

2. **Kooperationsinhalte im Rahmen der Leitungsfunktionen**
- **Kooperationsinhalte der Vorgesetztenfunktion**
Die **Personalarbeit** nimmt generell einen großen Raum im Alltag von
Schulleitung ein. Im Vordergrund steht das Bemühen, die **Lehrkräfte**
einer Schule **zu entwickeln.** Hierzu dient der Austausch zwischen Schulleiter und Stellvertreter über den festgestellten Fortbildungsbedarf einzelner LehrerInnen und die Koordinierung geeigneter Maßnahmen mit dem
Ziel, die Fortbildungserkenntnisse wieder ins Kollegium zurückfließen zu
lassen.
Die gemeinsamen Überlegungen zu Planung und Organisation schulinterner **Lehrerfortbildungsmaßnahmen** sowie **pädagogischer Studientage**
zielen auf eine **Fortbildungskonzeption** im Sinne eines Qualifizierungs-
programms für die Schule. Fortbildung wird dadurch effektiver, weil die
Maßnahmen auch für einzelne Lehrkräfte einer gemeinsamen Planung
zwischen den Leitenden unterliegen und eine »Fortbildungsstrategie« für
die LehrerInnen erkennbar wird.
Bestandteil der innerschulischen Qualifizierung der Lehrkräfte sind ferner **Fachschaftssitzungen** zu einzelnen fachlichen bzw. fachdidaktischen
Fragen. Die gründliche **Beratung und Vorklärung innerhalb** der **Schulleitung** trägt dazu bei, die in der Verantwortung der jeweiligen Fachschafts-
vorsitzenden liegenden Themen und Inhalte im positiven Sinne zu steuern, so daß die Fachschaftsdiskussionen auf der Basis des schulischen

Gesamtkonsenses geführt werden bzw. der Minimalkonsens gefördert wird.

Aber auch Fragen, die z. B. die Leistungen des **Personals** betreffen, werden kooperativ zwischen Schulleiter und Stellvertreter behandelt. Dies ist besonders dann sehr wichtig, wenn sich wegen einer guten Delegationspraxis innerhalb der Schulleitung dem Schulleiter einzelne **Lehrerleistungen** nur dann erschließen, wenn der Stellvertreter ihm regelmäßig darüber berichtet. Zwingend geboten ist dies, wenn es sich um dienstliche Beurteilungen oder in Nordrhein-Westfalen um die Erstellung von Leistungsberichten über LehrerInnen handelt. Nur in enger Kooperation mit dem Stellvertreter kann sich der Schulleiter einen umfassenden Überblick über die Arbeitsleistung und damit ein objektiveres Bild von der jeweiligen Lehrkraft verschaffen.

Die einzelne Lehrerleistung bestimmt die Qualität der pädagogischen Arbeit an der Schule. Um einen **gemeinsamen Überblick** über die **Qualität der pädagogischen Arbeit** zu gewinnen, erweist es sich als günstig und für die Gesamteinschätzung als sehr positiv, wenn beide nicht nur ihre Beobachtungen austauschen, sondern wenn sie zusammen **Kriterien für** die **Einschätzung** von **pädagogischer Qualität** für die jeweilige Schule und einen **einheitlichen Modus zu deren Feststellung** entwickeln und diesen übereinstimmend anwenden. Dies trägt ebenfalls zu mehr Objektivität und zu einer besseren Vergleichbarkeit von Leistungen bei und kann bei Einwänden und Kritik wertvolle Stütze sein. Des weiteren macht das parallele Vorgehen der Schulleitungsmitglieder die Konsistenz im Leitungshandeln für die LehrerInnen wahrnehmbar und führt zu erhöhter Akzeptanz.

Schulleitung, die sich an der Entwicklung der Schule und des Schulprofils orientiert, begreift Schule als Gesamtheit. Dieses Verständnis führt über eine auf einzelne LehrerInnen bezogene »pädagogische Führung« (vgl. Kapitel 2, 5.2., S. 88) hinaus und sorgt für **materielle** wie für **personelle Ressourcen**. Bislang haben Schulleitungen zumindest an staatlichen Schulen jedoch noch keinen allzugroßen Einfluß auf die Zuweisung der LehrerInnen. Damit die Unterrichtsversorgung für die Schule günstig geregelt werden kann, **klären** Schulleiter und Stellvertreter im Rahmen ihrer kooperativen Tätigkeit das notwendige **Anforderungsprofil**. Im »geschützten Raum« ihres Dialogs entwickeln sie ferner Strategien, die die Schulaufsicht bewegen (sollen), die Lehrkräfte auszuwählen, die für die unterrichtlichen Belange geeignet sind und auch am ehesten in den Kontext der Schule und ihrer Philosophie passen.

Ein weiterer Bereich für die teamartige Kooperation ist die in den letzten Jahren für Schulen immer wichtiger gewordene **Öffentlichkeitsarbeit**. Die Vertretung der Schule nach außen, die zwar dem Schulleiter obliegt (vgl. Kapitel 2, 4.1.1., S. 70), jedoch in Teilbereichen m. E. auch vom Stellvertreter auf Dauer wahrgenommen werden kann – wie beispielsweise die Berichterstattung für die Medien –, bedingt eine stetige Kooperation, damit das **Profil** der Schule, die **konzeptuellen wie** die **Leitungsvorstellungen** übereinstimmend **in** die **Öffentlichkeit** transportiert werden.

Die Darstellung der Schule nach außen wird eindrucksvoller und glaubwürdiger, wenn die Schulleitung anhand der gemeinsamen Konzepterarbeitung ein stimmiges Bild der Schule nach außen abgibt und sich die einzelnen Leitungspersonen mit den Schulzielen in gleicher Weise identifizieren.

● **Kooperationsinhalte im Rahmen der Kooperationsfunktion**
Bei der **Kooperation mit dem Schulträger** erweist sich die enge Zusammenarbeit von Schulleiter und Stellvertreter, die auch optisch durch das gemeinsame persönliche Auftreten unterstrichen wird, als sehr vorteilhaft. Zum einen werden die beim Schulträger einzufordernden **sächlichen Ressourcen besser überlegt** und die **Argumentation breiter und fundierter** angelegt. Zum anderen stehen dem Schulträger **zwei** Personen als schulische Ansprechpartner zur Verfügung, die beide **genaue Kenntnis** über **alle Vorgänge** haben und **entscheidungsfähig** sind. Da die Schulleitung (Schulleiter und Stellvertreter) immer auf dem aktuellen Stand ist, verleiht sie ihren berechtigten Anliegen den entsprechenden Nachdruck. Eine kooperierende Schulleitung, die so auch jederzeit kompetent mit dem Schulträger zusammenarbeiten kann, erreicht die Ziele für die Schule sicherer und in kürzerer Zeit und erwirbt sich eine größere (Be-)Achtung als wenn nur der Schulleiter in diesen Fragen zur Verfügung steht.

In der **Diskussion** und **Erörterung schulischer Fragen** mit der **Schulaufsicht** bietet sich ebenfalls die Schulleiter-Stellvertreter-Kooperation an. Sie erstreckt sich zum einen auf die **gemeinsame Erarbeitung der** mit dem Schulaufsichtsbeamten **zu erörternden Themen** und zum anderen auch auf die **Durchführung** bzw. **Teilnahme beider** Leitungsmitglieder **an Besprechungen mit der Schulaufsicht.** Dies erfordert sicherlich bei vielen Schulaufsichtsbeamten ein Umdenken, da sie gewohnt sind, mit dem für die pädagogische Arbeit Hauptverantwortlichen – dem Schulleiter – zu verhandeln. Es ist jedoch auch im Interesse der zuständigen Schulaufsichtsbeamten, die stellvertretenden Schulleiter über einen längeren Zeitraum hinweg und in den vielfältigsten Situationen bei Sachfragen wie in Personalangelegenheiten kennenzulernen. Schließlich rekrutieren sich die künftigen Schulleiter in aller Regel aus dem Personenkreis der Stellvertreter.

Auch die **Zusammenarbeit mit anderen Schulen und Schularten** ist ein Feld für eine teamartige Kooperation. So bietet beispielsweise die Schulaufnahme oder der Übertritt von SchülerInnen an andere Schulen Anlaß für **gemeinsame grundsätzliche Überlegungen zur Kooperation** mit diesen Schulen.
Darüber hinaus profitieren Schulleiter wie Stellvertreter von der gemeinsamen Wahrnehmung dieser außerschulischen Kooperation. Sie gewinnen Einblicke in die Abläufe und in die Arbeitsstrukturen und -methoden

anderer Schulleitungen und können aus diesem neuen Blickwinkel heraus ihr eigenes Handeln reflektieren. Ferner können insbesondere die **Stellvertreter** hierbei wertvollen **Erfahrungsaustausch mit** anderen **Stellvertreterkollegen** pflegen und sich über die Delegationsbereiche, die an anderen Schulen und in anderen Schularten mit den Stellvertretern ausgehandelt wurden, austauschen. Dies fördert einerseits die Kreativität und erhöht andererseits die Identifikation mit der eigenen Arbeit und dem eigenen Schulleitungsteam.

● **Kooperationsinhalte im Rahmen der pädagogischen Führungsfunktionen**
Die Erörterung **pädagogischer wie fachlicher Themen** und das Einbringen **neuer Erkenntnisse der Fach- und der Erziehungswissenschaften** ist ein weiterer bedeutender Gegenstand für die Schulleiter-Stellvertreter-Kooperation. Schulleiter und Stellvertreter verschaffen sich in der gemeinsamen Diskussion Zielklarheit darüber, was sie erreichen wollen und wo sie Schwerpunkte setzen bzw. Anregungen für das Kollegium geben wollen. Die Kooperation auf diesem Gebiet umfaßt die Bemühungen zur Überwindung der Einzelfachstruktur der Schule und ihrem 45-Minuten-Takt einerseits und die **Unterstützung der Lehrerkooperation** durch gezielte und wohlüberlegte Maßnahmen andererseits. Diese können beispielsweise darin liegen, daß Möglichkeiten zur **Lehrerhospitation** durch eine entsprechende **Stundenplangestaltung** oder geeignete **Rahmenbedingungen für Lehrerteam-Treffen** geschaffen werden.
Beide bringen ihre unterschiedliche Fachexpertise ebenso mit ein wie ihr individuelles pädagogisches Verständnis und damit ihre jeweils eigene Akzentbildung. Der Verständigungsprozeß bewirkt einen ersten Konsens auf Leitungsebene. Gespräche des Stellvertreters mit LehrerInnen werden dadurch selbstbewußter und überzeugter geführt, und für die KollegInnen wird eine **einheitliche Diktion** der Schulleitung wahrnehmbar.
Die Schulleitung dokumentiert Einigkeit und Klarheit in den Zielen, die sie für wichtig hält. Sie wirkt von daher überzeugend und gewinnt eher Anhänger für ihre Ideen. Die Anregungen, die Ideen, die kritischen Erwägungen und Einwände, die von den KollegInnen rückfließen, werden von der kooperativen Schulleitung reflektiert, die damit gleichzeitig die eigene Position zu bestimmten Fragen immer wieder neu überdenken kann.
Das gleiche gilt für die schwierigen und langwierigen Innovationsprozesse einer Schule, die idealiter vom Kollegium ausgehen, aber bei realistischer Betrachtung des Anstoßes der Schulleitung bedürfen (vgl. RAUSCHER 1995 a).
Die **Kooperation** zwischen Schulleiter und Stellvertreter im **innovatorischen Bereich** trägt zur Grundkonzeption eines mit dem Lehrerkollegium zu entwickelnden Schulprofils bei und ist Forum für die gemeinsame Entwicklung von Denkanstößen für das Kollegium.
Erfolgreiche Schulleiter und Stellvertreter sind stark am Lernerfolg von

SchülerInnen interessiert (vgl. COHEN 1983, S. 32 zit. nach STEF-FENS/BARGEL 1993, S. 92). Demnach bezieht sich **Qualitätskontrolle** nicht nur auf die Kontrolle der **Lehrerleistungen**, sondern auch auf die der Schülerleistungen. Damit geht gleichzeitig die **kontinuierliche Sorge um** das **(Bildungs-)Profil** der Schule einher. Die **Beurteilung von Schülerleistungen** unterliegt den vielfältigsten Einflüssen und ist nicht eindeutig objektivierbar. Die Kooperation von Schulleiter und Stellvertreter zur Thematik der Leistungsbeurteilung von Schülern kann **Grundlagen** schaffen, die auch im Kollegenkreis und in der Konferenz tragfähig für **weiterführende Diskussionen** sind. Die Verständigung der Schulleitung auf gewisse Grundsätze in der Beurteilung, die den Jahrgangsstufen entsprechend auch stärker differieren können, setzt bereits **Standards,** die – von beiden gleichermaßen überzeugt vertreten – vom Kollegium bereitwilliger aufgegriffen werden. Damit wird Schwierigkeiten vorgebeugt, die entstehen könnten, wenn beispielsweise der Schulleiter für die Oberstufe/Sekundarstufe II zuständig ist und daher andere Vorstellungen von Leistungsfeststellung hat als der Stellvertreter, der die Orientierungsstufe betreut. Beide gewinnen dank dieser engen Kooperation den **Gesamtüberblick** über die **Leistungsanforderungen** an ihrer Schule. Dies trägt nicht nur intern zu mehr Sicherheit bei, sondern auch im Umgang mit Eltern, die mit einer einzelnen Beurteilung nicht einverstanden sind. Überzeugende Argumente, die zur Konfliktlösung beitragen, sind bei beiden Leitungspersonen eher spontan präsent, wenn Schulleiter wie Stellvertreter die gesamte Bandbreite der Leistungsdiskussion an ihrer Schule kennen.

Für die Qualität von Unterricht und Schule ist der **Einsatz der LehrerInnen** der entscheidende Faktor. Demnach ist sie **Hauptgegenstand** der **Schulleiter-Stellvertreter-Kooperation.**
Die schwierige Aufgabe, die Lehrkräfte, ihren Fähigkeiten und Neigungen entsprechend, bei gleichzeitiger Priorisierung der Schülerbedürfnisse so einzusetzen, daß eine optimale Lehrerzusammensetzung für eine Klasse bzw. für eine Klassenstufe gelingt, ist am besten innerhalb der Schulleiter-Stellvertreter-Kooperation zu bewältigen. Die **Bildung von »Lehrerteams«** für eine Klasse will gut überlegt sein. Schulleiter und Stellvertreter sprechen über ihre Wahrnehmungen und Einschätzungen von Situationen und insbesondere von Lehrpersonen und kommen in der Erörterung der Sachfakten und der Wertschätzung der einzelnen LehrerInnen zu Alternativen des Lehrereinsatzes, zu der **eine Person alleine** nicht in diesem Umfang und ohne das Korrektiv durch die Empfindungen des Kooperationspartners gelangen könnte. Erfolgt die Lehrerzuweisung pro Klasse allein durch den Schulleiter, dann wird der Stellvertreter, welcher üblicherweise und meist mit einem Team von Lehrern den Stundenplan entwickelt, größere Probleme haben, wenn der Lehrereinsatz aus stundenplantechnischen Gründen geändert werden muß. Der Blick für Alternativen fehlt dann weitgehend, Rückfragen an den Schulleiter sind

unumgänglich, die Arbeit ist streckenweise blockiert und das Ansehen des Stellvertreters beim Stundenplanteam wird gefährdet. Die gemeinsame Strategiebildung eines optimalen Einsatzes der Lehrkräfte und einer Rangordnung von Alternativen, bei der die Kooperierenden wissen, warum und wie es zu dieser Rangfolge kam, erleichtert nicht nur die technische Umsetzung des Stundenplans, sondern ermöglicht die zügigere und immer noch wohlüberlegte Abweichung vom »Ideal«.

Die Schule stellt wegen ihrer Organisationsstruktur, bei der die LehrerInnen weitgehend selbständig ihre Arbeit gestalten, ein konfliktreiches Arbeitsfeld dar:

»(...) the greater the extent to which individuals within an organization are permitted to think for themselves instead of routinely following instructions, the greater the likelihod that disagreements will arise over the course of action to follow« (LINDELOW/SCOTT 1989, S. 341).

Insbesondere beim Unterrichtseinsatz der LehrerInnen treten häufig **Konflikte** auf. Diese entstehen einerseits zwischen einzelnen Lehrern oder zwischen einer Lehrkraft und der Schulleitung. Die Klärung von Konflikten hat Priorität, da schwelende Konflikte zu verhärteten Fronten führen und der pädagogischen Arbeit im Wege stehen. Unstimmigkeiten zwischen einer einzelnen Lehrkraft und einem Mitglied der Schulleitung werden günstigerweise von diesen beiden selbst geregelt.

Hilfreich ist es in jedem Falle, solche Konflikte zum Inhalt einer Schulleiter-Stellvertreter-Kooperation zu machen, um sich über die **Konfliktlage auszutauschen (Konfliktanalyse)** und über mögliche Vorgehensweisen der Klärung mit Alternativen (**Konfliktregelungsmodi**) zu sprechen.[5] Dies trägt insbesondere auch zu einer objektiveren Einschätzung der Lage bei.

Die **Unterrichtsfunktion**, die sich für Schulleiter und Stellvertreter aus ihrer Unterrichtsverpflichtung ergibt, kann ebenfalls Inhalt einer vertrauensvollen Kooperation sein. Als Unterrichtende sind sie ebenfalls auf **Feedback** und **Gedankenaustausch zu fachdidaktischen und fachmethodischen Fragen** angewiesen. Wer LehrerInnen in ihrem Unterrichtsverhalten beobachtet, um sie zu beraten und um ggf. Veränderungen zu bewirken, sollte diesen Vorgang bei sich selbst häufiger (nicht nur bei der letzten Überprüfung zum Schulleiter oder Stellvertreter) erleben. Schulleiter und Stellvertreter sichern sich durch ihre gelegentliche **gegenseitige Unterrichtshospitation** die Sensibilität im Umgang mit den LehrerInnen und das Gespür für die Feinheiten des Beratungsgesprächs, das allzuleicht in ein Beurteilungsgespräch ausarten kann. Im übrigen können auch Schulleitungen durch Hospitation etwas für sich selbst und ihren Unterricht lernen. Ihr Bemühen, Kooperationsprozesse im Kollegium in Gang zu setzen oder zu intensivieren, das ja auch Unterrichtshospitationen der Lehrer miteinschließt, wird nur gelingen, wenn sie über die Schaffung von hierfür günstigen Rahmenbedingungen hinaus selbst vorbildhaft vorangehen.

Die teamartige Bewältigung der Inhalte innerhalb der Schulleiter-Stellvertreter-Kooperation bedarf geeigneter Kooperationsformen und -methoden. Diese werden bezugnehmend auf die dargelegten Kooperationsinhalte im folgenden ausgeführt. Eine kontinuierliche Kommunikation ist als konstitutiv für diese Kooperation anzusehen (vgl. auch ROSENBUSCH 1991, S. 73).

5.5. Formen und Methoden der Schulleiter-Stellvertreter-Kooperation

Eine **teamartige** Kooperation vollzieht sich im Rahmen bestimmter **Kooperationsformen**, die ich wie folgt bezeichne:

1. **Formelle Kooperation**
2. **Informelle Kooperation**
3. **Reflexive Kooperation**
4. **Instrumentelle Kooperation**

Innerhalb dieser **Kooperationsformen** werden **Kooperationsmethoden** angewandt, die eine erfolgreiche Bearbeitung der diskutierten **Kooperationsinhalte** gewährleisten. Diese **Kooperationsmethoden** bewirken die Transparenz der Schulleiter-Stellvertreter-Kooperation für das Kollegium.

1. Methoden der formellen Kooperation

Die Schulleiter-Stellvertreter-Kooperation zeichnet sich zunächst durch den **steten wechselseitigen Informations- und Gedankenaustausch** aus (vgl. SPIES/HEITZER 1986, S. 52). Die kontinuierliche Weitergabe von Fragen, Anregungen, Kritik, Empfindungen und Beobachtungen zwischen den Leitungskräften sichert nicht nur einen **aktuellen Informationsstand** über wichtige schulische Angelegenheiten, sondern gewährleistet erst die Vertretungsfähigkeit des Stellvertreters und beteiligt ihn tatsächlich an der Führungsaufgabe.

Die gründliche Kenntnis aller wesentlichen Entscheidungen verschaffen Schulleiter wie Stellvertreter Sicherheit und bieten Rückendeckung.

Ein kontinuierlicher Gedankenaustausch, bei dem auch die vielen affektiven Momente eine Rolle spielen und Emotionen ausgetauscht und verglichen werden (vgl. auch DRÖGE 1994, S. 83), geht über das reine Informieren hinaus.

Eine ebenso wichtige Methode ist die **Teilnahme beider Leitungskräfte an Gesprächen und Besprechungen,** deren Inhalte und Ergebnisse für die Führungsaufgabe bedeutsam sind. Dies bedeutet, daß, wann immer der Schulleiter oder der Stellvertreter in wichtigen Angelegenheiten mit anderen Personen kommunizieren, auch der Leitungspartner anwesend ist. Echte Kooperation erweist sich nicht darin, daß einer den anderen immer nur im Nachhinein informiert – und damit automatisch seine persönliche Sichtweise und Empfindungen über das Gespräch weitergibt. Vielmehr führen Schulleiter und Stellvertreter gemeinsam Gespräche und tauschen sich über den Verlauf und die Ergebnisse so aus, daß hieraus eine Strategie für das weitere Vorgehen erwachsen kann.

Kooperatives Verhalten ist nur dann dauerhaft erfolgreich, wenn die Schulleiter-Stellvertreter-Kooperation selbst institutionalisiert und ritualisiert wird. Dies ergibt sich alleine schon wegen des fragmentierten Alltags insbesondere des Schulleiters, denn nur durch eine gewisse **Institutionalisierung von Teambesprechungen und Arbeitssitzungen** (vgl. auch DRÖGE 1994, S. 84-87), die fest **im Stundenplan** der beiden Leitungskräfte **verankert** sind, ist eine kontinuierliche Zusammenarbeit, die auch gemeinsames konzeptionelles wie innovatives Planen und Arbeiten miteinschließt, möglich. In welcher Art und Weise, nach welchem **Ritual** sich diese Zusammenarbeit ausgestaltet, dürfte von den jeweiligen Personen und den Rahmenbedingungen der Einzelschule abhängen. Wesentlich erscheint mir hierbei die **Erörterung** des jeweils **individuellen Arbeitsstils**, damit ein Konsens über die Grundregeln der gemeinsamen Arbeitsweisen erreicht werden kann.

Es bieten sich **wöchentliche Arbeitsbesprechungen** zwischen Schulleiter und Stellvertreter an, an denen prinzipiell festgehalten wird. Die **Tagesordnung** kann **anhand** einer **Flipchart** entwickelt und von beiden Leitungsmitgliedern festgesetzt werden.

Empfehlenswert ist es auch, zu erörternde **Themen** oder zu bearbeitende Aspekte über einen vereinbarten Zeitraum zu **sammeln** und dann strukturiert **nach** einer **einvernehmlich festgesetzten Reihenfolge** zu **bearbeiten**.

Die **wechselnde Nutzung der Büros** beider Leitungspersonen bietet insbesondere bei einer Sitzung im Stellvertreterzimmer für den Schulleiter eine bessere »Rückzugsmöglichkeit«. Rein optisch wie psychologisch trägt dies ferner zur **Enthierarchisierung auf Schulleitungsebene** und damit zur Demokratisierung von Schule bei.

Die **feste** Verankerung der o. a. **Besprechungszeiten** in den beiden Stundenplänen der Schulleitung ist jeweils **bei** der **Stundenplangestaltung** entsprechend zu **berücksichtigen**.

Nützlich ist es, mindestens je **eine Stunde zum Wochenanfang und zum Wochenende** für eine **gemeinsame Besprechung der anliegenden Aufgaben** zu reservieren (vgl. auch DRÖGE 1992 b, S. 52). Da gerade der Stellvertreter als »Vertretungsorganisator« zu Zeiten der ersten beiden Unterrichtsstunden am meisten gefragt ist, erweist es sich als günstig die Teambesprechung zu späterer Vormittagszeit einzuplanen. Diese Kooperationsmethode wird unterstützt durch die Bekanntgabe an das Kollegium und durch die Information des Verwaltungspersonals, welches die Schulleitung dann auch weitgehend abschirmen kann.

Konzeptionelles Arbeiten und gemeinsame Überlegungen zur Weiterentwicklung des Kollegiums und des Schulprofils erfordern einen **längeren Zeitraum,** der frei von Störungen ist. Diese **Teamsitzungen** im Rahmen der Schulleiter-Stellvertreter-Kooperation liegen demgemäß am besten **innerhalb der unterrichtsfreien Zeit**.

Eine gute Möglichkeit, kooperatives Handeln zwischen Schulleiter und Stellvertreter auch für das Kollegium erfahrbar zu machen, bietet die Me-

thode, **abwechselnd** den **Vorsitz in Konferenzen** und **Dienstbesprechungen** zu übernehmen **oder** diesen **gemeinschaftlich vorzusitzen.**
Dies funktioniert aber nur dann, wenn beide Kooperationspartner die Konferenz gemeinsam geplant und vorbereitet haben. Damit haben die Leitungspersonen nicht nur Konsens, sondern auch ein erheblich größeres Sicherheitsgefühl, was gerade für den Stellvertreter und für seine Rolle im Kollegium von Bedeutung ist. Er muß so in kritischeren Situationen nicht gleich den Vorsitz an den Schulleiter weitergeben oder, falls dieser nicht anwesend ist, gar die Sitzung unterbrechen.
Das **gemeinsame Agieren** vor dem Kollegium, z. B. in Lehrerkonferenzen, bei denen sich Schulleiter und Stellvertreter häufig **ohne** erforderliche offizielle **Absprache** oder gar Vorsitzerteilung argumentativ unterstützen und damit unmißverständlich die Übereinstimmung zwischen Schulleiter und Stellvertreter transparent machen, dokumentiert die dauerhafte Kooperation und ermutigt die LehrerInnen in ihren Kooperationsbemühungen. Darüber hinaus ist dies ein beredtes Beispiel für erzielten Konsens.

Die **Geschäftsverteilung** selbst (vgl. Kapitel 4, 5.4.1., S. 201) stellt als **Aushandlungsprozeß** eine Methode für die Schulleiter-Stellvertreter-Kooperation dar. Sie ist kein unabänderliches Gesetz, das auf Dauer so zu bestehen hat. Die Verteilung vor allem der selbständig wahrzunehmenden Aufgaben **kann** durchaus im beiderseitigen Einvernehmen **geändert werden.** Eine auf echte Kooperation angelegte Schulleitung wird deshalb die Geschäftsordnung in einem Zeitabstand von zwei bis drei Jahren erneut gemeinsam diskutieren und hinterfragen.

Leitend hierfür sind die folgenden Überlegungen:

a) Haben wir die Aufgaben tatsächlich unseren Fähigkeiten und Neigungen entsprechend verteilt?
b) Sind neue Arbeitsgebiete hinzugekommen oder andere zwischenzeitlich weggefallen?
c) Entspricht die Aufgabenzuteilung unseren realen Belastungen?
d) Mit welchen Aufgaben sind wir nicht zufrieden – womit finden wir uns weniger gut zurecht?

Diese Überlegungen können **eine erneute Aushandlung der Geschäftsverteilung** einleiten oder zu einer Aktualisierung der bestehenden führen.
Nach ca. 3-4 Jahren im Leitungsteam halte ich es mit DRÖGE (1992 b, S. 51) für angebracht zu überlegen, ob es nicht für den einzelnen wie für die schulische Weiterentwicklung gut wäre, einzelne **Arbeitsgebiete** und Zuständigkeiten zu **tauschen.** Damit könnte einer gewissen Routine und Gleichförmigkeit in der Schule vorgebeugt und für das einzelne Leitungsmitglied selbst neue Anreize und Motivationen geschaffen werden. Insbesondere für den Stellvertreter bedeutete dieses Vorgehen, Qualifizierungspotential zu nutzen (vgl. auch DRÖGE 1992 b, S. 51). Die daraus entstehenden andersartigen Akzentuierungen oder Innovationen können sich insgesamt förderlich auf das Schulklima auswirken.

2. Methoden im Rahmen der informellen Kooperation

Die informelle Kooperation stützt das formelle Kooperationssystem und dient auch bei Schulleitungspersonen als »soziales Ventil« (WIRRIES 1993, S. 58). Vieles was eigentlich rein formal kooperativ zu bewältigen ist, findet zwischen den Leitungspersonen in Ansätzen und **diskursiv** auch »**zwischen Tür und Angel**« informell statt. Punktuell kann somit vieles auch weniger bürokratisch und oft auch ad hoc geregelt oder entschieden werden.

Die menschliche Zugewandtheit – die prosoziale Dimension – ist Voraussetzung für informelle Kooperationsmethoden.

Der **Verzicht auf Protokollierung** der Gespräche und **auf feste Vereinbarungen** sowie der **inoffizielle Charakter** erlauben eine Konkretheit und Offenheit; sie ermöglichen Flexibilität und tragen zur Ökonomisierung der Arbeitsprozesse bei. Sie führen ferner zu einer hohen Intensität der Kooperation (vgl. ROEDER/SCHÜMER 1986, S. 56) und stärken die zwischenmenschlichen Beziehungen. Sie erhöhen die Transparenz der jeweiligen Handlungen[6] und sie erlauben es, daß Schulleiter wie Stellvertreter ihrem Ärger auch einmal »Luft machen«.

3. Methoden im Rahmen der reflexiven Kooperation

Reflexive Kooperation findet auf der **Metaebene** statt und befaßt sich, wie bereits weiter oben erwähnt, mit dem eigenen Führungshandeln, den Wirkungen des Handelns und der Entscheidungen auf andere schulische wie außerschulische Personen und Institutionen (vgl. auch SPIES/HEITZER 1986, S. 47). Sie setzt sich aber auch mit den eigenen Wahrnehmungen des schulischen Alltags und der schulischen Entwicklung auseinander ebenso wie mit dem eigenen und dem gemeinsamen Kooperationsverhalten. »Metakommunikation ist für Offenheit im gemeinsamen Tun und zur Entwicklung der Vermittlungsfähigkeit unentbehrlich« (KREIE 1985, S. 165). Diese Vorgänge sind zeitaufwendig und lassen sich weit weniger in eine rein sachliche Tagesordnung zwängen.

Die geringe Leitungszeit, die Schulleitungen zur Verfügung haben, läßt befürchten, daß eine Reflexion im Sinne einer Metakommunikation **über** die Kooperationsbeziehung zu kurz kommt. Trotz der Unterschiede zwischen deutschen und amerikanischen Schulleitungen (vgl. Kapitel 2, 5.3.2., S. 92) dürfte die Aussage von BLASE/KIRBY (1993) zutreffend sein:

> »Unfortunately, because of the constant demands that need immediate attention by principals, reflection on action does not always follow reflection *in* action, at least not to the degree that principals tell us they would like to see. Once a decision is made and actions are taken, principals may not have the time later to evaluate that event« (BLASE/KIRBY 1993, S. 116; Hervorhbg. JB/PK).

Wie in Kapitel 2, 5.3.3., S. 99 gezeigt wurde, haben auch deutsche Schulleiter in ihrem fragmentierten Arbeitsalltag kaum Zeit, ihr **überlegtes Handeln im Nachhinein** nochmals zu **überdenken**.

Im Rahmen einer reflexiven Kooperation kommen **affektive Momente** zum Tragen, die emotionales Agieren und Reflexion implizieren. Hierzu braucht

Schulleitung Zeit aber auch die nötige Ruhe und eine Umgebung und Arbeitsatmosphäre, die sich vom üblichen Schulrahmen stark unterscheidet.
Eine **Klausurtagung** von ein bis drei Tagen in den Ferien an einem ansprechenden Ort ist eine gute **Ausgangsbasis für** diese **Reflexion**. Sie ist ferner sehr wertvoll für die Erarbeitung einer großen **konzeptionellen Linie** sowie für die **Weiterentwicklung** der **Öffentlichkeitsarbeit**. Die Auseinandersetzung mit diesen Fragen ohne den in der Schule typischen Zeitdruck und das längere Beisammensein begünstigen das Einanderkennenlernen und den Umgang miteinander und fördern das prosoziale Verhalten der Kooperierenden. Dies ist vor allem nach erfolgtem Wechsel innerhalb der Schulleitung sehr wichtig, damit Reibungsverluste vor den Augen des Kollegiums vermieden werden und die kooperierende Schulleitung schnell zu gemeinsamen Vorstellungen bezüglich Leitung und Entwicklung der Schule kommt. **Klausurtagungen** können auch in **Eigeninitiative mit mehren Schulleitungen** einer Schulart bzw. anderer Schularten durchgeführt werden. Schulleitungen, für die ein kooperativer Umgang miteinander selbstverständlich (geworden) ist, empfinden auch die Kooperation mit Kollegen anderer Schulen als anregend und bereichernd.

Eine vergleichsweise einfache Methode, in angenehmer Atmosphäre fernab vom Schulalltag gemeinsam zu reflektieren, bietet auch ein **Arbeitsessen**, das einmal im Monat entweder in einem Lokal oder bei einem der beiden Kooperationspartner stattfindet.
Auch die gemeinsame Ausübung einer **Sportart** befreit zunächst einmal den Kopf von schulischen Dingen. Die sich anschließende Erholungsphase kann zu gemeinsamen Reflexionen über schulische Fragen und Probleme genutzt werden.

4. Methoden im Rahmen der instrumentellen Kooperation
Hierzu rechne ich die **Schaffung räumlicher Nähe** zwischen Schulleiter und Stellvertreter (vgl. auch DRÖGE 1994, S. 80). Nicht in jedem Schulgebäude liegen die Verwaltungsräume beieinander, mancherorts sind sie sogar auf mehrere Gebäude verteilt. Eine größere räumliche Entfernung der jeweiligen Dienstzimmer verringert die Häufigkeit der Kontakte, erhöht den vergleichsweise hohen Zeitfaktor für eine gelingende Kooperation bei nur geringer Leitungszeit und erschwert insbesondere die informelle Kooperation. Für die Gestaltung der kollegialen Beziehungen der beiden Leitungskräfte, für ihr Zusammengehörigkeitsgefühl und ihr Empfinden vom anderen unterstützt zu werden, ist auch das räumliche Einander-nahe-Sein nicht zu unterschätzen.

Die Anwendung der **Politik der »offenen Türen«** von Schulleiter und Stellvertreter **erleichtert** nicht nur prinzipiell die **Kooperation** zwischen den beiden, sondern läßt deren Kooperationsverhalten für die anderen in der Schule Tätigen **wahrnehmbar** und **transparent** werden.

Eine weitere Methode innerhalb der instrumentellen Kooperation ist die

Visualisierung. Sie eignet sich, um Themen über einen längeren Zeitraum zu sammeln, die der Festsetzung von Tagesordnungspunkten für anstehende Konferenzen und Besprechungen dienen. Sie erinnert an Kleinigkeiten, die sonst leicht vergessen werden. Für die Visualisierung geeignet sind **Whiteboard** und **Flipchart** aber auch **DIN A 3 Blätter**, die an Schränken und Türen befestigt werden können. Diese Methode unterstützt nicht nur die Schulleiter-Stellvertreter-Kooperation, sondern gibt auch den anderen in der Schule Tätigen Einblicke und Überblicke über das konzeptionelle Denken und Handeln der Schulleitung.

Ein weiterer bislang nicht herausgestellter Aspekt ist die **nonverbale Kommunikation**, die durchaus großen Aufschluß über Ehrlichkeit und Ernsthaftigkeit des Kooperationsinteresses und der Kooperationsbemühungen von Schulleiter und Stellvertreter geben kann. Die unbewußten und sicherlich meist ungewollten Botschaften, die die beiden Funktionsinhaber einander aber auch allen anderen senden, können in nicht unerheblichem Maße zur Akzeptanz von kooperativen Arbeitsbeziehungen beitragen und haben damit entsprechend hohen Anteil an der Entwicklung einer Kooperationskultur.

ROSENBUSCHS (1991) Aussage:

»Wie Schulleiter von ihren Lehrerinnen und Lehrern eingeschätzt werden, hängt nicht nur von ihrer Stellung, Kompetenz und Integrität ab, sondern ebenso von der Art, wie sie mit einzelnen Mitgliedern des Kollegiums oder der Lehrerkonferenz als ganzem umgehen« (S. 78)

erweitere ich dahingehend:
Wie Schulleiter und Stellvertreter von ihren Lehrerinnen und Lehrern und von ihnen selbst eingeschätzt werden, hängt nicht nur von ihrer Stellung, Kompetenz und Integrität ab, sondern ebenso von der Art, wie sie mit einzelnen Mitgliedern des Kollegiums, *mit dem Partner auf Leitungsebene* oder der Lehrerkonferenz als ganzem umgehen.

Da anzunehmen ist, daß auch die Kooperation einer Schulleiter-Stellvertreter-Dyade nicht völlig konfliktfrei sein wird[7], kommt somit auch dem **Konfliktverhalten** der beiden Kooperationspartner große Bedeutung zu. Hierbei halte ich den **stetigen Informationsfluß** auf beiden Seiten, der lieber mehr Nachrichten, als unbedingt erforderlich, weitergibt, für eine äußerst wertvolle und geradezu **präventive Maßnahme**, um ernsthafte Konflikte im Vorfeld aufzufangen.

5.6. Grenzen der Schulleiter-Stellvertreter-Kooperation

Die Realisierung des in diesem Kapitel entwickelten Führungskonzepts einer Schulleiter-Stellvertreter-Kooperation ist nicht einfach, weil auch hierfür Realisierungsprobleme auftreten, die denen in Kapitel 3, 4.3., S. 161 gleichen. **Grenzen** die Verwirklichung dieses Konzepts sehe ich **auf der institutionellen Ebene** und **auf der inter- bzw. intrapsychischen Ebene.**

Die derzeitigen institutionellen Rahmenbedingungen, die als Defizite des Gesamtsystems Schule in Kapitel 1, 3.2., S. 36 beschrieben wurden, stehen wegen des **monokratischen Rechtsverständnisses** von Schulleitung (vgl. Kapitel 2, 4.1., S. 69) der Schulleiter-Stellvertreter-Kooperation im Wege. Die Übertragung der Gesamtverantwortung an den Schulleiter (vgl. Kapitel 2, 4.1.1., S. 70) und die damit dem Stellvertreter zugewiesene Vertretungsfunktion (vgl. Kapitel 2, 4.1.2., S. 72), die diesem rein rechtlich hauptsächlich die Rolle des Verwaltungsbeamten beläßt, sowie die Einbettung von Schulleitung in das hierarchische Gesamtgefüge der Institution Schule behindert die auf Reziprozität beruhende kooperative Arbeit zwischen den Leitungspersonen. Von Rechtswegen ist eine laterale Beziehung, bei der beide Partner gleichermaßen eigenverantwortliche Entscheidungen treffen, nicht vorgesehen.

Das Modell der **Verwaltungsbürokratie,** das in der Institution Schule noch immer vorherrscht, **verhindert** eine **professionell arbeitende Schulleitung** (vgl. Kapitel 1, 4.3.2., S. 46). Die für die Veränderung von Schule dringend erforderliche Selbstregulation und damit ein Mehr an Autonomie für die Schulleitung vor allem im personellen wie im finanziellen Bereich wird derzeit zwar intensiv diskutiert (vgl. Kapitel 1, 4.4.1., S. 53), ihre baldige und konsequente Umsetzung wird aber noch auf sich warten lassen. Erschwerend wirken sich die mangelnden Kompetenzen der Schulleitung aus, die in Kapitel 2, 5.5., S. 106 als arbeitsorganisatorische, verwaltungstechnische, schulrechtliche und insbesondere führungstheoretische Defizite beschrieben wurden.

Da **Schulleitung** keinen oder nur **geringfügigen Einfluß** auf Lehrerzuweisung, Beförderung von Lehrern, **Bestellung** von **stellvertretenden Schulleitern** und finanzielle **Ressourcen** hat, **fallen** gewichtige **Kooperationsfelder für** die **Schulleiter-Stellvertreter-Kooperation weg.** Das für diese Kooperationsbeziehung charakteristische konzeptionelle und innovatorische Denken (vgl. Kapitel 4, 5.5., S. 209) entbehrt dadurch einer begründeten breiten Basis und hemmt die Prozesse, die für eine Weiterentwicklung der Schule nötig sind.

Das **Selbstverständnis der Schulaufsicht,** das sich von einer kontrollierenden zu einer unterstützenden und beratenden Institution erst noch entwickeln muß (vgl. Kapitel 1, 4.4.2., S. 55), steht einer Schulleiter-Stellvertreter-Kooperation ebenfalls entgegen. Das Arbeits- und Kommunikationsverhalten von Schulaufsichtsbeamten stützt sich in aller Regel auf die Kontakte mit dem Schulleiter (vgl. Kapitel 4, 5.4.2., S. 201) oder bezieht das gesamte Kollegium mit ein.[8] Der Stellvertreter wird bei den Besprechungen mit dem Schulleiter nicht beteiligt. Sein eigenes Kooperationsbemühen und seine Kooperationsbereitschaft werden hierdurch blockiert.

Das **verwaltungsbürokratische Schulverständnis** dokumentiert sich ferner in der Rollenzuweisung des **Schulleiters,** der primär Lehrer seiner Schule ist und nebenbei die Schule **verwaltet,** was sich in der **hohen Unterrichtsverpflichtung** zeigt. Ein Bewußtsein, daß Schulleiter und Stellvertreter als Lei-

tungspersonen einen anderen **Beruf** ausüben (vgl. Kapitel 2, 4.3., S. 84), ist zumindest **aus** den **Rechtsverordnungen**, die die Unterrichtsverpflichtung von Schulleitungsmitgliedern festsetzen, **nicht ableitbar.** Es scheint mir auch unvereinbar mit der Funktionszuweisung an Schulleitung zu sein, daß sie Träger innerschulischer Veränderungen und Innovationen sein sollen (vgl. Kapitel 1, 4.1., S. 43) . Dies hat **unmittelbare Auswirkungen auf** das **Selbstverständnis** von Schulleitern und Stellvertretern.

Bedingt durch die oben beschriebene Rechtsauffassung vom Schulleitungsamt, fehlt Schulleitern und erst recht Stellvertretern oftmals das erforderliche Selbstverständnis, daß sie primär Führungsaufgaben wahrnehmen (vgl. Kapitel 4, 5., S. 187).

Führungsfähigkeiten, die kooperatives Arbeiten im Team umfassen, erwachsenenpädagogische Führungsprinzipien und **fachliche Kompetenzen** in schulrechtlichen und administrativen Bereichen sind weder Bestandteil der Lehrerausbildung, noch werden LehrerInnen diesbezüglich für die Übernahme von Leitungsämtern professionell und frühzeitig qualifiziert. Fachliche Defizite behindern damit die Delegation von Aufgaben mit entsprechender Handlungsverantwortung und erweisen sich als Störfaktoren für eine teamartige Kooperation, die das Leitungskonzept der Schulleiter-Stellvertreter-Kooperation voraussetzt (vgl. Kapitel 4, 5.1., S. 190 und Kapitel 4, 5.4., S. 199).

Weitere Hemmnisse für eine Schulleiter-Stellvertreter-Kooperation können aber auch in **personalen Kompetenzen** der einzelnen Leitungspersonen begründet sein. Die in Kapitel 3, 3.4., S. 138 und Kapitel 4, 5.3.3., S. 197 geforderten Fähigkeiten sind sicher nicht in jedem Individuum gleichermaßen und naturgegeben vorhanden. Hinzu kommt die Angst mancher Schulleiter, durch die bei einer teamartigen und engen Zusammenarbeit für den Partner erkennbaren Schwächen an Ansehen und Achtung und vielleicht an Einfluß zu verlieren.

Ein gegebenenfalls aus der Lehrerrolle übertragenes Konkurrenzdenken (vgl. DAHLKE 1994, S. 18) eines Schulleitungsmitgliedes wird insbesondere die **teamartige** Kooperation zwischen Schulleiter und Stellvertreter erschweren.

Hinzu kommen Zeit- und Arbeitsdruck, denen die Schulleitung der gewandelten Schule mehr denn je ausgesetzt ist. Echte Kooperation wird dann als ernsthaft und beständig erlebt und damit glaubwürdig, wenn sie unter Zeit- und Arbeitsdruck sowie unter stärkerer nervlich-seelischer Anspannung aufrechterhalten bleibt. Indes ist bei entsprechendem Druck **zu befürchten,** daß die **gemeinschaftliche Führung** einer strafferen und damit eher **autoritären Führung weicht.**

6. Zusammenfassung

Das dritte Kapitel wies das »kooperative Führungskonzept« auch für die Schule als erfolgversprechenden Führungsansatz aus, wobei einer teamartigen Kooperation Vorrang eingeräumt wurde.

In diesem vierten Kapitel wurde gezeigt, daß hierfür eine neue Leitungstheorie erforderlich ist, die auf einem pädagogisch begründeten Kooperationsbegriff basiert und aus der sich Modelle für kooperatives Verhalten innerhalb der Schülerschaft und des Lehrerkollegiums sowie Bedingungen für den notwendigen schulischen Konsens herleiten lassen. Eine innerschulische Kooperation, so wurde argumentiert, vollzieht sich auf den Ebenen der Organisation, der Gruppe/Dyade und des Individuums. Der Begriff »kooperative Führung« wurde demgemäß spezifiziert, seine inhaltliche Qualität bestimmt und die für die Schule relevanten Dimensionen: Zieldimension, Bedingungsdimension und Beziehungsdimension, entwickelt.

Das in diesem Kapitel entwickelte Führungskonzept versucht die Schwächen des in der Literatur vereinzelt beschriebenen mehr normativ-deskriptiven partizipatorischen Ansatzes, der sich an der beim Schulleiter angesiedelten Verantwortung für die Zusammenarbeit im Kollegium orientiert, zu beheben. Das neue Führungskonzept integriert den Stellvertreter unter Berücksichtigung der gesamtsystemischen Perspektive der Einzelschule und der Individualitäten der Beteiligten. Es legt eine polyzentrische Sichtweise zugrunde, die Führung als Aufgabe von mehreren Personen annimmt und von einer wechselseitigen Beeinflussung und einer Gleichwertigkeit der Kooperationspartner ausgeht. Es geht damit über die noch immer juristisch fixierte monokratische Ausrichtung von Schulleitung hinaus, die dem Schulleiter die pädagogische Gesamtverantwortung zuweist.

Für die Schulleiter-Stellvertreter-Kooperation wurden die Grundvoraussetzungen, die Entscheidungsbeteiligung (Delegationspraxis), insbesondere die gemeinsame Bearbeitung von Aufgaben im Zweierteam und die Gestaltung der Kooperationsbeziehung herausgearbeitet.

Die als laterale Beziehung explizierte Schulleiter-Stellvertreter-Kooperation wurde als Vorbild für eine innerschulische Kooperationskultur verstanden.

Die dargelegten Komponenten einer Schulleiter-Stellvertreter-Kooperation konnten in ihrer Theoriefundierung nur isoliert betrachtet werden. In der Führungsrealität von Schulleitung sind sie jedoch miteinander verwoben, sie bedingen einander bzw. sie wirken aufeinander zurück, sie sind interdependent.

Als entscheidendes Kriterium für deren Modellhaftigkeit und Glaubwürdigkeit wurde ihre Beständigkeit insbesondere in Belastungssituationen angeführt. Grenzen einer Schulleiter-Stellvertreter-Kooperation wurden sowohl auf der institutionellen Ebene wie auf der interpsychischen und intrapsychischen Ebene diskutiert.

217

Anmerkungen zu KAPITEL 4

1. Aufschluß über die Lehrerkooperation an Schulen geben die Untersuchungen über Berufsanfangsprobleme und Kooperation von OESTERREICH 1988 und die Untersuchungen zu Kooperation und Kommunikation von Lehrern in fünf Berliner Haupt- und Gesamtschulen von ROEDER/SCHÜMER 1986.

2. Zu den positiven Aspekten von Kooperation unter Lehrern rechnet OESTER-REICH die wechselseitige Qualifizierung und Unterstützung, die auch entlastend wirken können (vgl. 1988, S. 18 und 22).

3. Die Unterrichtsverpflichtung für Schulleiter ebenso wie für Stellvertreter ist je nach Schulart und Anzahl der Klassen einer Schule unterschiedlich und im internationalen Vergleich zu hoch.

4. Zu Kooperationsfeldern der Schulleitung siehe auch DAHLKE 1993, S. 28.

5. Zu den Maßnahmen der Handhabung bzw. der Vermeidung von Kooperationskonflikten siehe WUNDERER 1991, S. 213–215.

6. Auf diese Aspekte einer informellen Kooperation verweisen ROEDER/SCHÜMER (vgl. 1986, S. 32) im Rahmen ihrer Untersuchung zu Lehrerkooperation und Schulqualität an Berliner Hauptschulen.

7. Zu Konfliktfähigkeit und Konfliktverhalten siehe GLASL 1994, S. 219 ff.

8. In der Literatur ist üblicherweise nur von Schulrat und Schulleiter als Partner die Rede. Vergleiche beispielsweise bei GAMPE 1994; STORCH/WILL 1986; VOGELSANG 1986.

KAPITEL 5

Ausblick auf ein Aus- und Fortbildungskonzept für die Schulleiter-Stellvertreter-Kooperation

In Kapitel 4, S. 170 wurde die Schulleiter-Stellvertreter-Kooperation als angemessene Lösung auf die Ausgangsfrage nach einer den heutigen Bedingungen von Schule adäquaten Leitungstheorie fundiert.

Bisher konnte im Fortlauf der Arbeit nachgewiesen werden, daß die Wahrnehmung und Ausgestaltung der Leitungsaufgaben entscheidend die Schulleitungsfunktion determinieren.

Die Voraussetzungen, die Lehrkräfte für Funktionsämter rein formaljuristisch mitbringen müssen, beziehen sich folglich auf pädagogische, organisatorische, verwaltungstechnische und führungsspezifische Kompetenzen. Insbesondere die erforderlichen Verwaltungs- und Führungsfähigkeiten sind jedoch durch die Lehrerausbildung nicht gegeben und müssen deshalb im Rahmen von Qualifizierungsmaßnahmen für Funktionsträger vermittelt bzw. trainiert werden.[1]

Das in Kapitel 4, S. 170 dargelegte kooperative Führungskonzept stellt besondere Anforderungen an die Leitungspersonen einer Schule. Die entsprechenden Kompetenzen sind weder naturgemäß als gegeben anzusehen, noch können sie als ausschließliche Persönlichkeitsspezifika gewertet werden. Vielmehr ist eine gezielte Aus- und Fortbildung notwendig.

Insbesondere die persönlichen Kompetenzen der schulischen Leitungskräfte sind mit Blick auf das in Kapitel 4 neu entwickelte Leitungskonzept zu fördern.

Das in Kapitel 4, S. 170 entwickelte **Leitungskonzept** der **Schulleiter-Stellvertreter-Kooperation erfordert** jedoch eine entsprechende Vorbereitung und **Qualifizierung** von SchulleiterInnen und StellvertreterInnen. Es legt auch eine **kontinuierliche Fortbildung** nahe.

Für schulische Führungskräfte ist es insbesondere notwendig, ihre

»personifizierte beruflich-praktische Erfahrung durch zu begründendes, formalisiertes Wissen in Aus- und Fortbildung (...) herauszufordern« (WISSINGER 1996, S. 181).

Eine **theoretische Fundierung** und Durchdringung dessen, was Schulleitungen täglich tun, **erweitert** das theoretische **Führungswissen** schulischer Leitungskräfte. Dieser Prozeß ist vergleichbar mit der theoretischen Auseinandersetzung von Führungskräften mit Führungsfragen in Unternehmen (vgl. WUNDERER 1993, S. 71). Er trägt dazu bei, daß der einzelne selbst seine **Führungssituation reflektiert** und erforderlichenfalls zu **veränderten Handlungsmustern** kommt.

Leitungskräfte in der Schule bedürfen ferner der **Unterstützung** bei der **Entwicklung** eines **beruflichen Selbstverständnisses**, das ihrer neuen Führungsrolle gerecht wird, dem Wandel von Gesellschaft und Schule entspricht und die Schule zum Wohle der ihr anvertrauten SchülerInnen weiterentwickelt. Bekanntermaßen existiert noch immer das **Dilemma** einer **ungenügenden Vorbereitung auf** das neue **Leitungsamt** im Sinne einer qualifizierenden Schulleitungsausbildung. Die Möglichkeiten einer gezielten Aus- und Fortbildung von schulischen Leitungskräften sind immer noch begrenzt (vgl. STORATH 1995, S. 75-77; WISSINGER 1996, S. 16 und 71).

Mittlerweile sind **alle Bundesländer bestrebt**, SchulleiterInnen und in der Regel auch StellvertreterInnen **für** deren **Leitungsaufgaben** in speziellen Seminaren, die sich häufig sogar in Form von Seminarblöcken über einen längeren Zeitraum erstrecken, vorzubereiten und **zu qualifizieren** (vgl. STORATH 1995, S. 76). Bedauerlich ist sicher noch der Umstand, daß die Seminar- bzw. die Trainingskapazitäten bei weitem noch nicht den von den Interessenten gemeldeten Bedarf decken können.

Sehr aufschlußreich sind auch die jüngsten Erkenntnisse zur **Schulleiteraus- und -fortbildung** in Bayern im Kontext der Untersuchung über das Selbstverständnis von SchulleiterInnen, die deutlich machen, daß sich **nicht** einmal ein Drittel der befragten Schulleiter sehr gut bis **gut auf** den **wichtigen Tätigkeitsbereich** »**Personal**« vorbereitet fühlen (vgl. WISSINGER 1996, S. 141), während sie sich jedoch mit verwaltungs- und schulrechtlichen Fragen im Rahmen ihrer Qualifizierung am meisten beschäftigt haben (vgl. WISSINGER 1996, S. 146).

Dieser Befund steht in starkem Kontrast zu dem in der gleichen Untersuchung erhobenen **Fortbildungsbedarf von SchulleiterInnen**, die sich **an erster Stelle** Fortbildung in Fragen der **Personal- und Mitarbeiterführung**, gefolgt von Führungstechniken, Führungsmethoden und zwischenmenschlicher Beziehungen und Kommunikation, wünschen (vgl. WISSINGER 1996, S. 149).

Das jüngste Studienprogramm des EWBM (»Europäisches Weiterbildungsstudium BildungsManagement«) formuliert in seinen mittelfristigen Zielen,

»daß sie [die Bildungsverwalter/innen] Möglichkeiten zur *Teamarbeit* entdecken, durch ein *positives Vorbild* selbst Kooperation in Gang bringen und auf einem hohen Leistungsniveau halten« (EWBM o. Verf., o. J.; Hervorhbg. EWBM).

Die Bedeutung von Schulleitungsmitgliedern, selbst Vorbild für Kooperation in der Schule zu sein wird erkannt. Eine konkrete Umsetzung im Sinne eines kooperativen Führungskonzepts, wie es in Kapitel 4, S. 170 entwickelt wurde, wird jedoch im Studienprogramm der einzelnen Kurse für 1996/97/98 nicht erkennbar.

In den Fortbildungskonzeptionen der Länder **Bayern** und **Rheinland-Pfalz** belegen die **Komplexität der Themen**, der **begrenzte Zeitrahmen** für die einzelnen Bereiche und der **geringe Zeitanteil für** Themen des **zwischenmenschlichen Bereichs** insbesondere in der bayerischen Konzeption (vgl. STORATH 1995, S. 82 f.) den **Vorrang rechtlicher, administrativer** und **organisatorischer Inhalte** (vgl. auch FLEISCHER 1990, S. 340).

Die **Bedeutung** der **kommunikativen Kompetenz** von Schulleitung für Schulklima, Weiterentwicklungsfähigkeit von Kollegium und Schule ebenso wie für deren Innovativität wird **erst seit kurzem** für die Schulleiterfortbildung **erkannt** und beispielsweise in **Rheinland-Pfalz** in einem **zusätzlichen**

Lehrgang: Kommunikationstraining innerhalb des Gesamtkonzepts thematisiert (vgl. GEMEINSAMER VERANSTALTUNGSPLAN der Lehrerfort- und -weiterbildungsinstitute in Rheinland-Pfalz für das 1. Halbjahr 1997, S. 62).

Insgesamt steht die Entwicklung einer **professionellen wie breit angelegten Kommunikationsfähigkeit** von Schulleitungen **nicht im Zentrum.** Dies wird an dem geringen Anteil an praktischen Gesprächsübungen erkennbar (vgl. auch FLEISCHER 1990, S. 340 f.).

Eine **professionelle Schulleitungsaus- und -fortbildung,** die Schulleitungen in Deutschland vergleichbar qualifizierte, wird anerkennenswerterweise seit 1995 von der **Arbeitsgemeinschaft der Schulleitungen Deutschlands (ASD) diskutiert.** Sie haben ein **Diskussionsmodell** für eine **bundeseinheitliche Schulleitungsaus- und -fortbildung** mit der Möglichkeit der länderspezifischen Anpassung entwickelt. Aber »eine solche länderübergreifende Abstimmung ist z. Z. noch **Zukunftsmusik**« (CHRISTMANN 1995, S. 32; Hervorhbg. EM).

*Ein Aus- und Fortbildungsangebot für Schulleitungen bzw. für an Leitungsaufgaben interessierte Lehrkräfte, welches das neue Leitungskonzept zugrunde legte, müßte demgemäß **weitere Bausteine** beinhalten, die die **Schulleiter-Stellvertreter-Kooperation** explizit zum **Lern-/Trainingsgegenstand** machte.*

Anmerkungen zu KAPITEL 5

1. Vgl. hierzu auch das ASD Modell: Personalentwicklung und Berufsausbildung für Schulleiter, auf der Düsseldorfer Tagung der ASD am 20./21.02.1997 verabschiedet.

Literatur

ADAMSKI, K.-H.: Kooperation in einer kollegialen Schulleitung. In: DAHLKE, S. (Hrsg.): Kooperation. Schlüsselfunktion der Schulleitung. Schulleiter-Handbuch Band 28. Braunschweig 1983.

AHLERS, R.: Schulleitung als Führungs- und Innovationsgremium. In: DÖRING, P. A. (Hrsg.): Führungsaufgaben der Schulleitung. Schulleiter-Handbuch Band 3. Braunschweig 1978.

ASD ARBEITSGEMEINSCHAFT DER SCHULLEITERVERBÄNDE DEUTSCHLANDS: Personalentwicklung und Berufsausbildung für Schulleiter. Verabschiedet auf der Düsseldorfer Tagung der ASD am 20./21.02.1997.

ASD ARBEITSGEMEINSCHAFT DER SCHULLEITERVERBÄNDE DEUTSCHLANDS: Schulleitung in Deutschland – Profil eines Berufes – 1. Aufl. Bonn 1994.

AUERNIG, R.: Die Funktion des Schulleiters bei der Durchsetzung schulischer Innovationen. Die führungsspezifische Konzeption vom routineorientierten Rollen- und Funktionsprofil zur qualifizierten Innovations-Funktion des Schulleiters. Aspekte Pädagogischer Innovation. Band 2. Frankfurt/M., Bern, New York 1986. Universitätsdissertation.

AURIN K. (a): Strukturelemente und Merkmale guter Schulen – Worauf beruht ihre Qualität? In: AURIN, K. (Hrsg.): Gute Schulen – Worauf beruht ihre Wirksamkeit? 2. Aufl. Bad Heilbrunn 1991.

AURIN K. (b): Kooperation zwischen Lehrern in ihrer Auswirkung auf die Erziehung der Schüler. In: WISSINGER, J./ROSENBUSCH, H. S. (Hrsg.): Motivation durch Kooperation. Schulleiter-Handbuch Band 58. Braunschweig 1991.

AURIN K. (Hrsg.): Auffassungen von Schule und pädagogischer Konsens. Fallstudien bei Lehrerkollegien, Eltern- und Schülerschaft von fünf Gymnasien. Stuttgart 1993.

BARTH, A. R.: Burnout bei Lehrern. Göttingen 1992.

BASF AKTIENGESELLSCHAFT: Vision 2010 der BASF-Gruppe. Ludwigshafen o. J.

BATTMANN, W.: Verhaltensökonomie: Grundannahmen und eine Anwendung am Fall des kooperativen Handelns. Europäische Hochschulschriften, Reihe VI Psychologie, Band 277. Frankfurt/M., Bern, New York, Paris 1989.

BAUMANN, R.: Schulentwicklung als Organisationsentwicklung. Die Schlüsselrolle der Schulleiterin/des Schulleiters im und für den OE-Prozeß der eigenen Schule. In: schul-management. 24. Jg. 1/1993, S. 19-26.

BAUMERT, J.: Schulleiter-Karriere. Erste Ergebnisse der sm-Umfrage. In: schul-management. 15. Jg. 6/1984, S. 14-16.

Literatur

BAUMERT, J. (a): Forschungsergebnisse zur Schulleiter-Problematik. Schulleitung in der empirischen Forschung. In: ROSENBUSCH, H. S./WISSINGER, J. (Hrsg.): Schulleiter zwischen Administration und Innovation. Schulleiter-Handbuch Band 50. Braunschweig 1989.

BAUMERT, J. (b): Wodurch wirken Schulleiter? Forschungsergebnisse zu Schulleitung und Schulkultur. In: Pädagogik. 41. Jg. 11/1989, S. 26-30.

BAUMERT, J./LESCHINSKY, A. (a): Berufliches Selbstverständnis und Einflußmöglichkeiten von Schulleitern. Ergebnisse einer Schulleiterbefragung. In: Zeitschrift für Pädagogik. 32. Jg. 2/1986, S. 247-266.

BAUMERT, J./LESCHINSKY, A. (b): Zur Rolle des Schulleiters. In: schul-management. 17. Jg. 6/1986, S. 18-24.

BESSOTH, R.: Managementdefizite der Schulverwaltung. In: BESSOTH, R./BRAUNE, G. (Hrsg.): Schule und Management. Braunschweig 1977.

BESSOTH, R.: Stellung und Bedeutung der Schulleitung. In: BESSOTH, R. u.a. (Hrsg.): Schulleitung. Ein Lernsystem. Neuwied 1978. Lerneinheit 15.01.

BESSOTH, R.: Inhaltliche Aufgaben der Schulverwaltung. In: BESSOTH, R. u.a. (Hrsg.): Schulleitung. Ein Lernsystem. Neuwied 1978. Lerneinheit 14.02, 1979.

BESSOTH, R.: Aufgaben und Rollen der Schulleitung. In: BESSOTH, R. u.a. (Hrsg.): Schulleitung. Ein Lernsystem. Neuwied 1978. Lerneinheit 15.02, 1980.

BESSOTH, R.: Pädagogische Führung in der Schule: Einführung und Praxis. In: BESSOTH, R. u.a. (Hrsg.): Schulleitung. Ein Lernsystem. Neuwied 1978. Lerneinheit 40.00, 1984.

BESSOTH, R.: Organisatorische Voraussetzungen von Schulqualität. In: Beiträge aus dem Arbeitskreis Qualität von Schule. Heft 4. Hessisches Institut für Bildungsplanung und Schulentwicklung. Wiesbaden und Konstanz 1988.

BESSOTH, R. (a): Organisationsklima an Schulen. Neuwied 1989.

BESSOTH, R. (b): Verbesserung des Unterrichtsklimas. Neuwied 1989.

BESSOTH, R./SCHMIDT, H.-J.: Aufgabenverteilung in der Schulleitung. Arbeitshinweise und Arbeitsbogen. In: BESSOTH, R. u.a. (Hrsg.): Schulleitung. Ein Lernsystem. Neuwied 1978. Lerneinheit 15.25, 1984.

BIERHOFF, H. W.: Soziale Motivation kooperativen Verhaltens. In: WUNDERER, R. (Hrsg.): Kooperation. Gestaltungsprinzipien und Steuerung der Zusammenarbeit zwischen Organisationseinheiten. Stuttgart 1991.

BIERHOFF, H. W./KLEIN, R.: Prosoziales Verhalten. In: STROEBE, W./HEWSTONE, M./CODOL, J.-P./STEPHENSON, G. M. (Hrsg.): Sozialpsychologie. Eine Einführung. 2., korr. Aufl. Aus dem Englischen übersetzt von Rupert Maria Kohl u.a. Berlin, Heidelberg, New York u.a. 1992.

BIEWER, W.: Steuerung und Kontrolle öffentlicher Schulen. Neuwied, Kriftel, Berlin 1994. Universitätsdissertation.

BILDUNGSKOMMISSION NRW: Zukunft der Bildung – Schule der Zukunft. Denkschrift der Kommission »Zukunft der Bildung – Schule der Zukunft« beim Ministerpräsidenten des Landes Nordrhein-Westfalen. Neuwied, Kriftel, Berlin 1995.

BLASE, J./KIRBY, P. C.: Bringing Out the Best in Teachers. What Effective Principals Do. 4th printing. Newbury Park, California 1993.

BÖNSCH, M.: Was ist eine gute Schule? Zu einer neuen, alten Signalfrage der Schulpädagogik. In: schul-management. 23. Jg. 4/1992, S. 25-29.

BÖNSCH, M.: Veränderungen der Schule als Folge der Interdependenzen zwischen Schule und Gesellschaft. In: schul-management. 26. Jg. 3/1995, S. 16-20.

BOHNSACK, F.: Strukturen einer »guten« Schule heute. In: ERMERT, K. (Hrsg.):

»Gute Schule« – Was ist das? Aufgaben und Möglichkeiten der Lehrerfortbildung. 6. überregionale Fachtagung der Lehrerfortbildner. Loccumer Protokolle 17/1986. Evangelische Akademie Loccum. 1. Aufl. 1987.

BOHNSACK, F.: Aufgaben der Schule heute. In: BOHNSACK, F./KRANICH, E.-M. (Hrsg.): Erziehungswissenschaft und Waldorfpädagogik. Weinheim und Basel 1990.

BOTT, W.: Die Schule im Rechtsstaat und die Rolle des Schulleiters. In: schul-management. 22. Jg. 4/1991, S. 39-42.

BRAUN, G.: Partnerschaft in der Schulleitung. In: schul-management. 22. Jg. 3/1991, S. 9-10.

BRAUNE, G.: Neue Arbeitsmethoden in der Schulverwaltung. In: BESSOTH, R./ BRAUNE, G.: Schule und Management. Braunschweig 1977.

BREZINKA, W.: Erziehungsziele heute. Problematik und Leitlinien. In: Pädagogische Rundschau. 45. Jg. 5/1991, S. 561-584.

BROCKMEYER, R. (a): Reparaturmaßnahmen genügen nicht mehr. In: Pädagogische Führung. Zeitschrift für Schulleitung und Schulberatung. 7. Jg. 1/1996, S. 3 f.

BROCKMEYER, R. (b): Zukunft der Bildung – Schule der Zukunft. Denkschrift der Bildungskommission NRW. In: Pädagogische Führung. Zeitschrift für Schulleitung und Schulberatung. 7. Jg. 1/1996, S. 19-21.

BROCKMEYER, R. (c): Orientierungen – Gesellschaftliche Entwicklungsschwerpunkte in der Denkschrift der Bildungskommission NRW. In: Pädagogische Führung. Zeitschrift für Schulleitung und Schulberatung. 7. Jg. 1/1996, S. 21-23.

BUCHEN, H./HORSTER, L./ROLFF, H.-G. (Hrsg.): Schulleitung und Schulentwicklung. Ein Reader. Stuttgart, Berlin, Bonn, Budapest, Düsseldorf, Heidelberg, Wien 1995.

BURKARD, C./PFEIFFER, H.: Autonomie und Außenanforderungen. Schule als sich-selbst-organisierendes soziales System. In: Zeitschrift für Sozialisationsforschung und Erziehungssoziologie. 12. Jg. 4/1992, S. 291-305.

BURLA V. MURTEN (Freiburg) und RIEHEN (Basel-Stadt), S.: Rationales Management in Nonprofit-Organisationen. Bern 1989. Universitätsdissertation.

CHRISTMANN, H.: Schulleitung als Beruf. In: Pädagogische Führung. Zeitschrift für Schulleitung und Schulberatung. 6. Jg. 4/1995. Beihefter der Schulleiter-Vereinigung Rheinland-Pfalz, S. 28-32.

CREUTZBURG, M./FISCHER, W. A.: Schulen in die Zukunft entwickeln. In: schul-management. 26. Jg. 3/1995, S. 8-15.

CZERWENKA, K.: Lehrer heute. »Ausgebrannt«, »ausgelaugt« oder doch nur hoch belastet? In: Pädagogische Welt. 47. Jg. 6/1993, S. 242-246 und S. 253.

DAHLKE, M.: Team-Arbeit in Schulen – und was kann die Schulleitung tun? In: schul-management. 24. Jg. 4/1993, S. 25-28.

DAHLKE, M.: Schulleitung und Öffnung von Schule. Schulleiter-Handbuch Band 70. Braunschweig 1994.

DAHLKE, S.: Grundsätze kooperativer Führung. In: DAHLKE, S. (Hrsg.): Kooperation. Schlüsselfunktion der Schulleitung. Schulleiter-Handbuch Band 28. Braunschweig 1983.

DALIN, P./ROLFF, H.-G. unter Mitarbeit von Herbert Buchen: Institutionelles Schulentwicklungsprogramm. Eine neue Perspektive für Schulleiter, Kollegium und Schulaufsicht. Eine Veröffentlichung des Landesinstituts für Schule und Weiterbildung, Soest und von IMTEC/Oslo. Soest 1990.

DASCHNER, P.: Die Schulleitung stärken? In: Pädagogik. 41. Jg. 11/1989, S. 8 f.

DECKER, F.: Gruppen moderieren – eine Hexerei? Die neue Team-Arbeit. Ein Leitfaden für Moderatoren zur Entwicklung und Förderung von Kleingruppen. München 1988.

DÖRIG, R.: Schlüsselqualifikationen – Transferwissen und pädagogische Denkhaltung. In: Zeitschrift für Berufs- und Wirtschaftspädagogik. 91. Band 2/1995, S. 117-133.

DÖRING, P. A. (Hrsg.): Führungsaufgaben der Schulleitung. Schulleiter-Handbuch Band 3. Braunschweig 1978.

DÖRING, P. A.: Kooperation: Schlüsselfunktion der Schulleitung. In: Kooperation: Schlüsselfunktion der Schulleitung. Schulleiter-Handbuch Band 28. Braunschweig 1983.

DRÖGE, J. (a): Kooperation mit dem stellvertretenden Schulleiter. In: DRÖGE, J./PFEFFER, P./THIES, H.-H. (Hrsg.): Aufgabenfelder der Schulleitung. Schulleiter-Handbuch Band 61. Braunschweig 1992.

DRÖGE, J. (b): Delegation in der Schule. In: DRÖGE, J./PFEFFER, P./THIES, H.-H.: Aufgabenfelder der Schulleitung. Schulleiter-Handbuch Band 61. Braunschweig 1992.

DRÖGE, J.: Instrumentelle Bedingungen für die Stellvertretertätigkeit. In: DRÖGE, J./PFEFFER, P./THIES, H.-H.: Aufgaben und Rollen des stellvertretenden Schulleiters. Schulleiter-Handbuch Band 71. Braunschweig 1994.

DRÖGE, J./PFEFFER, P./THIES, H.-H.: Aufgaben und Rollen des stellvertretenden Schulleiters. Schulleiter-Handbuch Band 71. Braunschweig 1994.

DUBS, R.: Die Führung einer Schule. In: Zeitschrift für Berufs- und Wirtschaftspädagogik. 88. Jg. 6/1992, S. 447-476.

DUBS, R.: Die Führung einer Schule. Leadership und Management. Stuttgart und Zürich 1994.

EUGSTER, W.: Schulleiter. Manager, Patron, Lehrer, Verwalter, Polizist? In: Gymnasium Helveticum. 44. Jg. 4/1990, S. 219-225.

EWBM Europäisches Weiterbildungsstudium BildungsManagement. Ziele – Studienorganisation – Studienprogramm. Termine 1996/97/98. Universität Koblenz-Landau. O. Verf., o. J.

FEND, H. (a): Was ist eine gute Schule? In: Westermanns Pädagogische Beiträge. 38. Jg. 7-8/1986, S. 8-12.

FEND, H. (b): »Gute Schulen – schlechte Schulen« – Die einzelne Schule als pädagogische Handlungseinheit. In: Die Deutsche Schule. 78. Jg. 3/1986, S. 275-293.

FEND, H.: »Gute Schulen – schlechte Schulen« – Die einzelne Schule als pädagogische Handlungseinheit. In: STEFFENS, U./BARGEL, T. (Hrsg.): Erkundungen zur Wirksamkeit und Qualität von Schule. Beiträge aus dem Arbeitskreis Qualität von Schule. Heft 1. Hessisches Institut für Bildungsplanung und Schulentwicklung (HIBS). Wiesbaden und Konstanz 1987.

FEND, H.: Schulqualität. Die Wiederentdeckung der Schule als pädagogische Gestaltungsebene. In: Neue Sammlung. 28. Jg. 4/1988, S. 537-547.

FISCHER, L.: Kooperative Führung. Mythos, Fiktion oder Perspektive? In: WIEN-DIECK, G./WISWEDE, G. (Hrsg.): Führung im Wandel. Neue Perspektiven für Führungsforschung und Führungspraxis. Stuttgart 1990.

FISCHER, W. A.: Schulleiter als Beruf. 2 Bände. Innsbruck 1987. Universitätsdissertation.

FISCHER, D./NENTWIG, P.: Schulen auf der Suche nach einem eigenen pädagogischen Profil. In: ERMERT, K. (Hrsg): »Gute Schule« – Was ist das? Aufgaben und Möglichkeiten der Lehrerfortbildung. 6. überregionale Fachtagung der Lehrerfortbildner. Loccumer Protokolle 17/1986. 1. Aufl. Evangelische Akademie Loccum 1987.

FISCHER, W. A./SCHRATZ, M.: Schule leiten und gestalten. Mit einer neuen Führungskultur in die Zukunft. Innsbruck 1993.

FLEISCHER, TH.: Zur Verbesserung der sozialen Kompetenz von Lehrern und Schulleitern. Kommunikationskompetenz und Interaktionskultur als Systemanforderung in der Schule. Hohengehren 1990.

FRICK, R. S.: Pädagogische Führung in der guten Schule. In: Pädagogische Führung. Zeitschrift für Schulleitung und Schulberatung. 1. Jg. 1/1990, S. 12-15.

FRIED, L.: »Pädagogische Schulleitung«. Konstitutives Element der Schulreform in Rheinland-Pfalz. In: Pädagogische Führung. Zeitschrift für Schulleitung und Schulberatung. 4.Jg. 5/1993, S. 214-217.

GAMPE, H.: Kooperation zwischen Schulaufsicht und Schule. Untersuchungen zur pädagogischen und rechtlichen Schulratsfunktion. Praxishilfen Schule. Neuwied, Kriftel, Berlin 1994.

GAMPE, H./KNAPP, R./MARGIES, D./RIEGER, G.: Allgemeine Dienstordnung (ADO) für Lehrer und Lehrerinnen, Schulleiter und Schulleiterinnen an öffentlichen Schulen in Nordrhein-Westfalen. Kommentar. Praxishilfen Schule. Neuwied, Kriftel, Berlin 1993.

GEIßLER, E. E.: Allgemeinbildung in der modernen Gesellschaft. Köln 1989.

GEIßLER, E. E./SOLZBACHER, C.: Führung – ein pädagogisch verdächtiger Begriff? In: Grundlagen der Weiterbildung. 2. Jg. 5/1991, S. 250-255.

GEMEINSAMER VERANSTALTUNGSPLAN der Lehrerfort- und -weiterbildungsinstitute in Rheinland-Pfalz für das 1. Halbjahr 1997. Herausgegeben vom Staatlichen Institut für Lehrerfort- und -weiterbildung des Landes Rheinland-Pfalz –SIL– in Speyer, in Verbindung mit dem Institut für Lehrerfort- und -weiterbildung –ILF– in Mainz und dem Erziehungswissenschaftlichen Fort- und Weiterbildungsinstitut der Evangelischen Kirchen in Rheinland-Pfalz –EFWI– in Landau. Speyer Januar 1997.

GIESECKE, H.: Das Ende der Erziehung. Neue Chancen für Familie und Schule. Stuttgart 1985.

GLASL, F.: Konfliktmanagement als Bildungsaufgabe. In: GEIßLER,H./vom BRUCH, TH./PETERSEN, J, (Hrsg.): Bildungsmanagement. Betriebliche Bildung Band 5. Frankfurt/M., Berlin, Bern, New York, Paris, Wien 1994.

GROTEMEYER, K. P.: Die Arbeit der Bildungskommission Nordrhein-Westfalen. In: Pädagogische Führung. Zeitschrift für Schulleitung und Schulberatung. 7. Jg. 1/1996, S. 24-26.

GRÜNER, H.: Pädagogische Führungskraft: SchulleiterIn. In: schul-management. 23. Jg. 3/1992, S. 14-17.

GUDJONS, H.: Abriß der Entwicklungspsychologie: Jugend. In: Pädagogik. 45. Jg. 2/1993, S. 46-51.

HABERMALZ, W.: Die Stellung des Schulleiters – eine Momentaufnahme. In: Pädagogische Führung. Zeitschrift für Schulleitung und Schulberatung. 2. Jg. 3/1991, S. 126-130.

HACKL, B.: Die Schule – (k)ein Ort zum Lernen? Ein kritisch-psychologischer Blick auf eine Institution und ihr Innenleben. In: Die Deutsche Schule. 85. Jg. 1/1993, S. 42-51.

HAENISCH, H.: Was ist eine »gute« Schule? Empirische Forschungsergebnisse und Anregungen für die Schulpraxis. In: STEFFENS, U./BARGEL, T. (Hrsg.): Erkundungen zur Wirksamkeit und Qualität von Schule. Beiträge aus dem Arbeitskreis Qualität von Schule. Heft 1. Hessisches Institut für Bildungsplanung und Schulentwicklung (HIBS). Wiesbaden und Konstanz 1987.

HAENISCH, H.: »Schools change slower than churches«. Die einzelne Schule ist der Prüfstand für Schulreform. In: Pädagogik. 43. Jg. 5/1991, S. 27-31.

HAENISCH, H.: Wie sich Schulen entwickeln. Eine empirische Untersuchung zu Schlüsselfaktoren und Prinzipien der Entwicklung von Grundschulen. Landesinstitut für Schule und Weiterbildung. Soest 1993.

HALLER, I./WOLF, H. (a): Gestaltung einer innovativen Praxis als Führungsaufgabe. Das eigene Führungskonzept – Ergebnis eines gemeinsamen Verständigungsprozesses. In: BUCHEN, H./HORSTER, L./ROLFF, H.-G.: Schulleitung und Schulentwicklung. Ein Reader. Stuttgart, Berlin, Bonn, Budapest, Düsseldorf, Heidelberg, Wien 1995.

HALLER, I./WOLF, H. (b): Führung in Gesellschaft und Schule zwischen Tradition und Emanzipation. Auf dem Wege zu dialogischer Kompetenz. 2. Aufl. 1995.

HEIZMANN, G.: Schulleitung. In: KECK, R. W./SANDFUCHS, U. (Hrsg.) unter Mitarbeit von Bernd Feige: Wörterbuch Schulpädagogik. Ein Nachschlagewerk für Studium und Schulpraxis. Bad Heilbrunn 1994.

HELD, F.-W.: Freiheit und Bindung der Schulleitung. Schulleiter-Handbuch Band 14. Braunschweig 1980.

HENTIG, H. von: Die Schule neu denken. Anmerkungen zum Schicksal der Bildungsreform. In: Neue Sammlung. 31. Jg. 3/1991, S. 436-448.

HERKNER, W.: Lehrbuch Sozialpsychologie. 5., korr. und stark erw. Aufl. der Einführung in die Sozialpsychologie. Bern, Stuttgart, Wien 1991.

HOFER, F.-J.: Bildungsmanagement im Prozeß des Organisationslernens – eine Herausforderung der Gegenwart für die Zukunft. In: GEIßLER, H./vom BRUCH, TH./PETERSEN, J, (Hrsg.): Bildungsmanagement. Betriebliche Bildung Band 5. Frankfurt/M., Berlin, Bern, New York, Paris, Wien 1994.

HOLTAPPELS, H.-J.: Der Schulleiter zwischen Anspruch und Wirklichkeit. 2., durchges. Aufl. Essen 1991.

HOOS, K.: Direktoriale Schulleitung II. Reflexionen zum Führungssytem in der Schule. In: schul-management. 22. Jg. 5/1991, S. 9-18.

HORNSTEIN, W.: Gesellschaftlicher Wertewandel und Generationenkonflikt. In: HORNSTEIN, W./LEMPP, R./MAURER, F./NIPKOW, K. E./SCHIELE, S./ZIMMERLI, W. CH.: Jugend ohne Orientierung? Zur Sinnkrise der gegenwärtigen Gesellschaft. München, Wien, Baltimore 1982.

HORNSTEIN, W.: Aufwachsen mit Widersprüchen – Jugendsituation und Schule heute. Stuttgart 1990.

HORSTER, L.: Ein pädagogisches Management in der Schule. Selbststeuerung in bestehenden Strukturen. In: BUCHEN, H./HORSTER, L./ROLFF, H.-G. (Hrsg.): Schulleitung und Schulentwicklung. Ein Reader. Stuttgart, Berlin, Bonn, Budapest, Düsseldorf, Heidelberg, Wien 1995.

HUCK, W.: Fremdbeobachtungen der Schulleitertätigkeiten. In: DÖBRICH, P./ HUCK, W.: Zur Belastung von Schulleiterinnen und Schulleitern – Projektbericht –. Deutsches Institut für Internationale Pädagogische Forschung (DIPF). Frankfurt/M. 1994, S. 13-36.

HUGHES, L. W./BESSOTH, R.: Interpersonelle Fähigkeiten in der Schulleitung: Ansätze für Qualifikationen, Verhaltensindikatoren und Ergebniskriterien. In: BESSOTH, R. u a. (Hrsg.): Schulleitung. Ein Lernsystem. Neuwied 1978. LE 15.24, 1979.

HÜBNER, P.: Schulorganisation, Schulleitung und Schulaufsicht im Wandel gesellschaftlicher Anforderungen an die Schule. In: SCHULLEITERVEREINIGUNG RHEINLAND-PFALZ: Schule und Schulleitung für das Jahr 2000. Dokumentation zum Schulleitertag am 18. April 1994 in Mainz. 1995.

JERGER, G.: Objektbereich: »Kooperation« und Kooperationsgegebenheiten. In: AURIN K. (Hrsg.): Auffassungen von Schule und pädagogischer Konsens. Fallstudien bei Lehrerkollegien, Eltern- und Schülerschaft von fünf Gymnasien. Stuttgart 1993.

JERGER, G.: Kooperation und Konsens bei Lehrern. Eine Analyse der Vorstellungen von Lehrern über Organisation, Schulleitung und Kooperation. Schulpädagogische Reihe Band 4. Frankfurt/M., Berlin, Bern, New York, Paris, Wien 1995. Universitätsdissertation.

KASTNER, H.: Schulleiter in »Umbruch«-Zeiten. Probleme und Aufgaben. In: Pädagogik und Schulalltag. 47. Jg. 1/1992, S. 57-61.

KAUFFMANN, H.: (Hrsg.): Creifelds. Rechtswörterbuch. Begr. von Carl Creifelds. Bearb. von Dieter Guntz u. a. 13., neubearb. Aufl. München 1996.

KIENBAUM UNTERNEHMENSBERATUNG GmbH (a): Kienbaum-Gutachten zur Reorganisation der Staatlichen Schulaufsicht des Landes Nordrhein-Westfalen. Hauptband mit Zusammenfassung. Düsseldorf 1994.

KIENBAUM UNTERNEHMENSBERATUNG GmbH (b): Kienbaum-Gutachten zur Reorganisation der Staatlichen Schulaufsicht des Landes Nordrhein-Westfalen. Anlagenband I zum Schlußgutachten: Aufgabenkatalog, Schulleiterfragebogen, ausgewählte Erhebungsergebnisse, Ablaufdiagramme, Zuständigkeitskataloge nach BASS, Controlling-Kennzahlen. Düsseldorf 1994.

KIENBAUM UNTERNEHMENSBERATUNG GmbH (c): Kienbaum-Gutachten zur Reorganisation der Staatlichen Schulaufsicht des Landes Nordrhein-Westfalen. Anlagenband II zum Schlußgutachten: Schulaufsicht in anderen Bundesländern. Düsseldorf 1994.

KLAFKI, W.: Allgemeinbildung heute. Grundlinien einer gegenwarts- und zukunftsbezogenen Konzeption. In: Pädagogische Welt. 47. Jg. 3/1993, S. 98-103.

KLEINSCHMIDT, G.: Schulqualität und Führungsaufgaben der Schulleitung. In: Pädagogische Welt. 46. Jg. 5/1992, S. 206-208.

KLEINSCHMIDT, G. (a): Schulautonomie und Schulqualität. Führungsaufgaben der Schulleitung. In: Pädagogische Führung. Zeitschrift für Schulleitung und Schulberatung. 4. Jg. 1/1993, S. 32 f.

KLEINSCHMIDT, G. (b): Schulqualität und Schulautonomie. Führungsaufgaben des Schulleiters/der Schulleiterin. In: Neue Praxis der Schulleitung. Berlin und Stuttgart 1990. 17. Ergänzungslieferung 1993, G 6.3, S. 2-16.

KÖNIG, E.: Kooperation: Pädagogische Perspektiven für Schulen. In: WISSINGER, J./

ROSENBUSCH, H. S. (Hrsg.): Motivation durch Kooperation. Schulleiter-Handbuch Band 58. Braunschweig 1991.

KREIE, G.: Integrative Kooperation. Weinheim 1985.

KRÜGER, R.: Schulleiteralltag. Beobachtungen und Analysen. Schulleiter-Handbuch Band 51. Braunschweig 1989.

LANDWEHR, N.: Schulentwicklung: Was ist das? In: Schweizer Schule. 80. Jg. 4/1993, S. 3-18.

LAUFS, H.-D.: Weiterbildung: Schulleiter-Austauschprogramme. Principals of the World – Learning Together. In: Pädagogische Führung. Zeitschrift für Schulleitung und Schulberatung. 5. Jg. 2/1994, S. 88 f.

LENZ, J.: Die Effective School Forschung der USA – ihre Bedeutung für die Führung und Lenkung von Schulen. Europäische Hochschulschriften. Reihe XI, Pädagogik, Band 468. Frankfurt/M., Bern, New York, Paris 1991. Universitätsdissertation.

LIEBEL, H. J.: Motivieren durch Kooperation. In: WISSINGER, J./ROSENBUSCH, H. S. (Hrsg.): Motivation durch Kooperation. Schulleiter-Handbuch Band 58. Braunschweig 1991.

LINDELOW, J./BENTLEY, S.: Team Management. In: SMITH, S. C./PIELE, P. (ed.): School Leadership. Handbook for Excellence. 1989.

LOHMANN, A.: Führung Kooperative. Direktor an einer Team-Schule – ein Widerspruch in sich! In: schul-management. 23. Jg. 1/1992, S. 22-29.

LÜCK, H. E./MILLER, R.: Führung und Wertewandel. In: WIENDIECK, G./WISWEDE, G. (Hrsg.): Führung im Wandel. Neue Perspektiven für Führungsforschung und Führungspraxis. Stuttgart 1990.

LÜCKERT, G.: Autonome Schule – Schulleitung – Schulaufsicht. Bedingungen einer wünschenswerten Entwicklung. In: Die Deutsche Schule. 85. Jg. 3/1993, S. 341-344.

MAAS, P./SCHÜLLER, A.: Organisationskultur und Führung. In: WIENDIECK, G./WISWEDE, G. (Hrsg.): Führung im Wandel. Neue Perspektiven für Führungsforschung und Führungspraxis. Stuttgart 1990.

MALORNY, C.: Qualitätsmanagement. Der Weg zum umfassenden Qualitätsmanagement. In: Spektrum der Wissenschaft. Januar 1997, S. 96-99.

MANTLER, R.: Schulen als Unternehmen. Schulleiter als Unternehmer. In: Pädagogische Führung. Zeitschrift für Schulleitung und Schulberatung. 5. Jg. 5/1994, S. 199-202.

MAUERMANN, L.: Miteinander auf dem Weg zur »guten« Schule. Zur Bedeutung des Faktors »Kooperation« bei der Gestaltung schulischer Erziehungsprozesse. In: Pädagogische Welt. 46. Jg. 2/1992, S. 55-58.

MCINTYRE, K. E./BESSOTH, R.: Zielorientierte Realisierung und Veränderung des Unterrichtsprogramms: Verantwortung, Qualifikation und Verhaltensindikatoren. In: BESSOTH, R. u. a. (Hrsg.): Schulleitung. Ein Lernsystem. Neuwied 1978. Lerneinheit 15.23, 1979.

MERK, R.: Weiterbildungsmanagement. Bildung erfolgreich und innovativ managen. Neuwied 1992.

MERTENS, D.: Schlüsselqualifikationen. Thesen zur Schulung für eine moderne Gesellschaft. In: Mitteilungen aus der Arbeitsmarkt- und Berufsforschung. 7. Jg. 1/1974, S. 36-43.

MIESKES, H.: Einführung in Peter Petersen: Führungslehre des Unterrichts. Neuausgabe nach der 10. Aufl. 1971. Weinheim und Basel 1984.

MILLER, R.: Schulleiterfortbildung in Baden-Württemberg: Die pädagogischen Aufgaben der SchulleiterInnen. In: GREBER, U./MAYBAUM, J./PRIEBE, B./WENZEL, W. (Hrsg.): Auf dem Weg zur »Guten Schule«: Schulinterne Lehrerfortbildung. Bestandsaufnahme, Konzepte, Perspektiven. Weinheim 1991.

MÜLLER, S./ADELT, P.: Veränderte Anforderungen an Führungskräfte und Mitarbeiter? In: WIENDIECK, G./WISWEDE, G. (Hrsg.): Führung im Wandel. Neue Perspektiven für Führungsforschung und Führungspraxis. Stuttgart 1990.

MÜLLER-SCHÖLL, A./PRIEPKE, M.: Sozialmanagement. Zur Förderung systematischen Entscheidens, Planens, Organisierens, Führens und Kontrollierens in Gruppen. 3. Aufl. Neuwied, Kriftel, Berlin 1992.

MÜNCH, E.: Notwendige Planungsarbeiten in der Schule. Gute Planung setzt den Schulleiter/die Schulleiterin frei für die eigentliche Führungsaufgabe. In: Neue Praxis der Schulleitung. Berlin und Stuttgart 1990. 12. Ergänzungslieferung 1992, H 1.1, S. 1-14.

MÜNCH, E. (a): Rationelles Arbeiten in der Schule – Teil I: Arbeitstechniken für die Schulleitung. In: Neue Praxis der Schulleitung. Berlin und Stuttgart 1990. 14. Ergänzungslieferung 1993. H 3.2, S. 1-16.

MÜNCH, E. (b): Rationelles Arbeiten in der Schule – Teil II: Arbeitshilfen für die Schulleitung. In: Neue Praxis der Schulleitung. Berlin und Stuttgart 1990. 16. Ergänzungslieferung 1993. H 3.3, S. 1-16.

NECKRITZ, D.: Kooperation in einer kooperativen Gesamtschule. In: DAHLKE, S. (Hrsg.): Kooperation. Schlüsselfunktion der Schulleitung. Schulleiter-Handbuch Band 28. Braunschweig 1983.

NEUBAUER, W. F.: Ein Prozeßmodell der kooperativen Entscheidungsfindung. In: NEUBAUER, W. F./GAMPE, H./KNAPP, R.: Konflikte in der Schule. Möglichkeiten und Grenzen kooperativer Entscheidungsfindung. 4., vollst. überarb. Aufl. Neuwied, Kriftel, Berlin 1992.

NEUBAUER, W. F./GAMPE, H./KNAPP, R.: Konflikte in der Schule. Möglichkeiten und Grenzen kooperativer Entscheidungsfindung. 4., vollst. überarb. Aufl. Neuwied, Kriftel, Berlin 1992.

NEUBERGER, O.: Führen als widersprüchliches Handeln. In: Psychologie und Praxis. Zeitschrift für Arbeits- u. Organisationspsychologie. 27. Jg. 1/1983, S. 22-32.

NEUBERGER, O.: Führen und geführt werden. 4., verb. Aufl. Basistexte Personalwesen Band 3. Stuttgart 1994.

NEULINGER, K. U.: Schulleiter – Lehrerelite zwischen Job und Profession: Herkunft, Motive und Einstellungen einer Berufsgruppe. Frankfurt/M. 1990. Universitätsdissertation.

NEVERMANN, K.: Der Schulleiter. Juristische und historische Aspekte zum Verhältnis von Bürokratie und Pädagogik. Stuttgart 1982. Universitätsdissertation.

OESS, A.: Total Quality Management. Die Praxis des Qualitäts-Managements. Wiesbaden 1989.

OESTERREICH, D.: Lehrerkooperation und Lehrersozialisation. Weinheim und Basel 1988.

OSSWALD, E.: Die Schulleitung einer lebendigen Schule. Gestalten statt verwalten. 2. Teil. In: Schweizer Schule. 79. Jg. 6/1992, S. 15-22.

O. VERF.: »Berufsbild Schulleiter – Berliner Erklärung der ASD«. In: schul-management. 20. Jg. 4/1989, S. 4-6.

PFEFFER, P.: Aus- und Weiterbildungsmöglichkeiten für Stellvertreter. In: DRÖGE, J./ PFEFFER, P./THIES, H.-H. (Hrsg.): Aufgaben und Rollen des stellvertretenden Schulleiters. Schulleiter-Handbuch Band 71. Braunschweig 1994.

PFISTER, J./WEISHAUPT, H.: Schulische Autonomie – Organisatorische Aspekte der Schulqualität. In: Beiträge aus dem Arbeitskreis Qualität von Schule. Heft 4. Hessisches Institut für Bildungsplanung und Schulentwicklung. Wiesbaden und Konstanz 1988, S. 123-141.

PHILIPP, E.: Ansätze der Teamentwicklung zwischen Kollegium und Schulleitung. In: schul-management. 24. Jg. 5/1993, S. 26-30.

PHILIPP, E. (a): Vom Einzelkämpfer zum Team. Konzepte und Methoden für gemeinsame Arbeit. In: Pädagogik. 47. Jg. 2/1995, S. 36-38.

PHILIPP, E. (b): Teamentwicklung in Schulen. Schulleiter-Handbuch Band 73. Braunschweig 1995.

PHILIPP, E./ROLFF H.-G.: Schulgestaltung durch Organisationsentwicklung. Fallbeispiele, Methoden und Konzepte. Schulleiter-Handbuch Band 54. Braunschweig 1990.

POSCH, P.: Gesellschaftliche Entwicklungstendenzen und ihre Auswirkungen auf die Schulautonomie. In: erziehung heute e. h.: Schulautonomie. Dokumentation zum Kongress der österreichischen Bildungsallianz. Innsbruck 3/1993.

PRIEBE, B./BECKER, F. J./KERN, B.: Umgang und Zusammenarbeit zwischen Lehrern einer guten Schule. Bericht aus der Arbeitsgruppe. In: ERMERT, K. (Hrsg): »Gute Schule« – Was ist das? Aufgaben und Möglichkeiten der Lehrerfortbildung. 6. überregionale Fachtagung der Lehrerfortbildner. Loccumer Protokolle 17/1986. Evangelische Akademie Loccum. 1. Aufl. 1987.

PURKEY, S. C./SMITH, M. S.: Wirksame Schulen – Ein Überblick über die Ergebnisse der Schulwirkungsforschung in den Vereinigten Staaten. In: AURIN, K. (Hrsg.): Gute Schulen – Worauf beruht ihre Wirksamkeit? 2. Aufl. Bad Heilbrunn 1991.

RAUSCHER, H. (a): Innovationen – eine Aufgabe für die Schulleitung. Schulleiter-Handbuch Band 75. Braunschweig 1995.

RAUSCHER, H. (b): Der Umgang mit Belastungen im Schulleiterberuf. Schulleiter-Handbuch Band 77. München 1995.

REETZ, L./REITMANN, T. (Hrsg.): Schlüsselqualifikationen. Dokumentation des Symposions in Hamburg »Schlüsselqualifikationen – Fachwissen in der Krise?«. Hamburg 1990.

REGENTHAL, G.: Identität und Image: Aufbau einer CI nach innen und außen. In: SPARKASSE NEUSS/SCHULAMT für den KREIS NEUSS/GERHARD REGENTHAL SOZIALWISSENSCHAFTLICHE UNTERNEHMENSBERATUNG/STUDIENKREIS SCHULE/WIRTSCHAFT Nordrhein-Westfalen: Schule braucht Management – Corporate Identity in Schulen –. Seminardokumentation. Neuss 1994, S. 14–25.

RIEGER, G.: Verwaltungsaufgaben für Schulleitung und Schulsekretariat. Schulleiter-Handbuch Band 72. Braunschweig 1994.

RITTERBACH, R.: Auf dem Wege zur Verantwortung. Zur Zusammenarbeit von Schulleitern und Stellvertretern. In: schul-management. 22. Jg. 3/1991, S. 11–14.

ROEDER, P. M./SCHÜMER, G.: Kommunikation und Kooperation von Lehrern. Beobachtungen in Haupt- und Gesamtschulen. Heft Nr. 14/SuU. Forschungsbereich Schule und Unterricht. Max-Planck-Institut für Bildungsforschung. Berlin 1986.

ROLFF, H.-G.: Schulleitung und Schulklima. In: schul-management. 14. Jg. 3/1983, S. 28–31.

ROLFF, H.-G. (a): Schulgestaltung durch Organisationsentwicklung – Schulleitungen als »Agenten« des Wandels. In: WISSINGER, J./ROSENBUSCH, H. S. (Hrsg.): Motivation durch Kooperation. Schulleiter-Handbuch Band 58. Braunschweig 1991.

ROLFF, H.-G. (b): Schulentwicklung als Entwicklung von Einzelschulen? Theorien und Indikatoren von Entwicklungsprozessen. In: Zeitschrift für Pädagogik. 37. Jg. 6/1991, S. 865–886.

ROLFF, H.-G. (a): Einleitung: Schule als Organisation. In: Zeitschrift für Sozialisationsforschung und Erziehungssoziologie. 12. Jg. 4/1992, S. 290.

ROLFF, H.-G. (b): Die Schule als besondere soziale Organisation. – Eine komparative Analyse –. In: Zeitschrift für Sozialisationsforschung und Erziehungssoziologie. 12. Jg. 4/1992, S. 306–324.

ROLFF, H.-G.: Wandel durch Selbstorganisation. Theoretische Grundlagen und praktische Hinweise für eine bessere Schule. Weinheim und München 1993.

ROLFF, H.-G.: Gestaltungsautonomie verwirklichen. Lehrerinnen und Lehrer als Träger der Entwicklung. In: Pädagogik. 46. Jg. 4/1994, S. 40–44.

ROLFF, H.-G.: Schule als soziale Organisation. Von der aktuellen Gestalt der Schule zum Modell der professionellen Vertrauensorganisation. In: BUCHEN, H./HORSTER, L./ROLFF, H.-G. (Hrsg.): Schulleitung und Schulentwicklung. Ein Reader. Stuttgart, Berlin, Bonn, Budapest, Düsseldorf, Heidelberg, Wien 1995.

ROSENBUSCH, H. S.: Kooperation als Einladung, gemeinsam Schule zu gestalten – Kommunikationsstrukturen und ihre Wirkungen im dienstlichen Verkehr der Schule. In: WISSINGER, J./ROSENBUSCH, H. S. (Hrsg.): Motivation durch Kooperation. Schulleiter-Handbuch Band 58. Braunschweig 1991.

ROSENBUSCH, H. S.: Bedingungen und Perspektiven schulischer Erziehung heute. In: WISSINGER, J./ROSENBUSCH, H. S. (Hrsg.): Schule von innen verändern. Schulleiter-Handbuch Band 66. Braunschweig 1993.

ROSENBUSCH, H. S.: Reform der Schulverwaltung aus organisationspädagogischer Sicht. Schulleitung und Schulaufsicht als erzieherisch bedeutsame Wirklichkeit. In: schul-management. 26. Jg. 4/1995, S. 36–42.

ROSENBUSCH, H. S./WISSINGER, J. (Hrsg.): Schulleiter zwischen Administration und Innovation. Schulleiter-Handbuch Band 50. Braunschweig 1989.

ROSENBUSCH, H. S./WISSINGER, J. (Hrsg.): Schule und Schulaufsicht – Wege zur Reform. Schulleiter-Handbuch Band 74. Braunschweig 1995.

RUNDERLAß (RdErl.) des Kultusministeriums vom 27.5.1992. BASS 1993/94. 20–22 Nr. 27, S. 1076.

RUTTER, M./MAUGHAN, B./MORTIMER, P./OUSTON, J.: Fünfzehntausend Stunden. Schulen und ihre Wirkung auf die Kinder. Aus dem Englischen übersetzt von Karl-Rudolf Höhn, mit einer Einführung von Hartmut von Hentig. Weinheim und Basel 1980.

SCHEEL, U.: Führung in einer pädagogisch demokratisch geleiteten Schule. In: Pädagogische Führung. Zeitschrift für Schulleitung und Schulberatung. 4. Jg. 5/1993, S. 198–200.

SCHILDKNECHT, R.: Total Quality Management. Konzeption und State of the Art. Frankfurt/M. und New York 1992.

SCHOLZ, G.: Kooperation in der Schule. In: Hauptschulmagazin 6/1989, S. 3–6.

SCHWEITZER, J.: Autonomie als Prozeß. Anmerkungen zu den Thesen von Reinhard Hoffmann »Für eine stärkere Autonomie der Schule«. In: Die Deutsche Schule. 85. Jg. 3/1993, S. 338–344.

SEELIG, G. F./WENDT, W.: Lehrerbelastung. Eine Pilotstudie zu den erlebten Berufsbelastungen von Lehrerinnen und Lehrern. In: Pädagogik. 45. Jg. 1/1993, S. 30–32.

SEIDEL, G.: Pädagogische Schulleitung. Ein Fortbildungsangebot für SchulleiterInnen und StellvertreterInnen an rheinland-pfälzischen Schulen. In: schul-management. 25. Jg. 1/1994, S. 27–29.

SEITZ, H.: Führen in der Schule. Schulleitung und Schulentwicklung. In: Zeitschrift für Berufs- und Wirtschaftspädagogik. 88. Jg. 6/1992, S. 477–488.

SENGE, P. M.: Die fünfte Disziplin – die lernfähige Organisation. In: FATZER, G. (Hrsg.): Organisationsentwicklung für die Zukunft. Ein Handbuch. Edition Humanistische Psychologie. Köln 1993.

SPIES, W. E.: Schulautonomie – wünschenswertes Reformziel oder bildungspolitische Sackgasse? In: schul-management. 24. Jg. 4/1993, S. 16–19.

SPIES, W. E./HEITZER, M.: Der stellvertretende Schulleiter. Schulleiter-Handbuch Band 41. Braunschweig 1986.

STAEHLE, W.: Management. Eine verhaltenswissenschaftliche Perspektive. 5., überarb. Aufl. München 1990.

STEFFENS, U. (a): Empirische Erkundungen zur Effektivität und Qualität von Schule. In: BERG, H. C./STEFFENS, U. (Hrsg.): Schulqualität und Schulvielfalt. Das Saarbrücker Schulgütesymposium 1988. Beiträge aus dem Arbeitskreis Qualität von Schule. Heft 5. Wiesbaden 1991.

STEFFENS, U. (b): Kooperation in Kollegien und Schulqualität – Empirische Befunde aus der Konstanzer Schulforschung. In: WISSINGER, J./ROSENBUSCH, H. S. (Hrsg.): Motivation durch Kooperation. Schulleiter-Handbuch Band 58. Braunschweig 1991.

STEFFENS, U./BARGEL, T.: Erkundungen zur Qualität von Schule. Praxishilfen Schule. Neuwied, Kriftel, Berlin 1993.

STOLPE, W.: Zum Berufsbild der Schulleiterin/des Schulleiters. Das Profil einer Führungskraft. In: Neue Praxis der Schulleitung. Berlin und Stuttgart 1990. 16. Ergänzungslieferung 1993, A 4.1, S. 1–11.

STORATH, R.: »Praxisschock« bei Schulleitern? Zur Rollenfindung neuernannter Schulleiter. Praxishilfen Schule. 1. Aufl. Neuwied 1995.

STORCH, H./WILL, J.: Schulaufsicht und Schulleitung im Kooperationsfeld Schule. Schulrat und Schulleiter als Partner. In: schul-management. 17. Jg. 6/1986, S. 25–29.

STRASSER, F.: Eine Chance für kooperative Zusammenarbeit: Schulleitung. In: schul-management. 15. Jg. 3/1984, S. 27–31.

STROEBE, R. W./STROEBE, G. H.: Grundlagen der Führung: mit Führungsmodellen. 5., durchges. Aufl. Heidelberg 1987.

STROEBE, W./HEWSTONE, M./CODOL, J.-P./STEPHENSON, G. M. (Hrsg.): Sozialpsychologie. Eine Einführung. 2., korr. Aufl. Aus dem Englischen übersetzt von Rupert Maria Kohl u. a. Berlin, Heidelberg, New York u. a. 1992.

STRUCK, P.: Schul- und Erziehungsnot in Deutschland. Neuwied 1992.
SZCZEPANEK, N./CONNEMANN, R.: Die Konferenz als »pädagogisches Führungsinstrument«. In: Pädagogische Führung. Zeitschrift für Schulleitung und Schulberatung. 4. Jg. 4/1993, S. 180–184.

TEETZ, U./REDLICH, A.: Worauf kommt es bei Veränderungsprozessen an? Ergebnisse einer Befragung niedersächsischer Schulleitungen. In: schul-management. 25. Jg. 3/1994, S. 9–15.
THIEL, H.-U.: Fortbildung von Leitungskräften in pädagogisch-sozialen Berufen. Ein integratives Modell für Weiterbildung, Supervision und Organisationsentwicklung. Weinheim und München 1994.
THIES, H.-H.: Das Arbeitsfeld der Konrektoren. In: DRÖGE, J./PFEFFER, P./THIES, H.-H. (Hrsg.): Aufgaben und Rollen des stellvertretenden Schulleiters. Schulleiter-Handbuch Band 71. Braunschweig 1994.
TRIER, U. P.: Das Haus des Lernens. In: Pädagogische Führung. Zeitschrift für Schulleitung und Schulberatung. 7. Jg. 1/1996, S. 26–33.

ULRICH, P.: Zur Ethik der Kooperation in Organisationen. In: WUNDERER, R. (Hrsg.): Kooperation. Gestaltungsprinzipien und Steuerung der Zusammenarbeit zwischen Organisationseinheiten. Stuttgart 1991.
ULRICH, H./PROBST, G. J. B.: Anleitung zum ganzheitlichen Denken und Handeln. Ein Brevier für Führungskräfte. 3., erw. Aufl. Bern und Stuttgart. 1991.

VOGEL, J. P.: Der Schulleiter als Unternehmer. In: Pädagogische Führung. Zeitschrift für Schulleitung und Schulberatung. 1. Jg. 1/1990, S. 20 f.
VOGEL, J. P.: Verfassungsrechtliche Bemerkungen zur Verselbständigung der Schule. In Zeitschrift für Pädagogik. 41. Jg. 1/1995, S. 39–48.
VOGELSANG, H.: »Erster Mann an zweiter Stelle«. Zum ständigen Vertreter des Schulleiters und seinen Problemen. In: schul-management. 10. Jg. 5/1979, S. 17–20.
VOGELSANG, H.: Das Verhältnis von Schulaufsicht und Schulleitung. In: schul-management. 17. Jg. 6/1986, S. 30–33.
VOGELSANG, H.: Die Pädagogische Freiheit des Schulleiters. In: ROSENBUSCH, H. S./WISSINGER, J. (Hrsg.): Schulleiter zwischen Administration und Innovation. Schulleiter-Handbuch Band 50. Braunschweig 1989.

WAND, N.: Führungsorganisation und Führungsprobleme in einer großen Schule. In: DÖRING, P. A. (Hrsg.): Führungsaufgaben der Schulleitung. Schulleiter-Handbuch Band 3. Braunschweig 1978.
WINKEL, R.: Eher Beispiel als Vorbild. Ergebnisse eines Seminars mit Schulleitern und Schulaufsichtsbeamten. In: Pädagogik. 41. Jg. 11/1989, S. 17–19.
WINKEL, R.: Hat das dreigliedrige Schulsystem ausgedient? Oder: Die Elastische Schule. In: Pädagogik und Schulalltag. 48. Jg. 2/1993, S. 155–167.
WIRRIES, I.: Pädagogische Führungsaufgaben des Schulleiters. Schulleiter-Handbuch Band 39. Braunschweig 1986.
WIRRIES, I.: Führen in der Schule. Schulleiter-Handbuch Band 67. Braunschweig 1993.

Literatur

WISSINGER, J.: Handlungsstrukturen der Mitarbeiterführung. WISSINGER, J./ROSENBUSCH, H. S. (Hrsg.): Motivation durch Kooperation. Schulleiter-Handbuch Band 58. Braunschweig 1991.

WISSINGER, J. (a): Zum III. Bamberger Schulleiter-Symposion 1992. Schule von innen verändern. In: schul-management. 24. Jg. 3/1993, S. 40–42.

WISSINGER, J. (b): Schulleiterinnen und Schulleiter – die Rollenwahrnehmung in ihrer Bedeutung für die schulische Entwicklung. In: WISSINGER, J./ROSENBUSCH, H. S. (Hrsg.): Schule von innen verändern. Schulleiter-Handbuch Band 66. Braunschweig 1993.

WISSINGER, J.: Schulleiter – Beruf und Lehreridentität – zum Rollenkonflikt von Schulleiterinnnen und Schulleitern. Ein Beitrag zur Schulentwicklungsforschung. In: Zeitschrift für Sozialisationsforschung und Erziehungssoziologie. 14. Jg. 1/1994, S. 38–57.

WISSINGER, J.: Perspektiven schulischen Führungshandelns. Eine Untersuchung über das Selbstverständnis von SchulleiterInnen. Weinheim und München 1996.

WISSINGER, J./ROSENBUSCH, H. S. (Hrsg.): Motivation durch Kooperation. Schulleiter-Handbuch Band 58. Braunschweig 1991.

WISWEDE, G.: Führungsforschung im Wandel. In: WIENDIECK, G./WISWEDE, G. (Hrsg.): Führung im Wandel. Neue Perspektiven für Führungsforschung und Führungspraxis. Stuttgart 1990.

WOLFF, G./GÖSCHEL, G.: Führung 2000. Höhere Leistung durch Kooperation. Frankfurt/M. und Wiesbaden 1987.

WOLFMEYER, P.: Analyse der schulinternen Verwaltungstätigkeit. In: schul-management. 11. Jg. 2/1980, S. 6.

WOLFMEYER, P. (a): Der Stellvertreter. Tätigkeitsmerkmale und Selbstbild des stellvertretenden Schulleiters. In: schul-management. 12. Jg. 4/1981, S. 29–32.

WOLFMEYER, P. (b): Der Stellvertreter. Berufssituation und Berufsrolle des stellvertretenden Schulleiters. In: schul-management. 12. Jg. 5/1981, S. 42–44.

WOLFMEYER, P.: Der Stellvertreter. Berufszufriedenheit des stellvertretenden Schulleiters. In: schul-management. 13. Jg. 2/1982, S. 38–42.

WUNDERER, R.: Laterale Kooperation als Selbststeuerungs- und Führungsaufgabe. In: WUNDERER, R. (Hrsg.): Kooperation. Gestaltungsprinzipien und Steuerung der Zusammenarbeit zwischen Organisationseinheiten. Stuttgart 1991.

WUNDERER, R.: Führung und Zusammenarbeit. Beiträge zu einer Führungslehre. Stuttgart 1993.

WUNDERER, R./GRUNWALD, W.: Führungslehre. Band I Grundlagen der Führung. Unter Mitarbeit von Peter Moldenhauer. Berlin und New York 1980.

WUNDERER, R./GRUNWALD, W.: Führungslehre. Band II Kooperative Führung. Unter Mitarbeit von Peter Moldenhauer. Berlin und New York 1980.

ZINK, K. J./SCHILDKNECHT, R.: Total Quality Konzepte – Entwicklungslinien und Überblick. In: ZINK, K. J. (Hrsg.): Qualität als Managementaufgabe. Total Quality Management. Landsberg/Lech 1989.

ZÖLLNER, F.: Macht Kooperation Schule? Partner und Formen der Zusammenarbeit in der Schule. In: Hauptschulmagazin 6/1989, S. 7–10.

Abkürzungen

ADO	Allgemeine Dienstordnung an öffentlichen Schulen
ASchO	Allgemeine Schulordnung
ASD	Allgemeiner Schulleiterverband Deutschlands
BASS	Bereinigte Amtliche Sammlung der Schulvorschriften
BAT	Bundes-Angestelltentarifvertrag
CI	Corporate Identity
DIPF	Deutsches Institut für Internationale Pädagogische Forschung
EM	Elke Münch
EWBM	Europäisches Weiterbildungsstudium BildungsManagement
Hervorhbg.	Hervorhebung und Initial des Vor- und Nachnamens des Verfassers: Beispiel: Hervorhbg. JW = Hervorhebung J. Wissinger
Hrsg.	Herausgeber
LBG	Landesbeamtengesetz
LE	Lerneinheit
NRW	Nordrhein-Westfalen
OE	Organisationsentwicklung
o. J.	ohne Jahresangabe
o. S.	ohne Seitenangabe
o. Verf.	ohne Verfasser
SCHILF	Schulinterne Lehrerfortbildung
SchMG	Schulmitwirkungsgesetz
SchVG	Schulverwaltungsgesetz
TQM	Total Quality Management

LUCHTERHAND – 75 JAHRE VON PROFI ZU PROFI

1924

Verlags-Gründung in Berlin durch Hermann Luchterhand (1886–1950).

Erste Verlagserzeugnisse: Steuerinformationen und Formblätter. Entwicklung des Loseblattwerks „Handbuch für das Lohnbüro".

1934

Eintritt von Eduard Reifferscheid (1899–1992) als Prokurist in den Verlag, später Mehrheitsgesellschafter und Geschäftsführer.

Allmählicher Aufbau des juristischen Fachbuchprogramms. Edition von ergänzbaren Loseblattwerken aus verschiedenen Rechtsgebieten und Einzeldarstellungen zum Wirtschaftsrecht.

1945

Nach Ausbombung von Verlag und Druckerei 1943/44 beginnt Eduard Reifferscheid im Sommer mit dem Wiederaufbau.

1948

Eröffnung einer Zweigniederlassung am heutigen Hauptsitz Neuwied/Rhein.

Konsequente Entwicklung von Loseblattwerken, Büchern und Zeitschriften in zahlreichen Rechtsgebieten.

1955

Start des Belletristik-Programms, u.a. mit Werken von Günter Grass, Peter Härtling, Eugène Ionesco, Georg Lukács, Anna Seghers, Christa Wolf und den Nobelpreisträgern Miguel A. Asturias, Alexander Solschenizyn, Pablo Neruda und Claude Simon.

1972

Erweiterung der Programmpalette durch „Alternativkommentare" und zahlreiche juristische Fachzeitschriften.

1987/88

Verkauf des Luchterhand Verlags an den holländischen Verlagskonzern Kluwer NV. Verkauf des literarischen Verlagsteils und Integration juristischer Kleinverlage in den Luchterhand Verlag, dadurch Gründung einer Niederlassung in Frankfurt/Main. Seitdem ist Luchterhand ein Unternehmen der Verlagsgruppe Wolters Kluwer, Amsterdam.

1991

Übernahme pädagogischer Programmteile vom Berliner Verlag Volk und Wissen. Gründung der Berliner Niederlassung.
Verlegung der Niederlassung Frankfurt/Main nach Kriftel (Taunus).

1991/92

Erste elektronische Produkte, Disketten und CD-ROM.

1994

Erwerb des auf Architektur, Bautechnik, Bauwirtschaft und Baurecht spezialisierten Werner Verlages, Düsseldorf.

1998

Erwerb des Fachverlages Deutscher Wirtschaftsdienst, Köln, mit den Programmschwerpunkten Außenwirtschaft, Wirtschaftsförderung, Personalmanagement sowie Informationstechnologie.

1999

Der Hermann Luchterhand Verlag feiert sein 75jähriges Bestehen. Insgesamt sind 1.500 Titel – als Buch, Loseblattwerk, Tabelle, Formular, CD-ROM/Diskette sowie rund 30 Fachzeitschriften – zu den Schwerpunkten Recht, Wirtschaft, Steuern, Bildung, Erziehung und Soziale Arbeit lieferbar.